The Jews of Galicia:

A Genealogy Handbook

by Suzan Wynne

A Publication of JewishGen
Edmond J. Safra Plaza, 36 Battery Place, New York, NY 10280
646.494.2972 | info@JewishGen.org | www.jewishgen.org

©JewishGen 2024. All Rights Reserved.
JewishGen is the Genealogical Research Division of the Museum of Jewish Heritage – A Living Memorial to the Holocaust

The Jews of Galicia:
A Genealogy Handbook

Copyright © 2024 by JewishGen. All rights reserved.
Published by JewishGen
Second Edition Printing: May 2024, Iyar 5784

Author: Suzan Wynne

Cover Design: Irv Osterer

This book may not be reproduced, in whole or in part, including illustrations in any form (beyond that copying permitted by Sections 107 and 108 of the U.S. Copyright Law and except by reviewers for public press), without written permission from the copyright holder.

JewishGen is not responsible for inaccuracies or omissions in the original work and makes no representations regarding its accuracy.

Library of Congress Control Number (LCCN): 2024935033

ISBN: 978-1-954176-69-7 (soft cover: 324 pages, alk. paper)

About JewishGen.org

JewishGen, is a Genealogical Research Division of the Museum of Jewish Heritage - A Living Memorial to the Holocaust, serves as the global home for Jewish genealogy.

Featuring unparalleled access to 30+ million records, it offers unique search tools, along with opportunities for researchers to connect with others who share similar interests. Award winning resources such as the Family Finder, Discussion Groups, and ViewMate, are relied upon by thousands each day.

In addition, JewishGen's extensive informational, educational and historical offerings, such as the Jewish Communities Database, Yizkor Book translations, InfoFiles, Family Tree of the Jewish People, and KehilaLinks, provide critical insights, first-hand accounts, and context about Jewish communal and familial life throughout the world.

Offered as a free resource, JewishGen.org has facilitated thousands of family connections and success stories, and is currently engaged in an intensive expansion effort that will bring many more records, tools, and resources to its collections.

Please visit https://www.jewishgen.org/ to learn more.

Executive Director: Avraham Groll

About JewishGen Press

JewishGen Press (formerly the Yizkor Books-in-Print Project) is the publishing division of JewishGen.org, and provides a venue for the publication of non-fiction books pertaining to Jewish genealogy, history, culture, and heritage.

In addition to the Yizkor Book category, publications in the Other Non-Fiction category include Shoah memoirs and research, genealogical research, collections of genealogical and historical materials, biographies, diaries and letters, studies of Jewish experience and cultural life in the past, academic theses, and other books of interest to the Jewish community.

Please visit https://www.jewishgen.org/Yizkor/ybip.html to learn more.

Director of JewishGen Press: Joel Alpert
Managing Editor - Jessica Feinstein
Publications Manager - Susan Rosin

Cover Photo Credits

Cover designed by: **Irv Osterer**

Front Cover:
> Old synagogue in Przemysl
> Private collection of Blossom Glaser
> [Page 32 of manuscript]

Back Cover:
> Partitions of Poland, 1772, 1773, 1785
> History of Europe: From the Reformation
> to the Present Day. Harcourt, Brace and Co., 1925
> [Page xiii of manuscript]

The Jews of Galicia:
A Genealogy Handbook

Austria was a land of the free in the eyes of most Russian Jews, and their cousins just across the border—the Galitzianer, with their strange Yiddish accent and irksome quality of seeming coarseness combined with Germanic airs of cultural superiority—were inclined to agree.

—Ronald Sanders, *Shores of Refuge*

In memory of our Galitzianer family members
who were
murdered in the Shoah

Table of Contents

Preface	vi
Acknowledgments	xi
Chapter I: Galicia: Historical Overview	**1**
Brief Geopolitical History of Galicia	1
First Partition: 1772	2
Second Partition: 1775	2
Third Partition: 1795	3
1790-1869	7
1869-1900	8
1900-1918 and Beyond	9
Kraków: Special Status	12
Significant Events Impacting Galitzianers	14
References	23
Chapter 2: Jewish Life in Galicia	**25**
Religious Context	25
Communal Organization: the *Judische Kultus Gemeinde*	26
Gemeinde structure and role	31
Jewish communal institutions and organizations	33
World War I and beyond	33
Marriage: The Cornerstone of Jewish Society	34
Marriage customs	38
Marriage after emigration to the United States	39
"Making a Living": Socioeconomic Framework	39
Jews and the Alcoholic Beverages Industry	44
Names: Surnames and Given Names	47
Education	53
Languages	56
Population Data	57
Emigration	60
Taxes on Jews	61
References	63
Chapter 3: Finding Your Ancestral Town and its Jewish Administrative Districts	**67**
Notes about geographic terms	69
Main Districts and Their Subdistricts	71

Geographic References	81

Chapter 4: The Documentation of Jewish Life   **83**
  Vital Records: Historical Overview   83
  Regulations of 1877   84
  Interpreting Vital Records   86
    Multiple Registrations   88
    Legibility   88
    Birth forms   89
    Marriage forms   89
    Death forms   89
  Other than Vital Records   90
    Family tree   90
    Tax/voting records   91
    Gemeinde records   91
    School records   92
    Notary records   92
    Business records   93
    Censuses and other lists of inhabitants   94
    Military records   95

Chapter 5: Research Resources   **97**
  Overview   97
  Jewish Records Indexing-Poland, Inc.   97
  Family Search   102
  Gesher Galicia, Inc.   103
  JewishGen   104
    Index to Record Group 59: Protection of Interests of United States Citizens   106
    Index to the United States Emergency Passport Applications, 1915-1926   107
  GenealogyIndexer.org   109
  The Central Archives for the History of the Jewish People   110
  YIVO-Institute for Jewish Research   112
  Ancestry   113
  Jagiellonian University Judaica Collection   114

Chapter 6: Holocaust-Related Research   **117**
  Overview of Documentation and Sources   117
  The United States Holocaust Memorial Museum   120
    Post-war Commissions   121
    Important Record Groups   122

Ukraine: Record Group 31	122
Poland: Record Group 15	123
Arolsen Archives: International Center on Nazi Persecution	129
Yizkor Books	131
January 1940 Radiogram	133

Appendix A: Pronouncing and Recognizing Your Polish Town and Family Names by Fay Vogel Bussgang — 135

Appendix B: Polish Date and Number Styles — 145

Appendix C: Galician Gazetteer: The Towns Where Jews Lived in 1877 — 147

Photo & Illustration Credits — 304

Preface

This is a significantly updated version of *The Galizianers: The Jews of Galicia, 1772-1918* published by Wheatmark in 2006. That book was, loosely, based on *Finding Your Jewish Roots in Galicia: A Resource Guide,* published by Avotaynu, Inc in 1998. It is remarkable how much has changed since 2006. Now online resources abound. This volume seeks to guide readers to conducting a successful search using those resources and others that require personal visits. This book assumes that the reader is comfortable using a computer and can navigate to various websites. My computer's touch screen monitor offers several advantages when managing the research process.

Though it has become easier to, electronically, access information, this enhanced availability may be leading some researchers to ignore of the context of our ancestors' lives. This book is designed to offer that context.

Indeed, I believe that there is benefit from better understanding the socio-political milieu in which our ancestors lived and worked from pre-Galicia times to the end of World War I, when Galicia ceased to exist as a political entity.

Learning about Galicia will no doubt stretch you in many ways, as you navigate through confronting new terms and complex geopolitical history that is still playing out now in Eastern Europe. When the Austro-Hungarian Empire ended with the peace treaties after World War I, the dramatic reshuffling of territory impacted perceptions of who they were, where they placed their loyalty, what language they should speak and how they should view their neighbors. This book is designed to whet your appetite for knowing more about Jews before the Shoah in Eastern Europe, how Jews conducted their daily lives, and how they were perceived by neighbors who were not Jewish.

My personal research began in 1977, after reading Alex Haley's *Roots.* In my very uninformed mind, surely, if Haley could overcome so many obstacles and find information about his African ancestors, I could learn more about my Jewish roots in Europe. I had no idea how difficult it would be. Many others, inspired by Haley's work, poured into archives and libraries, seeking information that would become a national pastime.

For Jews embarking on this sort of search, they encountered no encouragement by staff and librarians in specialized Jewish libraries and archives. And, in fact, most such institutions were woefully unprepared to be of assistance. How things have changed on that front!

My personal quest started with a slender booklet that my uncle Leo had prepared for family consumption. He wanted to document what he and other family members from one branch of the family knew. The family tree was accompanied by some narrative about where they had lived in Europe. The booklet mentioned "Austria." Not being a keen student of world history at the time, I assumed that this meant the small country of Austria that we know today in Central Europe. Also mentioned was "Przemyśl." When researched that place, which I found impossible to pronounce, I learned that it was in eastern Poland, almost on the border with Ukraine. So, how could a Polish town be in Austria? Thus, began my education about Galicia and the 18th century dismantling of Poland by Austria, Prussia and Russia.

My early education about this mystery involved some history books, maps and Jewish encyclopedias. Since I knew no one else interested in family history, and this education process was for my personal knowledge, I saw no reason for documenting my sources.

Dan Rottenberg's book, *Finding Our Fathers: A Guidebook to Jewish Genealogy,* introduced the idea that Jews could learn about their families and inspired the organized Jewish genealogy movement. Other books, such as Arthur Kurzweil's, followed.

In 1981, I joined about 100 others at the first Jewish genealogy conference in New York. It was very exciting to be in a room with others who shared my desire to know more about their ancestral roots. In the next few years, JewishGen was founded and it spawned local Jewish genealogy chapters around the country. Each summer, there was a gathering of interested people in a large city such as Washington, Philadelphia, Montreal, Jerusalem, New York and so on. These gatherings are now organized and managed by the International Association of Jewish Genealogical Societies (IAJGS.

During that first conference, Estelle Guzik and I learned that we were researching branches of the same family. That chance meeting led to a trip to Poland, followed by collaboration on a book about our Langsam-Spira family.

By 1986, a few acquaintances had gone to Poland and experienced modest success in connecting to records and helpful people. Two weeks after the nuclear accident in Chernobyl, Estelle and I flew to Poland and, with the help of a driver and a guide, we explored the area and ventured into local and national archival repositories.

Just before leaving, a cousin found a gold mine of Galician vital records among his late mother's belongings. Among those records was a reference to my great grandfather as a *propinator*. While in Poland, we learned about the archaic *arenda* system, in which members of the Polish nobility leased land and the products of the land to Jews. A *propinator* was a leaseholder who used grain to produce alcoholic beverages. My great grandfather also contracted for wood to make the barrels in which the liquor was distilled and he sold alcoholic beverages in a tavern. Much later, Hillel Levin's book about these arrangements and occupations further enlightened me about the importance of them in the daily lives of many thousands of Jews.

Meanwhile, Gary Mokotoff had created the Family Finder, a database of names and places being searched by Jewish family historians. He sent out copies to Jewish genealogy groups and that helped to stimulate the movement's growth. Special Interest Groups, most focused on particular geographic places in Europe, began to develop. JewishGen had fulfilled its goal to become a clearinghouse of information and networking opportunities for Jews interested in their roots.

Beginning in the mid-1980s, I was using Mokotoff's Family Finder to connect with Jews interested in Galicia. I nurtured those connections at the annual gatherings and a newsletter until the 1993 conference in Montreal, where a group of 50 people attending a Bird's of a Feather session, agreed to form what became Gesher Galicia. George Bodner suggested the name. Today, Gesher Galicia is among the primary online sources for information about Jews from Galicia.

Jewish Records Indexing-Poland, Inc (JRI-Poland), formed by Stanley Diamond, has played an enormous role in the Jewish genealogy movement by mining data extracted, primarily, though not exclusively, from Polish vital records (birth, marriage and death). JRI-Poland is moving toward using the extracted data to link family groups.

These and other resources will be explored in some detail in this book.

Special Note about Geographical References

The use of town names in this guide requires understanding that a town could have had several names between 1772 and the present time. If the town is in present day Poland, chances are that it is the same as it was in 1772. But, if the town is in modern day Ukraine, you will encounter several challenges, some caused by transliteration of the Cyrillic alphabet, and some caused by the vagaries of political control.

When the eastern section of Galician territory reverted to Soviet-controlled Ukraine after World War II, political considerations resulted in the renaming of many towns. And, then after the breakup of the Soviet Union, when Ukraine became independent, nationalistic considerations generated name changes and the differences between Russian and Ukrainian generated transliteration changes. Whenever practical, this guide uses the spellings found the U.S. Board on Geographic Names, which publishes recognized international standard for place names.

To add to the complexities of the geopolitical situation, many towns had Yiddish-language nicknames—our ancestors often used a different name for their communities the official one so you may have to cope with translating the Yiddish name for the town, which your family knows, to a town name you can find on a map. Learning how to spell and pronounce the towns will be among your many challenges.

So, get ready for an adventure in learning about your Galitzianer family.

Acknowledgments

Hundreds of people contributed to the collective knowledge base reflected in this guide. Dan Rottenberg and Arthur Kurzweil inspired thousands of Jews to explore their roots. For those with Galician roots, Arthur offered hope that there might be documents in Poland and Ukraine that had survived the ravages of war, fire, flood and time. This hope sparked a few pioneers to travel to Poland in search of access to vital records. In 1986, three weeks after the Chernobyl disaster, this author and Estelle Guzik followed in the footsteps of Nathan "Nat" Abramowitz, Ely Maurer, Neil Rosenstein, Florence Marmor and Arye Barkai. What we learned and shared enabled others with Galician roots to learn about the obstacles and access points. Miriam Weiner marked a similar trail in Ukraine. Her bold efforts there and in Poland, added greatly to our collective knowledge and access to documents.

Two people deserve special mention because of their generosity in helping others: David Einsiedler and Rabbi Shmuel Gorr. I must acknowledge Don Melman, who spent helping with formatting *The Galician Gazetteer* that appears in Appendix C.

Fay and Julian Bussgang contributed in so many ways to the access that Galitzianers have to information about their families. Julian, a native of what is today, Lviv, and his wife, Fay, sought to educate Jews with Galician roots about conducting successful research. They gained access to the Warsaw archive which housed the *Zabuzanski* Collection, material that Ukraine transferred from its archive in Lviv to Poland after World War II. The Bussgangs created a catalog of the documents, which included Jewish vital records. The Bussgangs' pioneering work set the table for the subsequent work of Mark Halpern and Jewish Records Indexing-Poland. Fay contributed her article about pronunciation of Polish to the previous version of this book and it is reprinted here. They also edited the previous version of this book.

Mark Halpern, a long-time member of Gesher Galicia, has contributed significantly to our access to the vital records in the Zabuzanski Collection. Mark was instrumental in advocating for the inclusion of this material in the massive data extraction effort of Jewish Records Indexing-Poland.

As Gesher Galicia was forming and became an organized group in 1993, many people contributed to its collective knowledge base and current website. I have personally benefited from the contributions of many individuals too numerous to mention here, but some who come to mind include: Susanna Leistner Block; Jeffrey Cymbler: Stanley Diamond and the highly capable Jewish Records Indexing-Poland team; Alexander Dunai; David Einsiedler; Blossom Glaser; Leon Gold; Rabbi Shmuel Gorr; Peter Jassem; Eden Joachim; Tony Kahane; Alexander Kronick; my cousin, Moishe Miller; Deborah Raff; Gayle Schlissel Riley; David Semmel; Alice Solovy; Alexander Sharon; Renee Stern Steinig;Steve Turner and his Gesher Galicia team; Pamela Weisberger; Peter Zavon and David Zubatsky. May those who have passed on rest in peace.

Lorin Wiesenfeld led me to material that added to my deeper understanding of the economics of Jewish life in Poland. Lorin and my cousin, Dov Rubin, separately, cataloged records that they found in various Polish repositories. Both volunteered their valuable research time to conduct research for me in Poland.

All Jewish family historians owe a debt of gratitude to the volunteer members of the Jewish Genealogy Society of Greater Washington (JGSGW) who, many years ago, compiled the indexes to United States Department of State resources available on JewishGen. And, I must especially acknowledge Logan Kleinwaks, who has devoted years of effort to creating GenealogyIndexer.org, a database of names and topics appearing in business and residential directories, yizkor books, and other materials found in libraries and special collections.

Suzan F. Wynne

Map 1: Partitions of Poland

CHAPTER 1

Galicia: Historical Overview

Brief Geopolitical History of Galicia

By 1772, when Galicia became part of the Austrian Empire, Europe was in constant turmoil as wars and agreements between royal heads of empires juggled territorial boundaries and imposed rulers and laws without regard for what territorial inhabitants wanted.

Before Austria took Polish territory to create Galicia, Poland was a vast territory ruled by a man who was placed there by Empress Catherine of Russia. Outside of a few towns, it was mostly composed of agricultural land held by Polish nobles. Polish society had a highly stratified class system led by about 300 families known as the Magnate. Wealthy landowners who held enormous power, they dominated the governing structure, the *Diet* (Parliament). Below them were lesser classes of landowning gentry composed of about 150,000 ethnic Poles.

Those who worked the land under this feudal system and made up most of the population, were known as "serfs" or "peasants." It was a system that trapped families into generational ignorance and poverty.

Polish Jews were among those in a class known as "burghers." Though they were under various restrictions that prevented them from engaging in some occupations, most Jews lived in towns or cities and engaged in occupations open to them: trading; contracting with the nobility to lease agricultural products or collect taxes from the peasants; small food, craft and support businesses; and engaging in producing and selling alcoholic beverages and managing taverns and inns.

Chorzempa notes that, in seventeenth century Poland, only about 15 percent of the population, were members of the middle class, primarily town and city dwellers. This is where

Jews fit in to the societal structure.

According to Subtelny, peasants made up half of the population. While a few peasants managed to rise above the system and became land owners, the vast majority owned nothing. Serfs could be sold, evicted at will, needed permission to marry or work in an occupation other than farm labor. Chorzempa and Subtelny present in graphic detail the lives of the peasants. Their terrible living conditions and prospects for a better future underlay the periodic peasant uprisings by the peasants against the Polish landowning classes.

First Partition: 1772

And, so it was, in 1772, that weakened Poland began to be carved up by the surrounding rulers of Russia, Prussia and Austria. in the first of three partitions that would take place before the end of the century. And, thus, Galicia was created and continued until the treaties, that ended World War I, made Galicia part of Interwar Poland, once again, an independent country.

In the First Partition, Austria, under, Empress Maria Theresa and her oldest son and co-regent, Josef, took a long horizontal swath of southern Poland. Officially, Galicia was named the new Austrian *Kronland* or Crownland, The Kingdom of Galicia and Lodomeria," after an ancient regional designation of Galych (or Halych), the ancient capital city. The city of Lwów was renamed Lemberg and made the capital city of the Crownland.

As was the case in Vienna and Krakow, Jews were unable to take up residence within the city boundaries, unless they had significant wealth. Those who were allowed to live in Lemberg were taxed at a higher level than other residents. Jews were permitted to live in the suburbs and nearby towns and did so in large numbers. If Galician Jews wanted to visit Lemberg for medical care or to visit relatives, they had to apply to do so and, of course, there was a fee involved. If permission was granted, there was a time-limit on the visit, though extensions were possible. This process operated much like an internal visa. This situation continued until after the Jews were emancipated in 1869.

Second Partition: 1775

Only Prussia and Russia participated in the second partition in 1775. In that same year, Austria, still under Maria Theresa's rule, acquired Bukowina from the Ottoman Empire as compensation for Austria's role in ending the war between Russia and Turkey. Located southeast of Galicia adjacent to Galicia, it was, for a time, part of Galicia. Nationalists strongly resisted Austrian rule and the pressure for independence prompted Austria to grant concessions to these elements over time. As a result, Bukowina was granted its own identity as part of the Empire in 1849 but the Austrian Parliament pushed back and reversed course in 1859. Finally, in 1861, Bukowina became an independent Austrian province or *Kronland*. Most Bukowinian Jews lived in the large city of Czernowitz.

Third Partition: 1795

In the third partition in 1795, Poland as a political entity ceased to exist. Austria's Emperor Franz Ferdinand participated in absorbing another share of Polish territory. The territory, briefly known as West Galicia, was first overtaken by Napoleon and then, in 1815, was carved up by Prussia and Russia in the peace treaty that finally ended the Napoleonic era. Today, it is in Poland.

With this background in mind, the roots of Poland's dissolution lay in the peasant revolted in 1768. Russian troops occupied Poland, ostensibly to quell the revolt, but their primary interest was in getting the Polish government to grant religious freedom to members of the Orthodox Church. Though the peasant revolt failed, Empress Catherine of Russia took advantage of the chaos to force the Polish parliament to elect her former lover, Stanisław Antoni Poniatowski (1732-98), to be the new Polish king. Despite his election, he enjoyed only weak support among the nobles. Conditions throughout Poland continued to deteriorate until, in 1772, Catherine turned her back on Poniatowski and joined Frederick of Prussia and Maria Theresa of Austria in dividing Poland in the first of the partitions.

Stanisław Augustus, as Poniatowski was known, fought bitterly against this first partition, which left him with some land but little power. He attempted, unsuccessfully, to gain support from other European powers.

In 1795, Stanisław Augustus finally admitted defeat and abdicated. Russia had absorbed 62 percent of Poland's land

and 45 percent of the population; Prussia had taken 20 percent of the land and 23 percent of the population; and Austria had acquired 18 percent of the land and 32 percent of the population (Subtelny).

In the final partition, Austria retained its hold on Galicia, territory that, under Poland, had been known as Lesser Poland (Małopolska). Part of the territory that is now Ukraine, had been part of ancient Ukraine, also known as Ruthenia and Red Russia. Therefore, the population of the eastern portion of Galicia was, composed of ethnic Ruthenians, another word for Ukrainians.

The late Ronald Sanders, in his landmark book, *Shores of Refuge: A Hundred Years of Jewish Emigration*, described Galicia:

"This geographically ill-defined province formed a right-angled triangle whose base and side, to the east and to the north, backed onto the Russian Empire, and whose hypotenuse was a northwest-to-southwest line of some five hundred miles running from Cracow to Bukovina along the foothills of the Carpathian Mountains. Beyond the Carpathians, to the south and west, was all the rest of the Habsburg Empire, to which this forlorn province, its largest and poorest, remained a kind of stepchild."

Map 2: Galicia

Indeed, Austria had taken the poorest part of Poland. Galicia's farmland was characterized by low productivity, no doubt related to the poorly motivated peasants. The burghers, or middle class, was not generating much to the overall economy.

Jews made up a very small part of Austria's empire prior to its absorption of Galicia. There were numerous measures to discourage Jews from living in its territories: severe residence laws, extremely high taxes, prohibitions against constructing synagogue and ritual buildings, restrictions on daily activities and movement, and highly restrictive marriage laws. In short, Austria had made it very difficult for Jews to thrive. Austrian Jews had long suffered from occupational restrictions and were, periodically, required to adopt distinctive dress. The exception was a small group of Sephardic Jews residing in Hungary who received more protections because of their important economic and political role with respect to the Ottoman Empire.

It was through this lens that Maria Theresa viewed her newly acquired Galician Jews. Shortly after the first partition, Maria Theresa ordered the expulsion of Galician Jews who had failed to pay the high taxes imposed on them. Census data suggests that the Jewish population fell in the early years of her rule over Galicia.

Maria Theresa and her son Josef, her co-regent, installed a governor and a mostly German bureaucracy in Lemberg. For Galicia, Lemberg was a relatively sophisticated city, boasting both a university and a healthy economy. The German bureaucrats were charged with attracting fellow Germans to colonize and farm in the territories not controlled by the Polish nobility.

When Maria Theresa died in 1780, Josef, became ruler, styled as Josef II. He naively believed that because he was an absolute ruler, he would be able to command and changes would be made. Josef was attracted to Western forms and philosophy of government and sought to use his growing and diverse empire as a laboratory for those ideas. He attempted to promote improvements to the social and economic conditions of all of his subjects. For instance, he first attempted to mandate universal education in 1774 and instituted major reforms in 1781 that were designed to reduce the impact of feudalism. Among his significant "reforms" was a measure in 1788 ensuring that Jews could be conscripted into military service. In his view, this would offer Jews an opportunity to participate more fully in the general society and, thereby, weaken the hold of Judaism. The initial decree limited Jewish service to the transport corps, but the following year, this was expanded to service in the infantry (Schmidl, 1989).

Josef underestimated the importance of gaining popular and political support for his reforms. Even before his death in 1790, many of his legislative reforms had already been rescinded. Within the next five years, his successors had dismantled virtually all of his efforts to bring Austria in line with more progressive European societies. One of his "improvements," according to Henisch (in Fraenkel, 1970), was that Josef dismantled the *Gemeinde* structure and, along with it, the *Bet Din*, Jewish court system. However, he officially recognized 141 Jewish communities in Galicia and 2 in Bukowina. With Josef's death only a year later, and the reestablishment of the *Gemeinde*, it seems likely that *Bet Din* (Jewish courts) in these communities continued informally. The mandate for military service was suspended after Josef's death in 1790.

In the aftermath of Josef's death, Galicia can best be discussed in three distinct phases.

1790-1869

Josef's brother Leopold II ruled only briefly, from 1790 to 1792. He was deeply opposed to Josef's reform efforts and acted quickly to begin dismantling them. Like his mother, Leopold was, particularly, opposed to efforts to integrate the Jews into Austrian society.

At his death, Leopold's son, Franz Ferdinand I, became emperor. He participated in the third partition of Poland three years after coming to power. Like his father, Franz Ferdinand opposed his uncle Josef's reform efforts, and acted to continue Leopold's efforts to reverse the remaining reform initiatives. The Jews fared poorly under his long rule, which lasted until 1835. He encouraged harsh measures concerning Jewish occupations, special taxes, marriage and military service.

During his reign, Napoleon seized much of the territory that once had been Poland. After Napoleon's defeat in 1815, Poland was restructured again by the Congress of Vienna. The territory known as West Galicia, that had been acquired in the 1795 partition, was split between Russia and Prussia.

Franz Ferdinand was followed on the throne by the extremely weak and, probably, intellectually handicapped, Ferdinand, who ruled until he was forced to abdicate in 1848. His reign was supported by regents and ministers, who had been part of Franz Ferdinand's government. Thus, his harsh policies with respect to the Jews continued.

But this regime also miscalculated the strength of the growing nationalism gripping Hungary. Revolutionary tensions were erupting in several quarters of the Hapsburg Empire, as well as in other regions of in Europe. When the Hungarians revolted against Austrian rule, Ferdinand was persuaded to abdicate in favor of his young nephew, 18-year-old Franz Josef.

Franz Josef ruled from 1848 until his death in 1916. During his 68-year reign, the world changed dramatically, but Austria was unable to adapt to these changes. As a result, the Austrian Empire, never well-organized or managed, deteriorated under increasing demands for autonomy and control from its many nationalities and ethnic groups.

Eighteen-year- old Franz Josef had to address a full-blown Hungarian revolution and nationalist movements elsewhere in his empire. He managed to hold the empire together but, by 1867, it was evident that he could no longer retain Hungary without a power-sharing agreement. He agreed to reorganize and recast the Austrian Empire into the dual monarchy known as the Austro-Hungarian Empire.

Bukowina, too, was an unruly member of the Empire. Parliament twice granted Bukowina autonomy from Galicia and gave it special status, only to rescind the arrangement. Franz Josef finally granted Bukowina autonomy from Galicia in 1861, though many Bukowinian Jews continued to think of themselves as Galitzianers, which has important implications for those engaged in family research.

1869-1900

In 1869, Franz Josef emancipated Galician Jews, the last Jewish community in his empire to be granted this status. This dramatic move cancelled the special taxes and most of the economic restrictions that the central Austrian government had imposed on the Jews, and, if they chose to take advantage of the changes, enabled Jews to move more easily into the mainstream society. Emancipation transformed Jewish access to universities and professional education, required Jews to be educated in a core of secular subjects, and lifted the remaining special marriage laws.

Following Emancipation, and, even before that, Franz Josef was widely considered a benevolent ruler by his Jewish subjects. Many Jewish families with roots in Galicia, relate romanticized stories about Franz Josef hunting in nearby woods and visiting their towns and, even, homes and synagogues. Franz Josef had moved early in his reign to reform some of the restrictive and harsh policies of his predecessors. Like Josef II, he sought to Germanize the Jews and to make them his allies in combating the revolutionary fervor among other ethnic groups in his empire. As Henisch (in Fraenkel, 1970) noted, he sought to "make them useful to the State." He held the view that the Jews' adherence to their traditional customs and practice kept them from being productive citizens.

The period following Emancipation to about the turn of the century, was something of a Golden Age for Galician Jews. Franz Josef had ended feudalism in Galicia and this had a generally positive effect on the economy. With increased access to education, Jews and others in the society who aspired to a better life, were able to take advantage of new opportunities in Galicia and other parts of the empire. Although most people continued to be very poor, their sense of hope is evident in the literature that was written in that period. However, at the same time, the Zionist movement was picking up adherents and strength among young people who saw the only lasting hope for Jewish safety and progress in a Jewish homeland, though where that would be, was not yet settled.

1900-1918 and Beyond

Around the turn of the century, Franz Josef began to respond to local demands from political and Catholic leaders in Galicia for greater autonomy and control over local affairs. This resulted in a series of Austrian initiatives which gave more power to local government. The effect of this greater degree of local control was to strengthen the influence of those with strong anti-Jewish feelings among the lay and Catholic leaders in Galicia, and to diminish the degree to which the central Austrian government could provide protection to Galician Jews. There had been a few small-scale pogroms in Galicia during the period of 1880-1900, but the number and intensity of these pogroms increased after 1900, as Catholic priests encouraged their parishioners to strike out against Jews in both violent and economic ways. Most damaging were the organized economic boycotts of Jewish businesses and agricultural products, as well as formal legislation generated by the Galician Diet, which outlawed Jewish involvement in any aspect of the production or sale of alcoholic beverages.

These negative events sparked increasing interest in emigration to Hungary, which had long liberalized its policies regarding Jews, as well as European capital cities, such as Vienna, Paris, and Berlin, and, of course, Palestine and the United States. Typically, the head of the household or the older children left first to establish themselves and then, gradually, other members of the family joined them.

By the time long simmering tensions resulted in the outbreak of World War I in 1914, the aging Franz Josef, was no longer the powerful figure he once was. The ostensible excuse for the war was the murder of Franz Josef's only son and heir, Archduke Ferdinand and his wife, by a Serbian nationalist in Sarajevo. But the assassination was only the excuse for Franz Josef's ministers and advisors to entice Germany into a military alliance against Russia. Franz Josef's nephew, Charles, became his successor, though Franz Josef did not favor this move. However, there seemed no option and so, when the Franz Josef died a sad and lonely man, on 21 November 1916, Charles became the last emperor of a vast but doomed empire, styled as Charles I.

During World War I, much of Galicia was ravaged by opposing armies fighting across its territory, particularly in what is now southern Poland. The Jewish population was expelled by the Russians when they had control of the territory and, indeed, the Jews scattered to safety in Hungary and elsewhere where fighting was less apparent.

Photo 1: Jews fleeing Galicia 1915

The Austro-Hungarian Empire did not survive the war and the allies who defeated Austria and Germany left Austria bereft of all but the country known as Austria. After the war, Jews returned to their communities in large numbers, though some communities had been destroyed or so badly damaged, that they were uninhabitable and the people moved to the nearest large community that was reasonably intact. Some Jews who had moved to Vienna, then the capital city of the empire, to better themselves financially, worried about Vienna's vastly reduced status and power, and returned to their home towns in what had been Galicia.

By the summer of 1918, the Austro-Hungarian Empire was a shambles and, by that Fall, when it was evident that Charles could not continue as emperor, he abdicated. On November 3, 1918 Polish deputies to the Austrian parliament declared their independence from Austria. Austria also transferred political control to the Ukrainian Committee in Lemberg/Lwów. The empire was formally dismantled as a condition of the Treaty of Versailles in 1919, but that Treaty only settled the western boundary, not that of the east. Within days after the Treaty of Versailles was signed by the victorious Allies, armed conflict broke out between Poland and Russia over rival claims to the territory that had been eastern Galicia. During that conflict, the Jews of Lemberg were victims of a terrible pogrom perpetrated by the Polish *Soldateska* (Henisch, in Fraenkel, 1970). Continuing armed conflict between Poland and Russia, war-related damage to many communities, and the poor state of the post war economy, caused very difficult times for most people living in Poland. Meanwhile, the United States had taken measures to discourage immigration, diminishing opportunities for people to find a more secure future in that country.

In 1923, the Treaty of Riga ended the conflict between Poland and Russia, with an agreement that Poland would include all but a sliver of what had been Galicia. Lemberg was again called Lwów.

Following World War II, the borders were once again redrawn. Western Galicia remained within Polish territory. What had been the eastern portion of Galicia was made part of the Ukrainian Soviet Socialist Republic, then a part of the Soviet Union. The name of the city of Lwów was Russianized to L'vov. Today, Ukraine, an independent country significantly threatened by the 2022 invasion by Russia, has its capital in Lviv.

Since Ukraine became an independent entity, the official transliteration into English of place names, has changed to incorporate the slightly different Ukrainian pronunciation from that of the Russian pronunciation.

Kraków: Special Status

Although never the capital of Galicia, Kraków (also spelled Krakau under Austria) played an important role in Galicia's history. Kraków became a sub-provincial center of government for Western Galicia in the late 19th century. In the 1795 partition, the city was granted status as an independent city-state. As part of the Treaty of Vienna in 1809, Napoleon absorbed the city into his then growing empire. In 1814–15, the Congress of Vienna made Kraków an independent ward of Austria, Germany and Russia. This tripartite arrangement lasted until 1831, when Russia invaded the city. When the dust had settled, Austria was the sole overseer of the city which returned to a semi-independent status. In 1846 the Polish nobility attempted to mobilize an army to oust Galicia's Austrian government. Austria countered by arming the Polish peasants, who had long been furious about their feudal status. Before the nobles' revolt broke down, peasants had massacred a number of them in the region of Tarnów. Austria capitalized on this revolt, using it as their justification for fully annexing the city to Galicia and renaming it Krakau, in the German style.

Photo 2: Krakow

Jews had been invited to live in Kraków in the early years of the 15th century to bring their trading and banking skills to the service of the king, but in 1495, King Jan Olbracht, expelled Kraków's Jews. Most relocated outside the city walls to nearby Kazimierz, where a small number of Jews had already established a community. Though separate from the main city by geography, the Jews of Kazimierz were permitted to trade in Kraków's main market and, from that time until the Holocaust, they prospered. Today, an influx of Jewish immigration and local recognition of opportunities for tourism have sparked a revival of Jewish life and commerce.

Significant Events Impacting Galitzianers

The following summarizes significant landmarks impacting Jews living in Galicia.

1772: First Partition of Poland: Austria absorbs much of southern Poland and names the Crownland "The Kingdom of Galicia and Lodmeria." Lwów is renamed Lemberg, made the capital city and co-Regents, Empress Maria Theresa and her son, Josef, begin to send Germans to Lemberg to create a bureaucracy to assist the governor of Galicia with managing governmental affairs. Austrian special taxes are imposed on the Jews with respect to marriage permits, kosher meat, synagogues, protections, etc. Marriage is restricted to the oldest son and there are quotas on the number of Jewish families that can live in an area. The many restrictions on the Jews of Austria are now extended to Galicia: when they could shop, be on the street, what occupations they could participate in, etc. Many occupational restrictions and special taxes had existed under Poland, but they were more restrictive and more rigorously applied under Austrian rule. Jews who were unable to pay the Austrian "head tax" were expelled.

1775: The Second Partition, but Austria does not participate. Austria acquires Bukowina from the Ottoman Empire and annexes the territory to Galicia.

1776: 16 July the *Galizische Jüdenordnung* is issued, establishing the *Jüdischen Kultus Gemeinde* (Jewish Culture Committee), a Jewish system of self-governance, roughly modeled on the old Polish self-governance system that had been discontinued by Poniatowski in 1764. There are to be six officially recognized Jewish districts, headed by a president and twelve other men. Initially, half were to be elected and half appointed, but this later changed to election for all representatives.

1780: Maria Theresa dies. Josef assumes the throne as Josef II. He proposes massive reforms to encourage assimilation of Jews throughout the Empire. Although the reforms are either never implemented or eventually fail, Josef is perceived as a benign ruler.

1781: Edicts are issued to centralize Austrian rule over the Crownlands; the first attempt to dismantle the feudal system. The Jewish *Leibmaut* or "body tax" is abolished and there are decrees establishing Jewish rights to education, military service and professions. Marriage restrictions remain intact.

1783: Austria legislature confirms Josef's mandate for civil marriage and orders Catholic registration of Jewish births, marriages and deaths. Tax on kosher meat is increased.

1787: Josef appoints Herz Homberg to head the new Jewish school system. Homberg embarks on a major initiative to close Yeshivas, causing a massive revolt among the Hassidic majority. Homberg established underused 107 schools and a teachers' seminary before Franz Ferdinand abandons the effort in 1806.

1788: January 1 deadline for Jewish surname adoption. Jewish military service is mandated but controversy causes modification.

1789: May 7 *Judenpatent* (Patent of Toleration): establishes 141 recognized Jewish communities in Galicia and 2 in Bukowina, but abolishes the Kahal structure set up in 1776. Leopold II, subsequently, reinstates the structure, retaining the 141 communities as the framework (Universal Jewish Encyclopedia 5: 493, 1939). With minor modifications, this structure remains in place until 1918. The kosher meat tax is further increased.

1790: Josef II dies and is replaced by his brother, Leopold II, who undertakes reversal of most of Josef's reform efforts.

1792: Leopold II dies and is replaced by his son, Franz Ferdinand I, who soon completes his father's efforts to dismantle all of Josef II's remaining reforms, replacing them with harsh and restrictive laws and heavy special taxes. He rules until 1835.

1795: Third Partition adds "West" Galicia territory north of Lublin; Kraków is declared an independent City-State.

1797: Confirmation of secular education for Jews is mandated, sparking a small movement toward acceptance of Herz Homberg's German-language schools throughout the Empire, along with small development of reform Jewish movement in a few cities in Galicia. Almost no restrictions are lifted in new *Judenpatent*.

1800: Census in Galicia shows 250,000 Jews, the largest in the Empire.

1804-1815: Napoleon's military campaigns impact Galicia. "West" Galicia becomes the Duchy of Warsaw in 1809. After 1815, the Duchy becomes part of Russia and Prussia. Kraków becomes the ward of Austria, Prussia and Russia.

1806: Franz Ferdinand concedes defeat over mandated education for Jews in the face of massive resistance and is moribund until 1849. Hasidism is firmly entrenched in Galicia.

1809: Count Clemens von Metternich appointed as key advisor to Franz Ferdinand to bring order to his shattered regime. Metternich is to become a major player in enforcing reactionary policies and strong resistance to change for many years (McCagg, 1989).

1810: Herz Homberg, a strong opponent of Talmudic Judaism and extreme reformist, writes *Bene Zion* which rails against

Hassidism and Orthodox Judaism. The book points out that 90% of the Jews had ignored a government mandate to participate in civil marriage, which convinces the government to change the marriage laws. Henceforth, until Emancipation in 1869, Jews wishing to marry legally had to pass an exam on the contents of the book to qualify for permission. Homberg was, subsequently, hounded out of Galicia by religious leaders. He fled to Prague, where he died in 1841. Shortly after arriving in Prague, Homberg and a friend proposed that Austria impose a tax on candles used by Jews for Shabbat.

1814: Prohibition against publishing or importing Hebrew or Yiddish books.

1816: Candle and kosher meat taxes are increased.

1820: January 22 decree that worship in official synagogues is to be in the German or local language (i.e., Polish or Ukrainian).

1827: Of the 115,000 Jewish males in Galicia, 50,000 are of working age. Less than 60% are gainfully employed (Nachum Gross, "*Galicia*," in Encyclopedia Judaica, 16: 1327, 1972).

1829: Galician Jews are prohibited from participating in occupations of medicine and pharmacy.

1831: Krakow comes under full Austrian control.

1835: Franz Ferdinand I dies. His son, Ferdinand, becomes emperor. Due to his evident mental handicap, a regent and a team of advisors were appointed. They continued to target Jews with harsh and restrictive laws.

1836: The Galician Haskalah (Enlightenment) movement is established in Galicia, sparking the beginning of a secularization among a small portion of the Jewish population and an interest in higher education, philosophy, literature, theater and the arts. Thereafter, there is increasing tension between adherents of the Haskalah and Hasidism. Decree requires that official rabbis would have to have taken and passed certain academic courses by 1846.

1840: The Hungarian Diet voids existing restrictions on Jewish residency, generating the first significant trickle of Jewish emigration across the border to Hungary.

1845: Austria rejects the proposal of the *Sejm* to end feudalism.

1846: Peasant uprising that begins in Kraków results in the deaths of 2,000 Polish nobles.

1848: Revolution throughout the Empire and in other regions of Europe; *Sejm* (Parliament) grows in power. Ferdinand is persuaded to abdicate in favor of his 18 year-old cousin, Franz Josef in December. Franz Josef and members of the Metternich government flee Vienna. Hungary's revolutionary Parliament emancipates the Jews through a revised Constitution. When Franz Josef returns to Vienna, he refuses to recognize the Constitution but begins diplomatic contact with Hungary.

Many Jews side with the Poles in the Revolution, despite opposition from Hasidic leaders; some join the National Guard and become officers. The liberal Chief Rabbi, Abraham Kohn, is poisoned in Lemberg (Universal Jewish Encyclopedia: 5: 495, 1939)

Franz Josef officially ends feudalism, though the system continues for many years in Galicia. The internal customs bureaucracy is dismantled and Galician Jews begin to migrate to Hungary (McCagg, 1989)

1849: For the first time, Bukowina is made a separate Crownland. This is reversed a few years later. The Hungarian *Sejm* (Parliament) confirms emancipation of Hungarian Jews. Franz Josef initiates new legislation to encourage Jewish assimilation, including universal education for children ages 7-14. Some restrictions on Jews are lifted.

1851: Compromise Austrian Constitution continues some restrictions on Jews, including a bar on land ownership but this is not well enforced, and increasing numbers of Jews begin to buy land.

1859-72: Railroad connecting Galicia with Bukowina and Russia is developed.

1861: Galician local self-governance is strengthened. Four Jews elected to the Galician Diet and some residence restrictions are lifted. Bukowina becomes a separate *Crownland.*

1863: Effective January, Jewish vital records include maiden names, witnesses, midwives but record collection remains with the Catholic Church and Jewish resistance to registration is widespread.

1865: Polish language school for Jewish children opens in the city of Przemśyl.

1867: Dual monarchy of Austro-Hungarian Empire is created as Franz Josef gives into the pressure to grant Hungary more autonomy. Jews are emancipated everywhere in the empire but Galicia. Jewish support for Polish nationalism declines due to weak support for Jewish emancipation and continuing Polish anti-semitism (Univeral Jewish Encyclopedia, 5: 495, 1939). Polish and Ukrainian language can be officially used in public schools. Unions forming as labor unrest increases. The *Sejm* elects a Jewish deputy to the Parliament in Vienna (Nachum Gross, "Galicia," in Encyclopedia Judaica 16: 1327-1328, 1972).

1869: Franz Josef emancipates Galician Jews. Census data reveals that, of the 820,000 Jews residing in Austria, 575,433 live in Galicia, about 10.6 of the population, the largest religious group after Roman and Greek Catholics.

1874: A Zionist movement in Galicia begins in Przemśyl. The movement is to spread rapidly after the Russian pogroms of 1880-1882. Jewish political involvement: 5 of 155 deputies are

Jewish; 98 Jews sit on 71 regional councils; 261 Jews serve on various municipal councils; 10 cities have Jewish mayors; and, in 45 cities, Jews comprise the majority of the population (Nachum Gross, "*Galicia*," in Encyclopedia Judaica, 16: 1327-1328, 1972).

1875: Austrian legislation passes mandating that, by 1877, each district *Gemeinde* nominate for government approval, a registrar to collect and maintain registration of births, marriages and deaths in a standard format on printed forms initially in German and later in Polish and German. There is a brief period where Ukrainian is added as an official language.

1877: Publication of regulations for administering vital event registration, with a list of the districts and subdistricts of the *Jüdischen Kultus Gemeinde*.

1880: The Jewish population of Austria reaches over 1 million, the majority from Galicia. In the city of Przemyśl, one of Galicia's largest, 60% of Jewish children attend Jewish schools, with the rest in Polish and Catholic schools.

1882: The *Jüdischen Kultus Gemeinde* passes a resolution, which gives full voting rights only to those who follow the *Shulkan Arukh,* an effort to discourage the *Haskalah* and Zionist movements from drawing Jews away from orthodoxy. Austrian legislation again attempts to mandate that German become the official language of prayer. Ukrainian is no longer acceptable as an official language. Blood libels trigger pogroms in western Galicia, with resulting loss of life and growing uneasiness with the Poles.

1885: Emigration begins in earnest to Hungary, Vienna, Berlin and the US.

1890: The Progressive Temple in Przemyśl opens. A result of Emancipation in 1869 is that, by 1890, Jews comprise 25% of physicians and 48% of lawyers in Galicia.

1893: A Catholic convocation in Kraków declares a economic boycott on Jews (Nachum Gross, "*Galicia*," in Encyclopedia Judaica, 16: 1330, 1972).

1900: Poles and Ukrainians unite in Galician Diet to prohibit sale of Jewish agricultural products and to exclude Jews from the network of agricultural cooperatives.

1905: Goldmann schools in the German language founded by Jews interested in more secular education for their children.

1906: Zionism enters local politics and the labor movement gets underway.

1908: There are 689 Jewish cooperative lending funds in Galicia, many of which are supported by Jews living elsewhere (Nachum Gross, "Galicia," in Encyclopedia Judaica, 16: 1330, 1972).

1910: The census does not include Yiddish as a choice of primary language but one half of Jews register the language in protest. The Galician *Sejm* (Parliament) prohibits Jews from engaging in any aspect of the production or sale of alcoholic beverages, impacting 15,000 Jews. The restrictions were later softened.

1911: Galician Jews are excluded from occupations in the salt and wine industries. 16,000 more Jews lose their incomes.

1914: 28 June, Franz Josef's son and heir, Archduke Franz Ferdinand and his wife are shot and killed in Sarajevo by a Serbian nationalist, setting off events that led to World War I. On 28 July, Austria declared war on Serbia, after Russia begin mobilizing her troops in defense of Serbia. On 1 August, Germany joins Austria in opposing Russia. The involvement of other countries in Europe and Asia quickly follows. Much of western Galicia becomes a major battleground as hostile troops battle for control of the territory. Many Galicians flee to safer territory voluntarily and involuntarily.

1916: Franz Josef dies and, his young nephew, Charles I, with whom Franz Josef had a difficult relationship, assumes the throne.

1917: Revolution in Russia causes a military pause in Russian involvement in the war. In September, Austria declares Eastern Galicia an autonomous Crownland, thus encouraging Ukrainian nationalists in their pursuit of having that territory as part of Ukraine. This move is rejected by the Allies when, in 1918, Poland was again established as an independent country, restoring most of the territory lost in the 18th century Partitions. (Lukowski & Zawadzki, 2014; Brook-Shepherd, 1996; Pognowski, 1987)

1918: By summer, World War I was winding down, with Italy its last significant site of battle. The result of the armistice that ended the fighting, briefly, made 350,000 Austrian soldiers, prisoners of war in Italy (Crankshaw, 1963).

President Woodrow Wilson's 14-point plan advocates for the dissolution of the Austro-Hungarian Empire. By then, many parts of the empire have already broken away and declared independence and created constitutions.

A brief Revolution breaks out in Vienna, hastening Charles' decision to abdicate on 11 November 1918. With his wife, Zita and their son, Otto, they left Austria for Switzerland. Charles died in Madeira in 1920. Otto, died in Vienna 16 July 2011.

1918-1923: On 3 June 1918, the Entente Powers restore Poland. On 29 October, 1918, Poland assumes administrative control of Galicia. Ukrainian nationalists immediately reject Poland's control over what had been Eastern Galicia.

Though the Armistice on 11 November officially ends the war, the Red Army and Ukrainian nationalists continue to engage in military action. The Red Army continued to pursue the retreating German Army across Ukraine, threatening Ukraine's territorial integrity. Polish leader, General Pilsudski, responded by, briefly, allying with Ukrainian forces to force the Red Army out.

Ukrainian nationalists declare Przemysl (well inside Polish territory) as the capital of the Ukrainian Republic. Ukrainians conduct military actions throughout 1919-1923 until the borders are fixed by the Allies at the Conference of Ambassadors in March 1923.

Jewish refugees, who had been forced to leave Galicia during the war, trickle back to Galicia to find heightened anti-Semitism in both formal and informal ways.

Lukowski and Zawadzki provide 1921 census data that put the Jewish population of Poland at 2.2 million, with over 4/5 using Yiddish as their primary language. Because of the very different ways that Jews had been treated in partitioned Poland, there was much diversity in religious observance, education and participation in the economy (pp.193-204).

REFERENCES

In addition to the references below, consider exploring Jewish encyclopedias (Universal Jewish Encyclopedia and Encyclopedia Judaica) found in most synagogue libraries, and travel guides, which are often a good source for some local history and regional and town maps. Encyclopedias have articles about Galicia and offer references to other relevant articles.

Baedeker, Karl A. Traveller in Hungary and Galicia: A Historical Guide to Hungary and Galicia. This gem of a book was published in the late 19th century and republished by Stevenson Press in May 2011. At this writing, the book can be ordered online.

Brook-Shepherd, Gordon. *The Austrians: A Thousand-Year Odyssey.* New York: Carroll & Graf, 1996.

Crankshaw, Edward. *The Fall of the House of Habsburg.* London: Papermac, a division of Pan Macmillian Publishers, Ltd., 1992 edition.

Eisenbach, Arthur. *The Emancipation of the Jews in Poland: 1780-1870.* Oxford: Basil Blackwell, 1991. Out of print but try online resources for used copies.

Nachum Gross, "Galicia," in Encyclopedia Judaica, 16: 1327, 1972.

Henisch, Meir, Galician Jews in Vienna, in *The Jews of Austria: Essays on Their Life, History and Destruction*, 2nd Edition. Edited by Josef Fraenkel. London: Vallentine Mitchell, 1970.

Lukowski, Jerzy and Hubert Zawadski. *A Concise History of Poland.* Cambridge: Cambridge University Press, 2001. A 2nd Edition was published in 2014.

McCagg, William O., Jr. *History of Habsburg Jews, 1670-1918*. Bloomington: Indiana University Press, 1989.

Mccartney, C.A. *The Habsburg Empire, 1790-1918*. New York: Macmillian, 1969.

Magosci, Paul Robert. *Historical Atlas of East Central Europe*. Toronto: University of Toronto Press, 1996.

Mahler, Raphael. *History of Modern Jewry, 1780-1815*. New York: Schocken Books, 1971.

Metzler, Wilhelm. *Die Heimat und Ihre Geschichte: Galizien, Land und Leute* (The Home and its History: Galicia, Country and People). Published by German Galizien Descendants, 1997 and translated into English by John Forkheim and Eva Rowley.

Pognowski, Iwo Cyprian. *Poland, A Historical Atlas*. New York: Hippocrene Books, 1987.

Schmidl, Erwin A. *Jews in the Habsburg Armed Forces*. Eisenstadt, Germany: Osterreichisches Judische Museum, 1989. There is an English translation of the German text.

Subtelney, Orest. *Ukraine: A History*. Toronto: Toronto University Press, 1988.

CHAPTER 2

Jewish Life in Galicia

Religious Context

Jewish life in Galicia revolved around religious practice for most Jews. Virtually every aspect of daily and weekly life was tied to the rhythm of religious observance. The celebration of Shabbat gave a focus to the week, just as observance of Jewish festivals, holidays and fast days were central to the cycle of the seasons and the passing years.

Galician Jews were subject to the same secular and reform influences that colored Jewish life and observance throughout Europe but strong ties to the Hasidic movement fostered strong resistance to those influences. Though Austrian officials preferred appointing religious leaders from Reform and traditional rabbinic circles, elected leaders tended to be affiliated with one of the groups that made up the movement. This created built-in conflict that impacted the Jewish community in many ways. Why was Hasidism so dominant in Galicia?

A little background for those unfamiliar with Hasidism might be helpful. In mid-life, Rabbi Israel (1698-1760), known as the Besht, short for the *Baal Shem Tov*, traveled widely to spread his vision of a Judiasim that offered an uplifting and joyful experience, rather than the traditional focus on scholarly and legalistic aspects of Judaism. His message resonated with communities mired in poverty and despair. Perhaps searching for a more inspiring form of Judaism, many Jews had turned to mysticism and several fraudulent Messianic leaders who offered a better world in exchange for payment.

It was in this context that the *Besht*, too, attracted a following. Some followers became the next generation of leaders, organizing study groups, founding schools, and writing, all with the goal of spreading the *Besht's* messages throughout Eastern Europe. In some areas, including Lithuania, the movement failed to take hold, but, in Galicia, the movement found fertile ground. Over time, groups, known as, "courts," became associated with spiritual leaders and places, differentiating themselves with practices, music, daily prayer, and so on. Even a small community might have two or more groups co-existing, sometimes comfortably and sometimes, less so. But, regardless of the minor differences among these groups, they were all part of the larger Hasidic movement, which was dominant in Galicia.

There were people in every community who considered themselves traditionally Orthodox or secular. In a few of the larger cities, there were Reform congregations by the turn of the 20th century. However, regardless of their frequent disagreements over matters of religious observance, when Austrian action threatened to negatively impact the Jewish community, Jewish leaders tended to act in concert. Those leading the various Hasidic communities marshaled considerable influence over the degree to which their followers accepted or resisted civil law and authority.

Communal Organization: *The Judischen Kultus Gemeinde*

Under Polish rule, the Jewish community had been self-governing from 1553-1764. The system, informally known as the *Kahal*, but formally recognized by the Polish government as the *Va'ad Arba Aratzos.* The formal relationship had mutual benefits. The *kahal* facilitated access of Jewish leaders to the Polish government for purposes of advocacy and, in turn, ensured that civil rulers could require that the leadership use its influence to enforce Polish laws and collect taxes Part of the *Kahal* structure included a court system, known as the *Bet Din*, which consisted of three well-respected rabbis in each district who were responsible for resolving issues within the Jewish community, such as disputes regarding animal slaughter, marriage and divorce, complaints about merchants. The

Kahal's administrative system had oversight of Jewish institutions and infrastructure. Although Poniatowski formally disbanded the *Va'ad Arba Aratzos* in 1764, the *Bet Din* had continued to, informally, rule on matters of Jewish and law without interruption.

When Maria Theresa and her son Josef established Austrian rule over Galicia, they decreed the reestablishment of the *Kahal* in 1776, calling it *Jüdischen Kultus Gemeinde* (The Jewish Culture Committee), hereinafter known, variously, as the *Kahal* or *Gemeinde*. The initial *Gemeinde* structure set up six districts, headed by elders from those areas, with six additional at-large representatives to be elected by Jews from those districts and a chief rabbi (Universal Jewish Encyclopedia, 4: 1941). At a later point, the six appointed leaders were also elected by the community. As was the case under Polish rule, the very concept of self- governance carried within it, a double-edged sword. On the one hand, the *Gemeinde* would represent and advocate for the community's interests but, on the other hand, the *Gemeinde* was expected to ensure enforcement of Austrian law among the Jews, including collection of taxes and cooperation with government efforts to enforce the military draft of Jewish men.

In political matters, Galicia was governed by state and local authorities. Galicia, like other territories in the Empire, had secular law and courts that addressed criminal and civil matters having nothing to do with Jewish law.

The activities of the *Gemeinde*, were regulated by general authorizing statutes approved by the Austrian governor in Lemberg. Initially, the central *Gemeinde* based in Lemberg created operating documents that were to pertain to each district. However, over time, each district governed such matters as the procedures for electing a rabbi and other officials of the communities, methods of obtaining funds, methods of resolving controversies, religious education, and regulations regarding private and public religious practices.

The *Gemeinde* had many roles, including: representing the Jewish community's interests to the authorities; defending the legal rights of Jews; taking care of the poor; satisfying the religious needs of the community; supporting institutions for religious needs; making reports to the state; preparing a budget for the community's needs; and collecting taxes.

In 1782, Josef II, then ruling in his own right, expanded and decentralized the *Gemeinde* structure in the interest of better communication and efficiency. He divided the Jewish population in Galicia into 18 districts. McCagg described Josef's philosophy about church-state relations as wanting to keep separate religious and civil matters. He believed that religious leaders should play no role in governing civil society.

McCagg's viewpoint helps to explain Josef's ambivalent and inconsistent approach to the *Gemeinde*. At times, he supported and even improved it by increasing its regional composition, while, at other times, he acted to dismantle the structure, altogether. This ambivalence can be seen in his 1789 decree that, effectively, dismantled the *Gemeinde*, but, at the same time, recognized 141 Jewish communities. His successor reinstated the official *Gemeinde* structure and reauthorization for its administer oversight in those 141 communities.

Thereafter, the number of districts varied over time. For instance, by 1877, there were 74 main districts and, within them, 160 subdistricts. In what was its final form under Austrian rule, March 1890 legislation revamped the Jewish community structure into 257 Jewish communities. The legislation called for regionalization of authority, rather than having authority centralized in Lemberg.

Kahał w Strzyżowie. Rok 1931
Zdjęcie ze zbiorów Ośrodka Badań Historii Żydów w Rzeszowie

The Jewish community in Strzyżów (1931)
This photograph comes from the collection of the Jewish History Research Centre in Rzeszów

Photo 3: Gemeinde members of Strzyzow

At the head of each *Gemeinde* was the *rosh hakahal* or president. This man was usually a business man, who spoke the local language and had good relations with local authorities, church leaders and the magnates and the lesser gentry. It was the president's role to serve as a liaison between the Jewish community and those entities to advocate for his Jewish constituents.

The president was supported by an elected body of 12 men. Elections took place every four years. Although all Jews, by Austrian law, were taxable members of the Jewish community, not all members were eligible to vote in those elections. To stave off the secular influence of the Haskalah and Zionist movements, voting privileges, beginning in 1882, required evidence that the member was familiar with the *Shulkan Arukh* and be in good financial standing. In other words, voting eligibility required that members had paid the taxes that they owed. (Krochmal, 1993). By and large, voters were men over the age of 13. Voting lists occasionally included women who were widowed householders or who owned land.

On August 6, 1894, the Austrian government published a sample of the statutes for reorganized Jewish communities, particularly those governing eligibility of voters for the governing board that had the power to nominate the official rabbi.

Gemeinde membership could only be changed with the permission of the elected council in their district. Even when people moved away from their districts and resided elsewhere on a full-time basis, they had to pay taxes to their former district until given permission to change their membership. It was in the financial interest of the home district to retain its members since the *Gemeinde* benefitted from both the number of members in the district and the amount of taxes collected from them.

Josef II sought to Germanize and assimilate the Jews. Had he lived, he might have been persuaded to emancipate them about 80 years before Franz Josef did. Josef wanted the Jews to accept that Judaism was a religion, like other religions that existed in the Austrian empire. Although he failed to lift the egregious marriage restrictions, he did eliminate some restrictions on Jewish trade and Jewish real estate purchases were simplified. He even proposed some measures to encourage Jews to become farmers. Also, as part of his plan to Germanize the Jews, he insisted on legislation that required them to serve in the military and adopt German surnames. By his mandate, all children, including Jewish children, were required to attend school from 7-14 years of age and to learn secular subjects.

It must be remembered that many of Josef's reform initiatives were overturned soon after his death, As Jews in other parts of the Empire tended to view these reforms in a positive light but, in Galicia, Jewish leaders united in opposing many of the measures. Their interest was in maintaining a distinct Jewish identity, safely separate from the polluting influences of the larger community.

Among their many objections was the mandate for military service, which fortunately, was overturned upon Josef's death, only two years after he issued it. For one thing, there had been no provision for soldiers to access food that would enable them to keep the laws of *kashrut.* Soldiers would be unable to attend to the many requirements and rhythms of Jewish life. It should be noted that military leaders, too, met the prospect of Jewish recruits with considerable resistance and dismay. Avoidance of military service could be arranged by paying a rather stiff fine.

The issue of military service rose again during the Napoleonic wars. At first, the requirement was for life-long service, but this was shortened to 12 years. The first Jewish officers in the military were appointed in 1808. Following Napoleon's defeat, military leaders returned to discouraging Jews from entering military service, but from 1849 on, there was an increase of voluntary or involuntary of Jews serving in the military (Schmidl, 1989).

Gemeinde structure and role

Each *Gemeinde* had an "official" rabbi, who was nominated by the community but appointed by a government official. In practice, because the official rabbi had to be acceptable to the government, he was, often not representative of ordinary Jews or, for that matter, the elected leaders of the district *Gemeinde*. The rabbi had multiple official roles. He was the only person authorized to: perform legal/civil marriages; oversee religious and administrative activities in the "official" synagogue in the district; to play a major role in disputes about religious matters, such as the laws of *kashrut* that govern the slaughter and consumption of meat and poultry products and the mixing of meat and dairy products.and dairy products.

Returning to the structure and role of the *Gemeinde*, it might be instructive to read a bit of the statute, approved in Lemberg on December 31, 1894, that set forth the obligations of the *Gemeinde* in the Przemyśl district. In 1890, the district consisted of 110 towns. Paragraph 2 stated:

> *The Przemyśl Jewish community is to maintain and conduct all rituals, serve God, teaching and charitable organizations that are completely or partially supported by it and exist under its supervision and approval. It is to satisfy the religious needs of members, help with burial, help the poor and sick within allowable funds.*

The Przemyśl Jewish community owned three synagogues and several study houses. Various Jewish institutions and associations existed in the city, such as Jewish Hospital and the *Bikur Cholim* Society, which supported poor and ill Jews (Krochmal, 1993).

Photo 4: Temple in Przemysl

Until 1892, rabbis in these roles needed only graduation from a program of religious training, but national legislation in that year, required the rabbis leading the 20 largest communities to have earned at least a diploma from the gymnasium. The rabbis in the rest of the communities were required to have had four years of elementary school education. The 1894 legislation further and tightened eligibility requirements for official rabbis.

Jewish communal institutions and organizations

Depending on many factors, internal to a particular *Gemeinde*, there might have been administrative oversight of all kosher butchers and ritual baths (*mikvot*) in the district and some regulation of charitable efforts and groups. This was not uniform in all districts. In one *yizkor* (memorial) book written by survivors of a town after the Holocaust, there was discussion of how the *Gemeinde* eventually organized and centralized charitable efforts to avoid door to door begging that had resulted in inequitable giving to the poor. That same account described that the district was too poor to heat the town's only ritual bath in the winter or to provide oversight for the several kosher butchers. The latter was assumed to be a matter for the several Hasidic communities to regulate for their own members.

Each district had officially-recognized synagogues, where the official rabbis conducted services. Austrian law required that all Jews attend services at that synagogue at least several times per year. The rabbi and support personnel were to be paid from the taxes collected. The official synagogue was not necessarily where ordinary people prayed or studied the Talmud on a daily basis. In a typical community, one or more *Bet haMidrash* would be associated with the various Hasidic groups in the community. It was the *Bet haMidrash* where men gathered daily to learn together and to pray the required number of times from sunrise to sunset. Typically, they were housed in small houses with no identifying markers because all Jewish institutions were subject to taxation.

World War I and beyond

As World War I progressed, and it became likely that Poland would again become an entity, the Jewish Religious Union was created on November 1, 1916. After the war ended in 1918 and Poland, indeed, became independent, the previously existing Jewish communities of Austria, were incorporated into this structure. The Jewish Religious Union was formally legalized on February 7, 1919. The laws governing the Union remained in effect until their repeal in 1927, when the Jewish community was so badly split that it could not agree on its role and structure. Zionist groups wanted religious institutions to be self-governing; Orthodox representatives opposed this format.

Marriage: The Cornerstone of Jewish Society

Marriage under Austrian rule in Galicia must be thoroughly understood by those wishing to pursue genealogical research, in order to fully appreciate how civil law impacted the documentation of family life and the surnames of Jewish children. Indeed, Austrian marriage laws, and the resistance of Galitzianers to those laws, dramatically impacted the surnames that our ancestors carried in Europe and in later places of emigration. This section will first address marriage from a legal point of view and then address how marriages were arranged and carried out.

In the early days of Austrian rule, Galician Jews came under what had long been Austrian *familiant* regulations, which specified what constituted a legitimate Jewish household. These rules had been successfully used to discourage Jews from living in Austria and to maintain the Jewish population at very low levels. These laws stemmed from Charles VI who had issued an order on September 23, 1726, that gave only one male of a Jewish family the right to establish a legitimate household. That person was required to register as a legitimate household and, of course, to pay a substantial tax. Until that household was terminated by death or a substantial fine was paid, no other male in the family was eligible to establish a legitimate household. Legitimate households were only permitted within the quota allowed for each community. That system limited the total number of Jewish households in Austria, proper and its territorial holdings. Therefore, well before Austria's establishment of Galicia, religious marriages were much more common in Austria than the civil and legitimate form. At the same time, individuals whose marriages were religious and not civil found it difficult to conduct official business with the government, including applying for business licenses, permission to engage in certain occupations or to move to another jurisdiction. Additionally, those wishing to move from one community to another had to obtain permission and permission was only granted to legitimate households.

These marriage restrictions pertained in Galicia until Josef II, in his 1782 Toleration Patent, overturned some of them. Josef, instead, mandated that all Austrian citizens be required to have a civil marriage, that is to have an official member of the clergy perform the ceremony. For Jews, this meant that Jews would have to have their marriages performed by government-appointed rabbis. Additionally, Jews were required to register their births, civil marriages, and deaths with the Roman Catholic parish. The mostly Hasidic leadership opposed these mandates with forceful resistance, even threatening excommunication for Gemeinde members who complied with them.

The Gemeinde leaders viewed Jewish marriage as a purely religious matter, in which the state had no business meddling. Moreover, the Toleration Patent retained some of the restrictions established under the old *familiant* laws, and the hated "bride" tax that only impacted Jews.

In his 1789 *Judenpatent* for Galicia, while Josef removed the restriction on the number of marriages, his death only a year later was quickly followed by restoration of all aspects of marriage restrictions and requirements by his brother and successor, Franz Ferdinand. Like his mother, Franz Ferdinand, wanted to discourage Jews from living in his empire.

A prominent member of the Jewish community only added burdens to the issue of marriage. Herz Homberg was recognized as an advisor to the Austrian government. He advocated for many measures that he believed would benefit the Jewish community in social and economic ways, but the Galician leadership viewed Homberg as dangerous and his ideas, heretical. Homberg's ideas were presented in a book, *Bene Zion*. Due to his influence, from 1810-1869, Jews wishing to marry had to read and pass an examination based on the book. Moreover, government-appointed rabbis had to pass a similar examination and show evidence of an elementary level of education.

Reforms in 1848 abolished the *familiaten* in Bohemia and Moravia but it was not until Emancipation in 1869, that Galician Jews were liberated from these harsh marriage laws. Still, the very fact of a civil marriage mandate continued to rankle Hasidic leaders and resistance for some, continued throughout Austria's rule in Galicia.

This situation meant that, unless they had a reason for having a civil marriage, resistance to civil marriage was widespread. Over time, sanctions and increasing desire to fully participate in mainstream society softened this resistance, particularly for Jews living in urban areas. However, the registers documenting Jewish civil marriages contain far fewer entries than the size of the population would, predict.

It appears that the Galician Jewish community was the last in the Empire to have the authority to register the vital events of its members. A brief review of the 1875 legislation that finally lifted the requirement for Jews to register their vital events with the Catholic parish follows.

The 1875 law authorizing and governing Gemeinde registration of vital events gave the 74 main *Gemeindes*, and their subdistricts the authority to nominate a registrar from among their members. After confirmation by the government, the registrars would record and maintaining registers of Jewish births, marriages and deaths.

It took two years to develop regulations governing the qualifications and appointment of registrars, the content of the forms to be used, and the procedures to be followed by both registrars and Jewish citizens under normal and special circumstances. The towns under the jurisdiction of each main and sub *Gemeinde* were listed in at the end of the booklet of regulations published in 1877.

It remained a clear requirement that marriages were to be performed by the official rabbi of the *Gemeinde* or an approved substitute. The regulations addressed how the registrar was to address various scenarios, including the registration of births to couples who had not complied with civil marriage laws.

The chapter on vital records will offer more specifics about how these regulations impacted the inclusion of a baby's father on the birth record and the individual's official surname.

Failure to comply with civil marriage requirements had practical consequences. If a child was illegitimate, eligibility for inheritance from the father was at risk. Licenses for significant businesses, admission to universities and other such privileges could be denied, as well.

Although rare, divorces were handled by the *Bet Din* or the Jewish court attached to each *Gemeinde.* It seems that divorce did not carry the level of social stigma that characterized divorced persons in other societies. Indeed, if a woman did not bear a child within a few years of marriage, Jewish law virtually required the husband to divorce his wife so that he would be free to seek a new wife. (It was assumed to be the woman's fault when there were no children.) On the other hand, wives whose husbands were impotent or uninterested in fulfilling their sexual obligations were also within their rights to request a *get*, a Jewish divorce. A woman could not, however, obtain a divorce without the willing participation of the husband, even if he was missing, or had abandoned her, or if the husband was unable or unwilling to perform his sexual obligations. If the husband disagreed with the divorce or was missing or unreachable, even for many years, as in any observant Jewish community, the wife's marital status could be left in limbo indefinitely.

Virtually everyone married. While there were certainly gay, lesbian and transgender individuals, this author is unaware of anything written about this matter. As was common at the time, Jewish men and women lived their lives in quite separate ways. Societal norms impacted gender roles but among Hasidic families there was an overlay of expectation that men would spend a lot of their time in a *Bet haMidrash. Yizkor* books and memoirs offer evidence that it was common for men to be away from their families while visiting their rebbe in another community or to join with other men at the home of their rebbe. Men were not expected to participate in housework or in child rearing apart, from imparting religious and moral guidance to their sons. Men who were drawn to a life of study were, often, marginal participants in making a living. Women managed everything at home, sometimes with the help of a servant girl, particularly if the wife was the primary breadwinner.

Marriage customs

Turning our attention, now, to marriage customs, Galician Jews typically married in their late teens and early twenties and, really, until World War II, marriages were, typically, arranged by parents and a matchmaker. If brides and grooms were allowed to meet before their marriage, it was not to engage in extended and unsupervised courtships. Some parents allowed their daughters to decline an engagement if the prospective groom was not to her liking. However, if a father wanted his young daughter to marry an elderly man, he was within his rights to insist on the marriage taking place. Some parents contracted engagements between infants.

A broken engagement was viewed in much the same way as a divorce. It was a contractual agreement.

A consideration in the arrangement was that, if a young man wanted to learn full time, parents attempted to arrange a marriage with a girl whose father was able to support and, even, house the couple. This situation usually led to the groom moving to the bride's home or town.

Disruptions caused by World War I accelerated a lot of societal changes. Young people had more opportunities to become acquainted at school, work, and Zionist organizations. Still, there was strong societal pressure for elders to have a hand in selecting the mates of their offspring.

There were very frequent marriages between relatives in Galicia, even between first cousins and uncles and nieces. Such matches were seen as desirable for various reasons, not the least of which was that money and property would remain in the family. Another important factor in keeping the marriage within the family related to knowing more about the religious practices and upbringing of the bride and groom. Our ancestors did not know about undesirable genetic outcomes that can be associated with marrying relatives.

It was also desirable to marry within the family's Hasidic group to avoid conflicts about ritual and observance matters.

The wedding, sometimes the first occasion for the bride and groom to lay eyes on each other, was an opportunity for families to gather, often for up to a week, to celebrate. Bridal clothing and the canopy or *huppah* under which couples married, were often heirlooms, passed down through families. There was much singing and dancing, though men and women did not dance together and the dancing took place in separate rooms.

Marriage after emigration to the United States

When single Jews arrived in the United States in the latter part of the 19th century and early 20th century, they were less likely to find mates through marriage brokers. However, Jews from Galicia usually married someone also from Galicia through informal networking, "home" community and family connections. This networking connected new immigrants with jobs, as well as marriage partners. While less common in the United States, it was not unusual for Jews from Galicia to marry cousins.

"Making a Living": Socioeconomic Framework

The peasants working the land were tenants living in hovels on land owned by members of the Polish nobility. They were, in essence, sharecroppers. As such, they had to pay their landlords a portion of their annual harvest or some other form of payment. This was a system of taxation that had deep historical roots. Landlords in Poland and, then, in the early years of Galicia, turned to Jewish contractors to conduct the unpleasant task of "tax collection."

Under the Polish system, Jews, would establish relationships with the gentry, negotiate leases or *arenda* arrangements, with them. Tax collection was one type of *arenda*. Others were for access to the products of the land, such as using the trees for lumber, the grain used to make baked goods or alcoholic beverages, or the hides of the cattle for leather products. Peasants did not have access to *arendas* due to their social status.

It is easy to see that the peasants came to view Jews with jealousy and resentment, a perception encouraged by the priests (Brook-Shepherd and Subtelny). The uneducated peasants were easily led to believe by the clergy that the Jews in their midst killed children for their blood and consorted with the devil.

What the peasants did not see was that Jews, hired to

collect taxes, were subject to a quota system. The tax collector was obligated to pay the agreed-upon amount regardless of how much he collected. Although tax "farming" sometimes led to the accumulation of wealth, more frequently, it resulted in economic hardship for the tax collector. So why did Jews engage in this occupation?

Until Emperor Franz Josef emancipated the Jews in 1869, they were subjected to numerous occupational restrictions. This led to seeking ways to make a living without violating the restrictions or inviting the wrath of those who wielded power over them: the landowning nobility and the clergy who were allied with them. Since many towns were owned by the landowning classes, it was logical for Jews to seek employment and economic opportunities within that structure. Tax "farming" as it was known, was an occupation open to Jewish participation.

Due to feudalism and prohibitions on Jewish ownership of land, Jews were traditionally not engaged in farming. Even when they were allowed to own land in the last quarter of the

Jewish communities were struggling to survive in the early 19th century. According to the article *"Galicia"* in the Encyclopedia Judaica, in 1827, of about 115,000 Jewish males in Galicia, 50,000 were of working age. But, fewer than 60 percent were gainfully employed. In part, this lack of participation in the economy stemmed from custom because, at that time, the Jewish community valued male participation in religious matters (daily prayer meetings, Torah study and, of course, the celebration and observance of the Sabbath and the Jewish holiday cycle) over making a living. It was often women who engaged in a variety of ways bring in income in addition to being fully responsible for all matters pertaining to child raising and household management. When the family could afford it, servants were hired to assist with household chores. It was this way of life that enabled religious scholars to spend much of their time in collective study, teaching, and traveling to other towns to engage with other scholars (perhaps, the rebbe leading their Hasidic group or members of the group living elsewhere).

Universal in the Jewish community was the need for internal

religious and institutional needs to be met. This need generated employment opportunities. For instance, Jews needed access to a cemetery, a *mikvah* (the ritual bath), kosher meat, and places to gather to fulfill the requirement that 10 men meet to enable prayer to take place. Men, for the most part, engaged in the many roles that supported Jewish life:

- *mohels*, who circumcised infant males;
- those who prepared the matzo eaten by everyone during the eight days of Passover;
- *schochets*, who slaughtered animals according to Jewish law;
- *metzgers,* kosher butchers
- those who alerted the community to the coming of the Sabbath each Friday before sundown;
- those who rounded up at least 10 men for a *minyan* to ensure that a prayer service could begin;
- those who made kosher wine and kosher candles;
- scribes for the purpose of creating new Torahs;
- those who inspected eggs to ensure that they met kosher standards;
- those responsible for ensuring that the laws of *kashrut* were being followed;
- those who made ritual items;
- those who were responsible for maintaining the ability of synagogues, study houses and other institutions to function;
- administration of *yeshivas*, clinics and hospitals;
- teachers at all levels.

In some areas, members of the Magnate class owned the town and its surrounding farmland. Jews, like others, living in those towns, rented their dwellings from the landlord.

People visiting the larger places in what had been Galicia, will find buildings that resemble those in Austria and Germany. The typical town still might have a central plaza that once was the site of the weekly market. Where once these plazas were rutted and often mired in deep mud, today, they have been turned into paved parks, offering pleasant gathering spots.

Photo 5: The Market in Stryj

Market days in medium and large towns, drew peasants and merchants looking to buy, sell and trade goods, animals and agricultural products. Later, this book will discuss yizkor books written and edited by Holocaust survivors about their lives and towns. Many include vivid memories of market days, the smells, the noise, the mud, the languages spoken, the drunken fights and the people who were memorable figures. Market days afforded opportunities for political and community meetings.

Jews tended to live in market towns and played a huge role in fostering economic opportunities for many families in the region. Each town had a set schedule for market day, sometimes weekly and, in larger communities, more often. The market square was where the wagons of the peasants were parked and where stalls were set up. The squares weren't paved in any way until well into the 20th century. The wagons, stalls, animals and their droppings as well as customers contended with deep ruts, mud and lack of sanitary facilities.

There was no limit to the type of products sold and traded. Some Jews lived too far to return home after the market closed and spent the night at an inn, often no more than a room in the home of a Jewish resident.

Jews, who set up temporary, weekly stalls at these markets,

may have had more stores or stalls in the town. Jews engaged in a wide range of commercial occupations, some of which were only available to them after Emancipation or when local legislation restrictions were not in effect.

Typical Jewish occupations involved engaging in various strategies, including selling, trading and negotiating *arendas* to obtain agricultural products for resale, production and personal use. Jews were engaged in many occupations and often some occupations became associated with Jews: watchmaking and repair; feather production (usually from geese) for pillows, mattresses and furniture; wood furniture production; artisans in leather, metal, wood, glass; animal traders; tailoring and dressmaking; sale of textiles; printing; all tasks associated with the production and sale of alcoholic beverages; production and sale of foods such as milk-based products, sauerkraut, pickled vegetables, baked goods and seeds used in them; and dry goods stalls and stores that sold a wide range of goods and services needed or desired by everyone.

Subtelny (1988) maintains that Jewish involvement in trade and small, capital-producing enterprises was key to Galicia's emerging, if primitive, pre-World War I economy. Jews were also peddlers, who brought products to isolated villages, often in exchange for agricultural products for sale, personal consumption, or for use by others in creating commercial products.

Subtelny's picture of the Jewish community economic condition in the late 19th century, is interesting. Based on government data, the Jewish occupational profile was: 15 percent leaseholders and tavern-keepers, 35 percent merchants, 30 percent artisans and 20 percent miscellaneous occupations. Most Jewish traders were petty merchants, but a tiny minority was exceedingly wealthy and influential and carried on much of the large-scale trade in Galicia.

In the eastern portion of Galicia, the discovery that petroleum could be distilled from oil by Ignacy Lukasiewicz in 1853, sparked Jewish engagement in the extraction of oil and production of petroleum products. Oil had long been known to exist in the regions of Bobrka, Boryslaw and Drohobycz. Lukasiewicz opened the first mine in 1854 and, thereafter, using petroleum for lighting became popular, not only in Galicia, but many other places. Having no alternatives at hand, the early oil wells were dug and operated manually, a dirty, dangerous, and inefficient way of extracting oil. Eventually, a few operators went to Canada to learn new methods of drilling and extraction and returned to refine those methods. A few Jews became wealthy from oil enterprises, but the amount of oil turned out to be quite modest and most of those who set out to become rich, were disappointed in the outcome. By the end of the 19th century, oil wells were operating in the regions of Ulaszowice, Krosno, Jaslo, Gorlice, Ustrzyki Dolne, Trzebinia, and Limanowa.

Horse and cattle trading in eastern Galicia was also a Jewish occupation that, again, made a few people quite wealthy, and disappointed the vast majority of those engaging in the occupation.

Jewish involvement in the professions was slow to develop and became more common only in the last quarter of the nineteenth century, mainly in the larger cities of Galicia. Metzler commented that Galician Jews were forbidden to practice law until 1890.

These expanded opportunities in the professions developed gradually after Emancipation when Jews were able to attend higher educational opportunities and the professions gradually altered occupational patterns, particularly for people living in Galicia's larger cities. Jews entered the professions and created businesses that enhanced their economic well-being. Though discrimination continued to exist in formal and informal ways, a few Jews were even elected to Parliament and Galician Jews were writing books, creating art and music and teaching in an array of secular subjects.

See JewishGen's website for a list of occupations in Polish with English translations.

Jews and the Alcoholic Beverages Industry

Many Jews engaged in some aspect of the business of making and selling alcoholic beverages from grain, wine and honey and the ancillary related businesses related, such as making barrels used in the manufacturing process.

Many Jewish men were involved in managing taverns, often

under lease arrangements with the owner, a local member of the nobility. These taverns were gathering spots for Polish and Ukrainian men who spent much of their meager incomes there, severely impacting their families and the general economy. By the late 19th century, public drunkenness had become a major societal problem and, because it was the Jews who produced the liquor, the clergy had an easy target for blame. Pressures to bring this situation under control resulted in a 1900 law that excluded Jews from selling their agricultural products, followed by a 1910 law that forbid Jews to sell alcoholic beverages. It has been estimated that 15,000 Jews were impacted by that exclusion.

Lorin Wiesenfeld, an early Gesher Galicia member, brought this author's attention to a book by Hillel Levine, a professor of sociology and religion at Boston University's Center for Judaic Studies. *Economic Origins of Antisemitism: Poland and Its Jews in the Early Modern Period* (New Haven, CT: Yale University Press, 1991) which extensively describes and analyzes Jewish economic participation in Poland. Levine earlier had written a *New York Times* op-ed piece in which he mentioned the occupation of *propinator*, and Wiesenfeld, knowing that his ancestor had been a *propinator*, wrote to Levine. Much of Levine's scholarly book discusses the essential role of this occupation.

Quoting Levine (1991, 9), the term *propinacja* refers to the "site and the institution of the trade in alcohol . . . after the small hovel that generally served as drinking room, hostel, barn, and storage room for this enterprise." Thus, the *propinator* was the proprietor of this establishment. According to Levine, "The Jewish tavern, the *kretchme* or 'shenk,' was found in even the smallest village in . . . Poland." Levine's book, which explores the complex economic and sociological role of this societal arrangement, offers a fascinating, if controversial, view of the economic conditions and lives of some of our ancestors, documents the Polish system of feudalism and the role of Jews in managing the use of the nobles' land and in collecting taxes.

In a letter to Wiesenfeld, Levine states that his basic argument is that " . . . the manufacture of vodka saved the Polish economy, at least for the Polish gentry who were calling the shots." Because Jews could not own land, they could gain access to grain only by a complex system that was something like sharecropping in the United States. Once harvested, "Jews were then heavily engaged in distilling the grain, making the barrels that held the grain (*kupfer*) and selling the liquor at the consumer level." Levine went on to say that, "...in mid-eighteenth century Poland, as much as 85 percent of rural Jewry . . . was involved in some aspect of the manufacturing, wholesaling, or retailing of beer, mead, wine, and grain-based intoxicants like vodka."

Georges Rosenfield, a SIG member from Neuchatel, Switzerland, who investigated the occupations of family members, found that his ancestor has been involved in the liquor trade. He wrote in a letter to this author:

> "As for the tavern the Lermer family held in Buszkowice (a suburb in Przemyśl), mother told me it had white-washed walls. The roof, after suffering from a fire, was covered by plated metal or tiles (mother wasn't sure which). The tavern stood directly at the end of a road. There a field path began that went to the River San. To cross the river to Przemyśl, one had to use a boat (a ferry?)."

This author's own paternal great grandfather, Elazar Ephraim Fischel, was a "vertically integrated" *propinator* who struggled to make a living for his large family in Bukowsko. Through an *arenda* or lease arrangement, he obtained wood and metal to make barrels, and grain to produce vodka and beer. At some point, he also managed or owned a tavern. Unable to make ends meet, he moved his family to the large city of Przemsyl, where he died about three years later of tuberculosis at age 44.

Jews were also major players in producing wine in both Galicia and Hungary. According to Gruber (1994), Jews had begun moving from Galicia to Hungary by 1600. Early settlements were in areas where Tokaj grapes grew in abundance and this led to a major wine production and distribution network to fulfill the needs of Jews and Christians in Hungary and Galicia. The fact that both places were part of the Austrian Empire facilitated trade. Gruber cites the license held by a business in the small Galician town of Rymanow that enabled the importation of kosher and non-kosher wine for large-scale distribution in the region.

Some of this cross-Crownland trade in wine was carried on by branches of the same family, with one branch producing the grapes and wine in Hungary, while another branch was involved in distribution in Galicia.

Names: Surnames and Given Names

Surnames

On 20 February 1784, Josef II became the first European ruler to decree that all births, marriages and deaths be registered under a civil procedure. Of course, since the registration was supposed to be with the Catholic parish, this mandate widely ignored by the Jewish community. In any event, since, at the time, few Jews in Galicia had fixed surnames, registration would be largely irrelevant.

Josef and the Austrian Parliament tried several times to require that Jews adopt fixed surnames. Why several times? We can only speculate that compliance with these laws must have been poor. While the government wanted to find Jews for purposes such as taxation, being counted in censuses and military service, these measures were counter to Jewish interests. A law dated July 23, 1787 required that, before January 1, 1788, all Jews in the empire must adopt German-language forenames and family names. (Jewish Encyclopedia, V, 549–53, 1925). Still, compliance must have been spotty because another law was passed in 1789 to confirm Josef's order.

Josef's decree was in keeping with his intention to encourage Austrian Jews to assimilate and become Germanized. Having fixed surnames ensured that each *Gemeinde* could be held thoroughly accountable for its members.

Prior to this time, most Jews in any part of Eastern Europe had not adopted fixed surnames, unless they were from an important rabbinic family that had a high degree of awareness that their surnames meant something in the wider Jewish community, well beyond their town of residence, and among other rabbis and scholars. Some Jews had adopted a surname elsewhere and carried it with them when they settled in Poland. There were a few other exceptions, such as families that had played important historic roles as bankers or physicians to royalty or in major commercial establishments. However, it is relatively rare to find a person who traces his surname's roots back to Galicia who carries other than a German-based surname.

How did people identify themselves and differentiate themselves from others? Jews were known, more or less, officially by a given name and the name of their father or patronymic. Informally, they might be known in the community by nicknames, their mother's name, if she was a well-known merchant, or by some personal, geographic or occupational characteristic that distinguished them from their neighbors. Take a common name like Moses. In a town of any size, there quite a few men with some form of this name. One might be identified uniquely by: a patronymic, such as Moses Aronowicz or Aron's son; or by a matronymic, such as Moses Sara's; or, by some personal characteristic, such as "Roiter Mendel" for a red-haired man named Mendel; or, by a geographic description, such as Meilach Dynower meaning that he was associated with the town of Dynow; or, by a something distinctive about his home, occupation or religious identity. While these early surnames and nicknames helped fellow townspeople to distinguish one person from another, they were not fixed or hereditary surnames.

Despite Galician Jews having fixed surnames after 1789, the tradition of using nicknames continued.

The process for adopting surnames

The various versions of the laws requiring Jews to adopt fixed surnames, prescribed the procedures for surname adoption. The head of a household was to present himself before authorities to select and register a surname based in the German language, unless the family already used a fixed surname.

Certain restrictions applied to the selection of a surname. For example, the names of saints were off-limits.

When the individual or family already had a fixed surname, the family did not have to select a new one. However, the fee was required for everyone.

The end result of the surname adoption process is evident in the vital records. Some Jews came out of the process with unpleasant, insulting and, even vulgar, surnames, leading to the conclusion that, for their ancestors, the process had not gone well. On the other hand, some families registered pleasant-sounding names like Goldman, Goldberg, Rosenbaum, Silberman and Grunwald. A literal translation of these names might not have made sense, but they suggest that their ancestors had complied with the process.

To date, original records from the surname adoption process have not surfaced; it is almost certain that they were discarded by the Austrian government.

Michael Honey's 1994 article in *The Galitzianer* described the development of surnames in Tarnobrzeg. Honey used the *yizkor* book *Kehilat Tarnobrzeg–Dzików sefer zicharon veedut* (Witness and memorial book Tarnobrzeg–Dzików) to illustrate the naming pattern of Jews in Poland before the requirement to adopt surnames. In 1718, the Jewish community of Tarnobrzeg/Dzików borrowed 100 Polish florins from the local Dominican friar Antoni Dembowski to build a synagogue. On behalf of the Jewish community, the responsible signatories used the patronymics Aronowicz, Abramowicz, Berkowicz and Zeinderowicz. A further loan of 2,000 Polish złotys was made in 1741 by the Dominican friar Stanisław Lipski to men with the patronymic Levkowicz.

The Central Archives for the History of the Jewish People in Jerusalem, holds microfilmed records that list license fees paid by Jewish businessmen in many places, including Tarnobrzeg *propinacja*—leaseholders associated with members of the nobility.

The *propinacja* list of 1779 is as follows. Note the patronymics.

| Wolf Tyma | Motko Bogaty (Rich) Itzkowicz |

Jankiel Motkowicz	Josef Itzkowicz
Leyzor Izraelowicz	Icek Motzkowicz
David Dawidowicz	Leybush Nysynowicz
Jakob Skotricki Majorowicz	Wolf Strzypek
Szmal (Shmuel) Leybowicz	Moisek Dawidowicz
Dawid Jakubowicz	Zeylik Leyzerowicz
Leybusz Chaimonowicz	Abraham Nutowicz
Chaim Bornchowicz	

An 1814 list of konsynacja (wholesale distributors) demonstrates the adoption of surnames among the Jews of Tarnobrzeg/Dzików. Note that most names are rooted in the German language, though some are spelled in the Polish style.

Leybusz Nusbaum	Chaimka wdowa (Chaim's widow)
Herszek Szalmonowicz	Simcha Handler
Leybusz Cwirn	Herszel Cynamon
Gimpel Gurfinkel	Klimanowa wdowa (Kliman's widow)
Susman Lorbaum	Szmul Galman
Wolf Ender	Lewi Morgenlender
Szmul Wahl	Eyzik Fegier
Wolf Pomeranz	Dawid Eched
Motka Klemer	Nuta Spicer
Moysesz Stainhard	Leyba and Bona Forgang

Surname adoption in West Galicia:
West Galicia was the territory that briefly became part of Austrian territory in the Third Partition of 1795. West Galicia included a large swath of land north of Krakow, east and west of the Vistula River, but not including the city-state of Gdansk/Danzig. The residents, previously under Polish rule, had not been required to adopt fixed surnames, but, now, they, too were required to do so.

West Galicia was soon taken by Napoleon, and after his final exile in 1815, West Galicia was ceded to Prussia and Russia. But, the brief connection with Austria left the Jews of Lublin and other important communities of what had been West Galicia, with German surnames.

Soundexing as a tool for identifying surnames

Virtually all genealogical organizations involved with extracting and indexing data indexing from records about people use a Soundex system. All such systems exclude vowels and retain the sounds of consonants. Most Jewish organizations use the Daitch-Mokotoff Soundex system, which goes a step further in organizing common letter sounds and combinations found in Jewish surnames.

Given names

Jews in Galicia, typically, had official given names, usually based in the Hebrew and Yiddish languages. The Hebrew name was used in the context of religious observance and rituals associated with birth, marriage, and death, Bar Mitzvahs and being called to read prayers or the Torah.

Benzion C. Kaganoff's *Dictionary of Jewish Names and their History* (New York: Schocken Books, 1977) was a very important resource in the early days of the Jewish genealogy movement because he provided such a thorough background about naming practices among Jews around the world. The book includes translations of hundreds of Jewish surnames and given names.

Ashkenazi Jews from Central and Eastern Europe, traditionally, did not name children after living people. The tradition was tied to a mystical notion that conferring a name transfers the identity and characteristics of the person for whom the baby is being named. Logically, if a person was living, transferring the name/identity would result in the death of the living person. This mystical notion came to reflect the idea that the baby would possess the positive characteristics of the person for whom the child was named.

Sephardic Jews had the opposite tradition. They tended to name their children after living relatives.

In Galicia, children were usually named after someone in the family who had recently died or who was a revered figure in the family of the mother or father. Traditionally, the mother named the first born, the father, the second and so on, though this was not a tradition followed by every family.

It was common that multiple children in the extended family were named after the same person. That can be very confusing when conducting genealogical projects.

The baby was not always named after a relative. For instance, the famous Rebbe of the small town of Rymanow was named Menachem Mendel Turim. He had a huge following in the region, a branch of my paternal family among them. Family lore is that, my 3X grandfather was named after him, in the hope that he would possess the Rebbe's fine characteristics. That ancestor's descendants from his 14 children (from three marriages) continue to bear the Rebbe's name in various forms. Judging from the region's surviving records, other families of followers in the region followed a similar pattern.

Unless their health is too precarious, boys are, typically, named on the 8th day of life when they are ritually circumcised. Girls In Galicia were, typically named within the first week of life. It was common for males to be given two given names associated with a biblical passage, biblical figure or animal. Consider: lion=Juda and variations on Leo; deer=variations on Herz; bear=Ber.

Kaganoff explained that the first of the two names was a *kinnui*, a symbol of a name, such as an animal. The second name would, typically, be a Yiddish transliteration. Using Kagan's examples: Benjamin is the *kinnui* of a wolf and, thus, the combination of Benjamin Wolf was a fairly common name. Such names, whether double or single, were passed down through the generations so that particular names would be associated with a family line. Some genealogists have successfully applied this knowledge when viewing documents created prior to the adoption of surnames.

In vital and other documents, the Polish word *zim* denotes a double given name which will help in differentiating the given names from the surname. This is particularly important when the surnames of the parents in a vital record are different.

Girls were named in a ceremony soon after birth, usually at home in the presence of a rabbi and the baby's family. As was the case with boys, girls, too, often had double given names. In the case of a double name, they also were commonly known in the community by the second name, e.g. Chaya Sara would be known as Sara. Girls more often had single Yiddish given names such as Golda.

Because of these practices, sometimes you will see variation in the way given names are written on vital records. A registrar in 1898 might include the full name of each parent, while in 1903, only include one given name.

Though the birth record is the most definitive record for documenting a person's full name, registrars did not always get it right. Parents and adult children could request correction in the official record if the registrar wrote down the wrong version of the given or surname. Changes in the original record included:

- notations about later name changes, such as the adoption of a secular (Polish) given name, such as Bronislawa, previously known as Beila or Adolph, previously known as Abraham;
- corrections in the record if the parents' surnames should have been different and after a civil marriage or paternity acknowledgement took place.

Education

It may seem odd, but there is documentary evidence that Josef II perceived Galicia's Jews as potential allies against the Crownland's Polish gentry and their Polish and Ukrainian peasants, as well as nationalists who were unhappy about coming under Austrian rule. Among Josef's key initiatives to Germanize and secularize the Jewish population in his Empire, was his plan for universal education. Perhaps his attitude had been influenced by upwardly striving Jews such as Herz Homberg. Homberg, an advisor to Josef, advocated for reforms that would liberate Jews from what he perceived as their narrow and parochial lives. He believed that encouraging secular education and the use of the German language would bring the Jewish population closer to an appreciation for what Austria had to offer (Henisch, 1967; Metzler, 1997).

One of Josef's initiatives was to employ more secularized Jewish teachers from Bohemia and Bavaria to set up the Jewish schools. Homberg's first role for the Hapsburgs was to serve as general inspector of a Jewish school system headquartered in Lemberg, called the *Jüdisch-deutsche Schulen* or German Schools, in three categories: lower, normal and main.

Elsewhere in the Austrian Empire, these ideas took hold and transformed those communities in ways that Homberg predicted. For instance, in Austria, Bohemia, and Moravia, within one generation, the general economic and social condition of the Jews had begun to improve, despite their living under the same occupational restrictions that pertained to Galician Jews. What was the difference? The major difference was that the mostly Hasidic leadership of Galicia effectively resisted these measures because Jewish children would be exposed to secular learning. Hasidic opposition to Homberg was so intense that he had to flee Lemberg in 1806. It wasn't until Franz Josef's mandate for universal education that what Josef II had hoped for, began to be realized in Galicia.

In 1789, while most Galicians, including some of the gentry, were illiterate, almost all male Jews, had some familiarity with basic mathematics and could read Hebrew, at a minimum. Boys started their religious learning in the *cheder*s (religious school) at the age of three, or, generally, just after their first haircut. The children, often usually taught by a poorly paid teacher, were expected to sit attentively for long hours with very little food and drink. Because children of that age are not developmentally ready for such a regime, it is not surprising that obedience was often enforced by harsh physical discipline.

Girls were exempt from learning Torah. In fact, most girls did not formally learn any Hebrew other than basic prayers. Their training focused on learning how to manage a Jewish home and ensure that the children learned to participate in fundamental ritual observances.

In 1855, Franz Josef gave into pressure from Catholic leaders in Galicia, and signed legislation prohibiting Jews in Galicia from either attending or teaching in public schools, which meant that they were confined to teaching and learning in Jewish-run schools. However, when the Jews were Emancipated in 1869, this restriction was lifted. Jewish parents wanting their children to have a broader secular education, began to enroll them in public schools, despite harassment from faculty and students in that setting.

The Austrian system of education included provisions for parochial schools and public schools. Jewish-run schools ran the gamut from the German schools, mentioned above, to schools where secular subjects were a minor part of the curriculum. Holocaust survivors who contributed their memories to *yizkor* books often discussed their educational experiences. These memoirs have given us much information about educational settings in the World War I-II era.

The formal mandate for universal education was for children 7-14. After completing elementary school, students who qualified and whose families could afford it, could continue their education in the public system to prepare for university and professional schools. Jewish attendance in high schools, universities and the professional schools was far in excess of their proportion to the population. For example, in 1890, though only about 10% of the total population, Jewish scholars in the *gymnasiums* (rigorous high schools) represented 18 percent, and in the universities 21 percent. As a reflection of their educational status, Jews composed 25 percent of the physicians and 48 percent of the lawyers (Jewish Encyclopedia, V: 549-53, 1925).

Martin Gilbert's 1997 book, *The Boys*, most of the young survivors represented in the book discussed their school experiences. Typically, they began with *cheder* at three or four. At 7, some attended secular or religious schools run by Jewish organizations or the Catholic church. It seems that a typical school day for boys involved attending secular school from about 8 a.m. to 1 p.m. After lunch, boys would go on to *cheder* until 6 or 7 p.m. Some boys from very observant homes would go to *cheder* before as well as after secular school!

One of Gilbert's interviewees stated that, as a boy, he attended a secular school with non-Jews and was frequently taunted by his non-Jewish school mates about killing God, *"something which I could never understand, but since it was* told to me, it must have been true. I never actually learned Jewish history as such. I learned first of all to pray, then chumash and Rashi and from then on I went to gemara. . . . but I never actually went through the Tanach."

In one account, the interviewee described attending the Catholic junior school where he experienced vicious treatment by faculty and students, alike.

Another man had been fortunate in that a Hebrew-language school, associated with the Jewish organization of Tarbut, opened for secular purposes in Opatów when he was seven. He, too, remembered starting *cheder* at an early age and described the experience of being brought, with other youngsters, to the *malamud* (teacher) by "the *Belfer*, a type of Pied Piper figure" in his community. The *Belfer* was hired by the *Gemeinde* to alert the Jewish community to the coming of sundown, signaling the start of the Sabbath. He was, sometimes, tasks with carrying news through the streets.

Languages

Because Galicia's territory spanned regions that had been historically both Polish and Ukrainian, the issue of what was to be the official language of Galicia had to be dealt with, and documents at different periods reflect local nationalist pressure about this issue. Early in Austria's rule of Galicia, German was the official language but, in the face of strong resistance from the powerful Polish nobles, Polish was added as a second language. In 1869, there was a brief attempt to impose German as the only official language, but, again, local pressure caused a reversal of the order. Thereafter, Polish was an official language and appeared, along with German, on many official documents and forms. You may occasionally encounter a document in which Ukrainian in Cyrillic lettering appears in the years just before World War I.

You will encounter a range of language challenges in documents, including unfamiliar printed and written German letter forms. While the meaning of the words is identical to the meaning today, the lettering reflects archaic forms. German speaking regions adopted slightly different forms and over time, one could encounter multiple letter forms, some quite elaborate and, even, fanciful.

Personal handwriting further impacts the readability of the material. Finding people alive today who can translate documents will be a challenge. Check with German departments in universities and specialized research libraries to see if they can offer translation assistance. It is somewhat helpful that the vital records registrars, some of whom wrote their entries in German, were instructed to write personal names using Polish lettering..

In general, Jews living in Galicia spoke Yiddish as their primary means of communicating. Some non-Jews in Galicia also knew Yiddish from social and commercial interactions with Jewish neighbors and schoolmates Yiddish is an amalgamation of several languages and, often is influenced by local languages. Jews who attended secular schools learned German and, through interaction with townspeople and those attending the weekly markets, some Polish and Ukrainian. Hebrew use was, generally, confined to religious study and observance and was spoken in the Ashkenazi form, as opposed to the Sephardic form used in Israel and most other places today. Hebrew was also useful in hiding what was being said from during business negotiations or interactions with a government official.

Population Data

Early maps of Galicia created by Austria designated Eastern Galicia and Western Galicia as distinctive entities. Official maps were created for each or were united but presented in different colors and with a boundary line. Although these designations were not officially continued, they had historic and ethnic resonance that persisted in literature, perceptions and attitudes. In ancient history, Eastern Galicia territory was part of Ukraine before it became part of Poland. Most of what was considered Western Galicia was always part of Poland. Much of the territory was on land owned by the greater and lesser classes of nobles and was, therefore, entrenched, politically and socially, in the feudal system. Eastern Galicia was, relatively, more prosperous and had more large towns and cities.

In 1772 and, again, in 1773, shortly after Austria absorbed the territory that became Galicia, censuses were conducted. The following Table shows the official results of all of the censuses that were conducted through 1910.

Table 1. Population of the Jews of Galicia

Year	Jewish Population	Percent	Total Population
1772	224,980	9.6	2,159,808
1773	171,851	6.5	1,117,031
1785	212,002	N/A	N/A
1789	178,072	6.0	3,039,391
1827	246,146	6.0	4,382,383
1850	317,227	7.0	4,734,427
1869	575,433	10.6	N/A
1880	686,596	11.5	N/A
1890	768,845	11.6	N/A
1910	811,103	11.0	8,025,675

Sources: Nachum Gross, "Galicia," in *Encyclopedia Judaica*, 16: 1325, 1972; "Migration," in *Encyclopedia Judaica*, 16: 1520, 1972; "Galicia," in *Jewish Encyclopedia*, 5:549-53, 1925 Edition; Krochmal, 1993; *Universal Jewish Encyclopedia*, Vol 4, 1941.

<u>1869</u>: Population estimates for the early period of Austrian rule are controversial among historians. According to Krochmal (1993), censuses were conducted under new and more reliable rules beginning with the census of 1869, the year of Emancipation of the Jews of Galicia. Of the 820,000 Jews residing in all of the Austro-Hungarian Empire, 575,433 lived in Galicia, about 10.6 percent of the total population. Jews then comprised the third largest religious group after Roman Catholics and Greek Catholics.

<u>1874</u>: Three percent of the Galician population was then Austrian, 45 percent Polish, 41 percent Ruthenian (Ukrainian), and 11 percent Jewish. According to Pogonowski (1987):

> "There were 200,000 public officials ruling over 180,000 Jewish merchants and 220,000 Jewish innkeepers and a mass of undersized Jewish

businesses and equally undersized Polish and Ukrainian farms supporting 81 percent of the population. Only 400 families had enough land to be considered wealthy."

<u>1880</u>: In 19 of 102 cities and towns in western Galicia, Jews comprised more than 50 percent of the total population, with the highest proportions in Dukla and Tarnobrzeg (80 percent).

<u>1890</u>: The census showed that more than 70 percent of all Galician Jews lived in towns, 20 percent in villages and 8 percent on the grounds of noble landowners. In that census, Eastern Galician Jews comprised a majority in 65 of the 205 cities and towns, with the highest proportions in Lubycza Królewska (83 percent), Borysław and Zaleszczyki (79 percent) (Krochmal, 1993). In Brody, 70 percent of the population was Jewish (Subtelny, 1988).

In Przemyśl district, the Jewish population residing in urban areas held steady at about 76–77 percent from 1880 to 1900. In the city itself, the numbers of Jews increased but the proportion declined, as the city increasingly became an economic magnet for non-Jews from surrounding areas. Whereas, in 1880, the percentage of Jews in the city was 34.7 percent, by 1900, it had declined to 30.4 percent (Krochmal, 1993).

<u>1900:</u> While only 10 percent of Galicia's population lived in towns and cities, Jews comprised 40 to 45 percent of the urban population.

In 1910, one might interpret the results as reflecting a downward trend in the proportion of Jews. However, in that census, families were designated by language spoken and, though most of the Jewish population was Yiddish speaking, the census did not include Yiddish as a recognized language. This may have altered the resulting assessment of how large the Jewish population was in that year even though it is said that many Jews attempted to add Yiddish for language on their census forms.

Photo 6: Typical house in rural Galicia

Citing 1931 census data, Metzler (1997) in talking about the general condition of the Jews, said that though *"one out of every ten persons in the [former] Galician provinces was Jewish, in cities, nine out of every ten households or businesses were owned by Jews. . . . In the province of Stanisławów, 94 percent of the stores, 96 percent of the distributors, and 82 percent of the cafes and restaurants belonged to Jews."*

Poverty had a major impact on the population of Galicia without regard to religion or ethnicity. Indeed, the Crownland had both the highest birth and death rates in Europe and rated as the most backward area in its industrial and agricultural technologies. Tuberculosis was a major killer. Between 1830 and 1850, the death rate in Galicia exceeded the birth rate. Heavy floods in 1836 and famines in 1846–55 and 1907, along with typhus and cholera outbreaks in 1847–48, 1854, 1866, 1873, 1884 and 1892 were heavy burdens on the Galician population. (Subtelny, 1988; Chorzempa, 1993)

<u>Emigration</u>

With this background of poverty, disease and disaster, it is no wonder that between 1881 and 1910, 236,000 Jews left Galicia. But Jews were not alone in leaving this region. The

Encyclopedia Judaica cites Austrian emigration figures indicating that about two million Galicians emigrated from the area by 1914, most to the United States. Galician Jews began coming to the United States in the 1880s. Most settled, at least some period of time, in a small area of the Lower East Side of Manhattan, where they established synagogues and many social, cultural and welfare organizations known as *landsmanschaftn*. As word spread that the community had synagogues and burial space, Galtizianers began to join those who had previously arrived. By the mid-1880s, this stream quickened, ending only when World War I prevented passenger ships from sailing. Post-war legislative, sharply restricting immigration from Eastern Europe, laws effectively ended large scale emigration from Galicia to the United States.

Because most Jews spoke German in addition to Yiddish, Vienna, Berlin, Budapest, and Prague were also popular cities for Galician Jews, although Paris and London had small populations of Jews from Galicia. Large numbers of Jewish families moved to Hungary, some for religious reasons, to join those who were encouraging the development of Hasidic communities throughout Hungary, and some for social and economic reasons, since it was far easier to make a living and live more freely in Hungary. After World War I, when the United States acted to severely limit immigration from Eastern and Southern Europe, Galician Jews turned their attention to opportunities in Palestine, Hungary, South America and the Caribbean countries. Those who chose to stay in Europe, were among the millions of Jews lost in the Shoah.

Taxes on Jews

Taxes under Polish rule had been very heavy for the Jews who paid head or capitation taxes and sales taxes on many commodities, but when the Jews of Poland came under Austrian rule, the type and amount of taxes increased dramatically.

Pogonowski noted that the people of Galicia, the largest and the poorest province of the Austrian Empire, paid the highest rate of income taxes in Europe and the taxes paid by Jews were disproportionately higher than they were for non-Jews. Indeed, from Empress Maria Theresa to Emancipation in 1869, the Jews suffered under special taxes that their, already tax-burdened fellow countrymen did not have to endure. Among the special taxes on the Jews, was the infamous "candle tax." This tax was conceived by the infamous Herz Homberg, whom we have already encountered as the head of the German schools. Homberg and a friend proposed this tax, no doubt, as a means of further ingratiating himself with his royal patron. This tax directly impacted the religious custom of lighting candles to celebrate the coming of the Sabbath on Friday evening. Candle taxes were to be collected weekly and failure to pay had serious consequences. The tax was higher on rabbis because it was assumed that they used more candles than ordinary families.

There were many other taxes, including the following list from the Universal Jewish Encyclopedia (4, 1941): synagogue, repair permits, kosher meat, trading, marriage, protection / toleration, also known as a "head" tax.

Alice Solovy, in her discussion of European tax lists, said of the marriage tax:

> "A Jewish marriage tax in Galicia in the late 1700s was so heavy that it was meant to discourage legal marriages of Jewish couples. It did not, however, discourage Jewish marriages because Jewish couples simply had ritual marriages and bypassed the tax regulations."

Citing Isaac Lewin's book, *The Jewish Community of Poland*, Solovy noted that Empress Maria Theresa doubled the "head tax" and renamed it *Toleranzgebuehr* (payment for tolerance). Those unable to pay it, were expelled from the Austrian Empire. In addition to the purely Jewish taxes, there were other fees and taxes, such as income and property taxes, fees for licenses in connection with conducting business, and travel documents. Though not a tax, Jews, along with everyone else, had to pay notaries, who were licensed by the government, a fee for the notarized statements and documents that were needed for school admission, travel and business-related purposes. For most of the years between 1772-1869, Jews were barred from becoming notaries. Jews had higher ferry and bridge tolls, as well (Universal Jewish Encyclopedia, v. 4, 1941).

The kosher meat tax was particularly burdensome for Jewish families. Instituted in 1784, it was increased in 1789, 1810 and 1816 (Universal Jewish Encyclopedia, v.4, 1941). Additionally, in 1847, the government of Ferdinand, decreed what appears to have been a one-time, special tax on all Jews.

The synagogue tax posed an interesting dilemma for the Jewish community. Every district had an officially recognized synagogue where Jews were required to pray at least annually. The tax was based on the number of members of the *kehillah*. The Hasidic "courts" avoided synagogue taxes by using houses and commercial buildings for daily study and communal prayer.

The *Gemeinde* had the annual duty to prepare and submit to the Austrian government, a budget for all anticipated expenses for administrative and religious purposes. This included upkeep of the synagogue and the other buildings associated with Jewish ritual observance and study, social services, and education. Taxes were collected by a person employed by the *Gemeinde.* All tax receipts were paid to the Austrian government which, based on the budget submitted, disbursed funds for the budgeted expenses. If there was a shortfall in collections, the community simply received less than hoped for or raised the funds in some other way.

So, how was it determined who would pay taxes to a particular *Gemeinde*? It is evident from the tax lists on microfilm at the Central Archives for the History of the Jewish People in Jerusalem, from census lists, and from regulations governing vital record registration, that every individual was tied to an ancestral *Gemeinde*, regardless of where he actually lived. Unless the individual received permission from a *Gemeinde* to transfer one's membership, the membership was fixed for life. It makes sense that, since operating funds were based on membership, every effort was made to retain members.

REFERENCES

Beider, Alexander. *A Dictionary of Jewish Surnames from Galicia.* New Haven: Avotaynu, Inc., 2014.

Brook-Shepherd, Gordon. *The Austrians: A Thousand-Year Odyssey.* New York: Carroll & Graf Publishers, Inc., 1996.

Chorzempa, Rosemary. *Korzenie Polskie: Polish Roots.* Genealogical Publishing Co. Baltimore, 1991. A second, expanded and revised edition was published in 2014.

Eisenbach, Arthur. *The Emancipation of the Jews in Poland, 1780-1870.* Oxford: Basil Blackwell, 1991, pp 201-206, 504-13.

Gilbert, Martin. *The Boys: The Story of 732 Young Concentration Camp Survivors.* New York: A Marian Wood Book/Henry Holt & Company, 1997

Gruber, Ruth Ellen. Upon the Doorposts of Thy House: Jewish Life in East-Central Europe Yesterday and Today. New York: John Wiley & Sons, Inc., 1994.

Gruber, Ruth Ellen. Jewish Heritage Travel. John Wiley & Sons, Inc, 1992.

Henisch, Meir, "Galician Jews in Vienna," in *The Jews of Austria: Essays on Their Life, History and Destruction,* 2nd Ed. Edited by Josef Fraenkel. London, Vallentine Mitchell, 1970.

Heschel, Rabbi I. "The History of Hassidism in Austria." In *The Jews of Austria: Essays on Their Life, History and Destruction,* 2nd Ed. Edited by Josef Fraenkel. London, Vallentine Mitchell, 1970.

Kaganoff, Benzion C. *Dictionary of Jewish Names and their History.* New York: Schocken Books, 1977.

Krochmal, Anna. "Izraelickie Gminy Wyznaniowe," in *Akta Wyznaniowe w Zasobie Archiwum Panstwowego* w Przemyslu. Przemysl, 1993. Translation into English by Jerzy Gorzyca.

Kugelmass, Jack and Jonathan Boyarin, Editors and translators. From a Ruined Garden: The Memorial Books of Polish Jewry. Bloomington: University of Indiana Press in Association with the United States Holocaust Memorial Museum, 2nd expanded edition, 1998. This book is highly recommended for background and context about the daily lives of Jews and personal accounts of experiences during the years of the Holocaust.

Jewish Encyclopedia, Vol 5, 1925

Levine, Hillel. *Economic Origins of Antisemitism: Poland the its Jews in the Early Modern Period.* New Haven: Yale University Press, 1991.

Lewin, Isaac. *The Jewish Community of Poland: Historical Essays.* New York: Philosophical Library, 1985.

Lukowski, Jerzy and Hubert Zawadski. *A Concise History of Poland.* Cambridge: Cambridge University Press, 2001. A 2nd Edition was published in 2014.

Magosci, Paul Robert. *Historical Atlas of East Central Europe.*

Toronto: University of Toronto Press, 1993.

Magosci, Paul Robert. *A History of Ukraine*. Toronto: University of Toronto Press, 1996.

Mahler, Raphael. *History of Modern Jewry, 1780-1815*. New York: Schocken Books, 1971.

McCagg, William O, Jr. *History of Habsburg Jews, 1670-1918*. Bloomington: Indiana University Press, 1989.

Metzler, Wilhelm. *Die Heimat und Ihre Geschichte: Galizien, Land und Leute* (The Home and its History: Galicia, Country and People). Published by German Galizien Descendants, 1997 and translated into English by John Forkheim and Eva Rowley.

Opalski, Magdalena. *The Jewish Tavern Keeper and His Tavern in 19th-Century Polish Literature*. Jerusalem: The Zalman Shazar Center for Research on History and Culture of Polish Jews, 1986.

Pognowski, Iwo Cyprian. *Poland, A Historical Atlas*. New York: Hippocrene Books, 1987.

Schmidl, Erwin A. *Jews in the Habsburg Armed Forces*. Eisenstadt, Germany: Osterreichisches Judische Museum, 1989. There is an English translation of the German text.

Solovy, Alice. "Sort Out the Value of Pre-20th Century Tax Lists for Jewish Genealogical Use," in SEARCH, Vol 11, #1, 1991. Search was the newsletter of the Jewish Genealogical Society of Illinois.

Subtelney, Orest. *Ukraine: A History*. Toronto: Toronto University Press, 1988.

Photo 7: Tarnopol

CHAPTER 3

Finding Your Ancestral Town and its Jewish Administrative Districts

---

The *Gemeinde*, which was responsible for collecting and maintaining vital records among other important documents, was organized geographically into Jewish administrative districts. This essential fact will drive your genealogical search.

When beginning your family history project, the two most important facts to learn about your family are: 1) the family name as it was and 2) the name of the place where they lived. Knowing these facts will increase the chance that you will be successful in searching for documentary evidence about your family.

Let's start with learning the name of the town(s) where your family lived. These days, most people rely on GPS and aren't necessarily comfortable with reading maps, but part of exploring your Galician roots will inevitably require that you consult maps. A good place to begin is an historical atlas, readily available at your local public library. This will give you some context for where Galicia was in Europe, though atlases lack sufficient detail for pinpointing your area of interest unless you are seeking a large town or city.

Having access to modern maps will be helpful once you learn the names of your ancestral town(s) and begin to figure out your districts of interest. Your place(s) of interest will either be in modern-day Poland or Ukraine. There are a few companies producing excellent European road maps. I strongly advise that you purchase a road map or two for your area. Freytag & Berndt and Hallweg maps are excellent. Sometimes used book stores have a travel and map section.

It is important to note down the longitude and latitude (along the borders of the map) for reference. This information will likely come in handy, particularly if you order a very detailed map from the United States Library of Congress or another major research library.

I have a large collection of old, detailed maps, many of which came from the Library of Congress, Geography and Map Division, Washington, DC 20540. Though they have many maps and map series for the area that was Galicia, the most useful are very detailed Index maps created in sections and, often published in book form. Each page depicts a very small area. Many of these maps were created for military purposes so they include topographical features, rail lines, and roads. I particularly like the highly detailed (scale 1:75,000) maps from the 1878 index map G6480, S75,.A8.

The Library of Congress can assist you remotely or in person. It is best If you specify the longitude and latitude of your town(s). For a modest fee, the correct section(s) can be reproduced and sent to you.

See an example of an index map on the following page. Used for military purposes, it includes more than Galicia. The heavy black lines provide Galicia's borders.

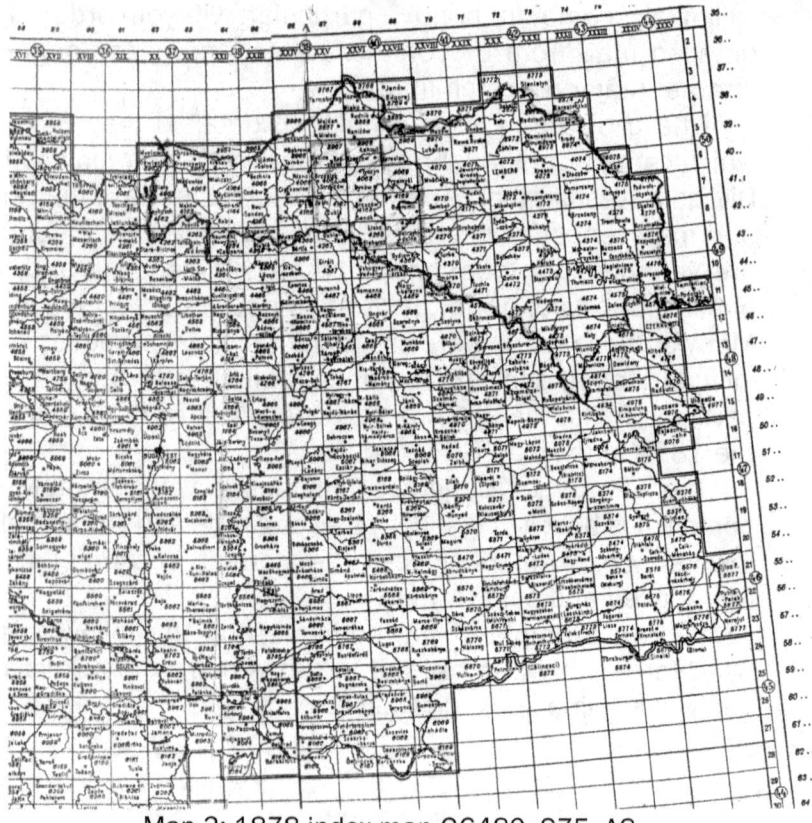
Map 3: 1878 index map G6480, S75,.A8

Notes about geographic terms

In Austrian documents, you will sometimes see towns listed with modifiers. In the following list, you will see German terms but in records, you will, often, see Polish terms.

Old: German: alt   Polish: stary
New: German: neu   Polish: nowe/nowy/ nowa
Large: German: gross   Polish: wielki/wielkie
Small: German: klein   Polish: mala/maly

Miasto in Polish refers to the whole town or city. Rynek refers to a section of the town center or market square. Sometimes towns were divided into sections and the words dolny (lower) and górne (upper) were used, as in, Ustrzyki dolne and Ustrzyki górne.

Some challenges

Identifying the town name is tricky for several reasons. Not only did Jews tend to give their towns nicknames that never appeared on a map, but the official name, if remembered or written down, was almost always in the Polish language. English-speakers are generally challenged to untangle Polish letters and letter combinations. Take a word like Rzeszow. What do English speakers do with a letter combination like "Rz" anyway? And why is the "w" pronounced "v?" And then, there is that letter that looks like an "l" but the line through it, is pronounced like a soft "w." So confusing! Fay Bussgang's article in Appendix A can help.

It is frustrating when you see the town name written on a naturalization form or ship manifest only to discover it was a garbled version based on what someone heard.

Keep in mind that the territory of Galicia was the scene of heavy fighting in both World Wars. Additionally, sometimes fires floods and other factors may have wiped out all evidence that Jews lived in the place where records were stored. Indeed, many Jewish records were stored in synagogues and other buildings that were deliberately ruined by the Nazi occupiers. Prepare yourself for the possibility that records documenting the lives of your ancestors no longer exist.

Readers who don't know the name of their ancestral town, should explore this issue with extended family. Write down what you hear if the town name is given orally. Don't be shy about asking about written documents while you are reaching out.

Visit cemeteries and explore documentary evidence in the places where your family lived after leaving Galicia. In the United States, this might include ship passenger records, the 1920 Federal census (which was supposed to list town of birth), death or and naturalization documents.

The other thing to keep in mind is that people coming from small towns tend to provide the name of a larger town. That is a great clue to the general area where your family might have lived.

You will soon be prompted to turn to Appendix C to locate your ancestral towns and the districts and subdistricts in which they were located. Write down what you learn.

Before you do that, more background about Appendix C might be helpful. The listing of towns came from the 1877 Austrian publication that set up and regulated Jewish registration of vital events. The publication was organized alphabetically into 74 main districts. Within each district were the associated subdistricts and the towns and villages within each subdistrict. This, in fact, was the 1877 *Gemeinde* structure.

In that form, the publication was fairly useless from a genealogical point of view so this author created a database of all towns and their main and subdistricts.

As time went on and Jews were able to purchase agricultural land, some Jews did just that, expanding the scope of places where they lived.

A helpful supplement to this book is a more complete gazetteer published by Brian J. Lenius, The Genealogical Gazetteer of Galicia. The latest version of the book can be ordered online. Just search for his name and you be taken to his site and the order form. At this writing, the book is $50 US plus $20US for handling and shipping. The book includes the modern transliteration of the names of Galician places now in Ukraine.

Please go to Appendix C now.
Make note of your towns and then return to
this Chapter.

Main Districts and Their Subdistricts

Welcome back! The following section is organized alphabetically by main district. Locate your main district and the correct subdistrict. Note that the districts have four pieces of information: 1) the main district; 2) the subdistricts; 3) the Jewish Records Indexing-Poland organization; and 4) where the district is today.

Because Jewish vital records were organized according to district, knowing the district is the pathway to learning if these records survived. In the next chapter, Jewish Records Indexing-Poland and Gesher Galicia will be discussed as primary sources for research.

IMPORTANT: Every district had a subdistrict office where the vital records were collected and maintained. Inhabitants of all of the towns and jurisdictions in the subdistrict had to register their vital events there. The main district office was responsible for oversight and reported to Austrian officials.

In the listing below, where the main district is today in Ukraine, the name is spelled (and alphabetized) as it was under Austrian rule, and then the current Ukrainian name is shown. After 1890, when districts were redrawn, some of the larger cities in what is currently Ukraine, kept their own vital records and some records were moved to new districts.

Main/Subdistricts	JRI-PI *Powiat*	Presently in:
BIAŁA	Krakow	Poland
Biala		
Bielsko		
Kęty		
Lipnik		
Oświęcim		
BIRCZA	Lwow	Poland
Bircza		Poland
Dobromil		Ukraine
Nowemiasto		Ukraine
Rybotycze		Poland
BOBRKA	Lwow	Poland
Bobrka		Poland
Brzozdowiec		Ukraine
Chodorow		Ukraine
Mikolajow		Ukraine
Strzeliska Nowy		Ukraine
BOCHNIA	Krakow	Poland
Bochnia		
Wiśnicz Nowy		
BOHORDCZANY	Tarnopol	Ukraine
Bohordczany		
Lysiec		
Solotwina		
BORSZCZOW	Tarnopol	Ukraine

    Borszczow
    Mielnica
    Skala

BRODY   Tarnopol   Ukraine
    Brody
    Leszniow
    Podkamien
    Sokolowka
    Stanislawczyk
    Toporow
    Zalozce

BRZESKO   Krakow   Poland
    Brzesko
    Czchów
    Radlów
    Szczurowa
    Wojnicz

BRZEZANY   Tarnopol   Ukraine
    Brzezany
    Kozlow
    Kozowa
    Narajow

BRZOZÓW   Lwow   Poland
    Brzozów
    Dynów
    Jasienica

BUCZACZ   Tarnopol   Ukraine
    Buczacz
    Barysz
    Jazłowice
    Monasterzyska
    Potok

CHRZANÓW   Krakow   Poland
    Chrzanów
    Trzebinia

CIESZANÓW   Lwow   Poland

    Cieszanów
    Lipsko
    Lubaczów
    Oleszyce
    Narol

CZORTKÓW   Tarnopol   Urkaine
    Budzanów
    Czortków
    Jagielnica
    Ulaszkowce

DABROWA   Krakow   Poland
    Dąbrowa
    Szczucin

DOLINA   Stanislawow   Ukraine
    Bolechów
    Dolina
    Rożniatów

DROHOBYCZ   Lwow   Ukraine
    Borysław
    Drohobycz

GORLICE   Krakow   Poland
    Biecz
    Gorlice
    Rzepiennik Strżyzowski

GRÓDEK JAGIELLOŃSKI   Lwow   Ukraine
    Gródek Jagielloński
    Janów

GRYBÓW   Krakow   Poland
    Bobowa
    Grybów

HORODENKA   Stanislawow   Ukraine
    Czernelica
    Horodenka
    Obertyn
HUSIATYN   Tarnopol   Ukraine

    Chorostków
    Husiatyn
    Kopyczyńce
    Probużna

JAROSLAU/JAROSŁAW Lwow   Poland
    Jaroslau/ Jarosław
    Pruchnik
    Radymno
    Sieniawa

JASŁO   Lwow   Poland
    Frysztak
    Jasło
    Olpiny

JAWORÓW   Lwow   Ukraine
    Jaworów   Ukraine
    Krakówiec   Ukraine
    Wielkie Oczy   Poland

KALUSZ   Stanislawow   Ukraine
    Kalusz
    Wojnilów

KAMIONKA STRUMILOWA   Tarnopol   Ukraine
    Busk
    Chołojów
    Dobrotwór
    Kamionka Strumiłowa
    Radziechów
    Stojanów
    Witków Nowy

KOLBUSZOWA   Lwow   Poland
    Kolbuszowa
    Majdan
    Raniżów
    Sokolów Malopolski

KOŁOMEA/KOLOMYYA Stanislawow   Ukraine
    Gwoździec
    Jabłonów

Kołomea		
Peczeniżyn		
KOSSÓW	Stanislawow	Ukraine
Kossów		
Kuty		
Pistyn		
Żabie		
KRAKAU/KRAKÓW	Krakow	Poland
Krakow		
KROSNO	Lwow	Poland
Krosno		
Dukla		
Żmigrod		
Korczyna		
ŁANCUT	Lwow	Poland
Kańczuga		
Łancut		
Leżajsk		
Przeworsk		
Żolynia		
LEMBERG/LWOW	Lwow	Ukraine
Jaryczów		
Lemberg/Lwow		
Nawarya		
Szczerzec		
Winniki		
Zniesienie		
LIMANOWA	Krakow	Poland
Limanowa		
Mszana Dolna		
LISKO/LESKO	Lwow	Poland
Lisko/Lesko		
Lutowiska		
Ustrzyki Dolne		
Wola Michowa		
MIELEC	Krakow	Poland

    Mielec
    Radomyśl Wielkie

MOŚCISKA   Lwow   Ukraine
    Hussaków
    Mościska
    Sadowa Wiśznia

MYŚLENICE   Krakow   Poland
    Jordanów
    Maków
    Myślenice

NADWORNA   Stanislawow   Ukraine
    Delatyn
    Lanczyn
    Nadworna

NISKO   Lwow   Poland
    Nisko
    Rudnik
    Ulanów

NOWY SĄCZ/NEU SANDEZ   Krakow   Poland
    Krynica
    Łabowa
    Lacko
    Muszyna
    Nowy Sącz/Neu Sandec
    Piwniczna
    Stary Sącz/Alt Sandec
    Szczawnica

NOWY TARG   Krakow   Poland
    Krościenko
    Nowy Targ

PILZNO   Krakow   Poland
    Brzostek
    Dębica
    Jadlowa
    Pilzno

PODHAJCE   Tarnopol   Ukraine

    Podhajce
    Zawalów
    Zlotniki

PRZEMYŚL	Lwow	Poland
Dubiecko		Ukraine
Krzywcza		Poland
Niżankowice		Ukraine
Przemyśl		Poland
Sosnica		Ukraine
PRZEMYŚLANY	Tarnopol	Ukraine
Przemyślany		
Dunajowce		
Gliniany		
Swirż		
ROPCZYCE	Lwow	Poland
Ropczyce		
Sędziszów		
Wielopole		
RAWA/ RAWA RUSK	Lwow	Ukraine
Lubycza Krolewska		
Magierów		
Niemirów		
Rawa Ruska		
Uhnow		
ROHATYŃ	Stanislawow	Ukraine
Bursztyn		
Rohatyń		
RUDKI	Lwow	Ukraine
Komarno		
Rudki		
RZESZÓW	Lwow	Poland
Błazowa		
Czudec		
Głogów		
Niebylec		

Rzeszow
Strzyżów
Tyczyn

SAMBOR /ALSTADT　　　Lwow　　　Ukraine
　Sambor

SANOK　　　Lwow　　　Poland
　Bukowsko
　Nowotaniec
　Rymanów
　Sanok
　Tyrawa Woloska

SKAŁAT　　　Tarnopol　　　Ukraine
　Grzymałów
　Podwołoczyska
　Skałat
　Tarnoruda
　Touste

ŚNIATYN　　　Stanislawow　　　Ukraine
　Śniatyn
　Zabłotów

SOKAL　　　Lwow　　　Ukraine
　Bełż
　Krystynopol
　Sokal
　Tartaków
　Warcz/Warez

STANISŁAWÓW　　　Stanislawow　　　Ukraine
　Hałicz
　Jezupol
　Maryampol
　Stanisławów

STAREMIASTO/ALT SAMBOR　　Lwow　　　Ukraine
　Chyrów
　Felsztyn
　Starasól
　Staremiasto

STRYJ	Lwow	Ukraine
Skole		
Stryj		
TARNOBRZEG	Lwow	Poland
Baranów		
Radomyśl/Radomysl nad Sanem		
Rozwadów		
Tarnobrzeg		
TARNOPOL	Tarnopol	Ukraine
Mikulińce		
Tarnopol		
TARNÓW	Krakow	Poland
Ryglice		
Tarnów		
Tuchów		
Zabno		
TŁUMACZ	Stanislawow	Ukraine
Chocimirz		
Niżniów		
Ottynia		
Tłumacz		
Tyśmienica		
Uście Zielone		
TREMBOWLA	Tarnopol	Ukraine
Janów		
Strusów		
Trembowla		
TURKA	Stanislawow	Ukraine
Turka		
WADOWICE	Krakow	Poland
Andrychów		
Kalwarya		
Wadowice		
Zator		
WIELICZKA	Krakow	Poland
Klasno		

    Podgórze
    Wieliczka

ZALESZCZYKI　　　　　　Stanislawow　　　　Ukraine
    Gródek
    Korolówka
    Tłuste
    Uścieczko
    Zaleszczyki

ZBARAZ　　　　　　　　　Tarnopol　　　　　　Ukraine
    Zbaraz

ZLOCZOW　　　　　　　　Tarnopol　　　　　　Ukraine
    Bialy Kamień
    Gołogóry
    Jezierna
    Olesko
    Pomorzany
    Sassów /Sasow
    Zborów

ZOLKIEW　　　　　　　　Tarnopol　　　　　　Ukraine
    Kulików
    Gross Mosty/Mosty wielki
    Zolkiew

ŻYDACZÓW　　　　　　　Stanislawow　　　　Ukraine
    Rozdol
    Żurawno
    Żydaczów

ŻYWIEC　　　　　　　　　Krakow　　　　　　　Poland
    Zabłocie
    Żywiec

GEOGRAPHIC REFERENCES

In addition to the geographic references previously offered, the following resources might be helpful:
Lenius, Brian J. Genealogical Gazetteer of Galicia. Search online for his name. You can order the book through his

website. This is an excellent supplement to the 1877 gazetteer in Appendix C in this book.

Mokotoff, Gary and Sallyann Amdur Sack. Where Once We Walked. New Haven: Avotaynu. Consult or purchase the most recent version. This book includes all known places in Europe with location data, current and other names and, where known, population data. The book includes latitude and longitude of all places named.

CHAPTER 4

The Documentation of Jewish Life

Some background and context on Jewish record keeping in Galicia will help you navigate through the online and other resources available. Some of those resources are useful for multiple types of documents and records. This chapter will suggest the types of documentation you might wish to explore. Although this chapter will touch on some resources to access the documentation, Chapter 5 will provide a more in-depth assessment of resources, most of which can be accessed online.

Among other types of documentation about the lives of our ancestors, for genealogical purposes, vital records are the most important. If these records for your family survived, this is the place to begin. The ultimate, original source for surviving vital records is the archival repository where they are housed in Poland and Ukraine. Because I am not much of a "techie" and find it to be challenging to use the websites of the Polish and Ukrainian National Archives, I recommend beginning with resources that are more user-friendly. Of course, much depends on whether the records of interest have survived and discussion of this matter will be incorporated into discussion about documents and resources.

Vital Records: Historical Overview

When the Austrian government, under Josef II, began requiring civil registration of births, marriages and deaths in 1784, responsibility for registering Jewish events was given to the Roman Catholic Church. While a few parishes and the Jewish residents within the parishes, complied with this mandate, in general, compliance was poor. Where there was compliance, vital events were maintained separately from

Catholic parishioners, but the same columnar forms with Latin headings.

The 1875 legislation authorizing district *Gemeindes* to employ registrars, was intended to encourage and standardize the collection of Jewish vital records. An 1877 manual entitled *Führung Der Geburts-, Ehe- und Sterbe-matrikeln für die Israeliten in Galizien*, developed by the Austrian justice ministry, set forth official requirements for maintaining vital records in the Jewish communities of Galicia. The manual provided for 74 main administrative districts, most of which were divided into subdistricts. Though the administrative districts substantially overlapped with Austrian judicial districts and parish districts, the Jewish administrative districts than and later were created with consideration to religious politics.

The initial intent was that Jews would be employed as registrars, but, by the turn of the century, Jews were not always doing the registration. More about that later.

The official registrar in each main district was responsible for overseeing and ensuring compliance of registrars in the subdistrict offices in his jurisdiction. The subdistricts had primary responsibility for collecting and maintaining all vital records. Births, marriages and deaths were recorded in the order in which they were registered on printed forms designed for each of the three categories. The information was handwritten in columns across a long page. Each page had multiple, usually 4 or 5, entries. Periodically, the ledger-type sheets forms were bound into volumes, the spines of which were labeled for easy identification.

In districts with small Jewish populations, the volumes typically covered a number of years, particularly for marriages since there were so few civil marriages relative to births and deaths.

Regulations of 1877

The 1877 regulations governing the collection and maintenance of records included the following:
Registrars were to be males of Austrian citizenship residing in the district where they were to work. Confirmation of the Gemeinde's nominated candidate was to be made by the

governors in Lemberg or Krakau.

Births or deaths were to be reported within eight days of the event. The father was primarily responsible for reporting births, but, in his absence, or if the birth were illegitimate, the midwife or mother was responsible. Stillbirths were required to be reported.

Rabbis were to report all information about marriages in accordance with legal requirements.

Those who circumcised boys and who blessed/named girls, as well as the administrators of cemeteries, were required to report their activities to the registrar. Discrepancies in information were to be reported to the authorities. The leader of each *Gemeinde* was to provide the political authorities with the names of all religious supervisors, *mohels* (ritual circumcisers), and synagogue and cemetery administrators.

Vital records were to be maintained in duplicate. Indexes were to be constructed and maintained in duplicate. Each registry book was to have standard headings in German. In 1877, headings could also be in Polish or Ukrainian (Ruthenian), but this was later changed to just German and Polish. The regulations provided a sample of the proscribed headings.

Proof of a civil marriage was to be submitted in order to certify that a child was legitimate. The nature of the proof was to be specifically cited on the birth record. If no documentary proof of marriage was available and the marriage was simply attested to by witnesses, the entry was to read "reportedly married." If the mother had never married or married according to Jewish ritual without complying with legal requirements, the child was to be declared illegitimate and the child was to be known by the mother's surname.

If the parents were not legally married, the father could bring two witnesses and attest to paternity, which would enable the father's name to appear on the birth record. The attestation allowed the child to use the father's surname but the child was still considered "illegitimate." If the parents later had a civil marriage, this was noted on the birth record. Sometimes a court order confirmed the right of the individual to use the father's surname.

The regulations required that the registry books were to be provided by the government, with numbered pages and connected by a string. The last page was to list the number of pages, and the end of the string was to be sealed with an official seal. Sometimes, however, the register books were clearly numbered by the registrar.

Annual compilation of a surname index was mandated. Unfortunately, this mandate was loosely enforced and so many books were not indexed.

Interpreting Vital Records

Although you may be able to access extracted data from vital records online, at some point, you will likely want to see and have a copy of original records.

As noted, the headings on the forms were initially German and then they were in German and Polish. Franz Josef decided to punish the pesky, restless and intensely nationalist Ruthenians by prohibiting the use of their language for any official purpose, including school instruction. Despite this, you may see Ukrainian headings in an Eastern Galicia (Stanislawow and Tarnopol) district.

Except for the fact that the forms were all in Polish, inter-war Poland seemed to have retained the Austrian system for collecting Jewish vital information including the columnar format.

As was mentioned earlier, very early records for Kraków, were in the narrative style that Napoleon introduced in Europe. Elsewhere, you will be dealing with a columnar format. The format of the column headings changed very little over time. For instance, birth records were, generally, organized as follows:

Column 1. Number of the record in the book. Events were recorded in the order in which they were reported.
Column 2. Date of birth. This is often written out in the Polish words for the months and days.
Column 3. Date of *brit milah* (circumcision) or naming, in the case of a female child.
Column 4. Name of child.
Column 5. Whether civilly married or not married (not married

is *nieślubny*).

Column 6. Name of father, place of birth, occupation.

Column 7. Name of mother, place of birth, names of parents.

Column 8. Witness.

Column 9. Name of *mohel* (circumciser) for a male child.

Column 10. Name of midwife, nurse or doctor.

Column 11. Stillborn children.

Column 12. Remarks. Headed *Anmerkung* in German and *Uwaga* in Polish, this column was used for remarks and/or for signatures attesting to the fact that the father had acknowledged paternity in the company of two witnesses when the parents were not married under civil law, or for noting when a civil marriage had taken place, thus legitimizing the child. Sometimes the individual petitioned to have a surname changed even in the absence of a civil marriage of the parents and this is also noted in this column. In fact, this seems to be the only place that such name changes were recorded.

In most towns, streets did not have names. Each house had a number and not, necessarily, in any order. Larger places adopted street names at some point but, there, too, each building had a distinct number. It is important to note this information even though, sometimes the event took place in a clinic, hospital, the home of the midwife, and so on.

The placement of the information and the language used on the forms was not consistent.

Place: *Ort u. haus N.* (German) or *miejsce i dom* (Polish)

Year of the event: , *Jahr* (German) or *rok* (Polish)

Judith Frazin, an early member of the Jewish genealogy movement, has written a highly useful book to guide researchers through the Polish words and phrases that are found in vital records (and notary records, as well). The 3rd Edition of the book is sold by her for $41, including shipping and handling for people living in the U.S. See her website for the order forms for U.S. and international purchasers.

Although the samples of documents in the book are in the narrative form used in Russian Poland, and, therefore, not pertinent to the forms used in Galicia, Frazin has created a dictionary, of sorts, for occupations, causes of death, phrases used in birth records, and so on.

Some translations of Polish terms in connection with vital records:

<u>Legitimate</u>: slubne
<u>Illegitimate</u>: nieslubne
<u>Birth</u>: urodzenia
<u>Stillborn</u>: niezjwo urodzowe
<u>Infant died before naming</u>: przed obrzezaniem zmarl
<u>Father</u>: ojciec
<u>Mother</u>: matka
<u>Marriage related</u>: malzenstwa (also a form of slub)
<u>Death related</u>: zgony
<u>Religion</u>: Look for Mojseszowe or Izraelite
<u>Civil</u>: cywilny

<u>Multiple registrations</u>:

A few other observations, based on recent experience with records from numerous districts. Because individuals were assigned to a *Gemeinde*, but may have lived elsewhere, they had to register vital events in the place where they resided <u>and</u> the place where they held membership. If husband and wife were members of two different *Gemeindes* and lived in a third place, presumably birth would have to be registered in all three places.

<u>Legibility</u>:

The handwriting varies from excellent to unreadable. You may encounter forms of old German which is challenging, even for native Germans these days. Sometimes the ink has faded badly and pages were damaged.

Unlike vital records in Russian Poland which were formatted in long, mostly boiler-late narratives, Austria used a columnar format so the information is easy to extract once you understand the headings.

See Appendix A for helpful hints about the Polish language and Appendix B for information about Polish dates and numbers based on Frazin's book.

Birth forms:

Early on, the birth forms had a column for the child's surname but that was later eliminated due to the complexity involved. The form indicated whether the baby was legitimate or illegitimate at birth. The child who was illegitimate at birth remained in that status on the birth record even when the record noted a later civil marriage for the child. The father attestation of paternity did not make the baby legitimate.

Many fathers are missing from birth forms but, even when they are included, they are described only by name and occupation. Information for mothers is richer, including the mother's parents and where they lived. Some registrars included occupational information for mom and her parents. There are columns for the witnesses, the mohel and the midwife, along with a wide column for comments, which often include information about the father's paternity attestation or references to other official documents.

Witnesses were, in general, officials or rabbis associated with the *Gemeinde*, though, occasionally, a father or other relative is named.

Marriage forms:

These records are the most genealogically useful since they provide, not only the names of the bride and groom, but their ages or years of birth, where they were born and where they were living at the time of marriage, the occupation of the groom, the names of the parents and their residences and occupations. Some even document that a parent was deceased. The name of the rabbi performing the ceremony and the names of witnesses and other important information is included.

Death forms:

Despite the fact that forms for capturing information about deaths have appropriate columns, not all registrars complied with the guidelines. Death records may include nothing more than name, gender, place and date of death, and cause of death.

The surname of the deceased might be that of the mother, the father, or, where women are concerned, the spouse. In general, the surname of the woman's spouse only appears if the couple had complied with the civil marriage requirement. Be flexible in your thinking about this.

Although the names of the parents of the deceased were supposed to be listed, this information was often missing, even when the deceased was a young child.

Other than Vital Records

While vital records are important tools in the genealogical kitbag, other documentation of our ancestors' lives can add to the narrative. Galician census records are second-best for documenting the existence of our relatives but, unfortunately, Austria destroyed most of the original forms after compiling the data. Each *Gemeinde* was responsible for a wide range of tasks usually associated with government: documenting community membership, tax payers and payments, voter lists, burial and cemetery records, organizational minutes, and so on. It is disappointing that so few of these types of records survived. And, where they do exist, they are from the 1920-1939 period.

Secondary documents worth considering as research resources, are secular government documents, such as government-generated business records, land and notary records and school-enrollment and graduation materials.

Family Tree

In 1903, my paternal great grandmother, Gitel Langsam, the "ritual wife," of the late Efraim Elazar Fischel, applied for a document that would allow her to leave Galicia for Berlin to join one of her sons. The request generated a remarkable family tree-like document. Although Gitel was then residing in the city of Przemysl, she had to obtain validation of her identity and that of her children from the small town of Bukowsko, where she and her 11 children were born. On a form created for the purpose, the Bukowsko registrar, documented Gitel's birth and that of her children, along with their names and dates of their births and deaths.

Oddly, though Elazar was included on the birth certificates of each of his children, in the 1903 document, he was not mentioned. Because Gitel was listed under her maiden name, the ditto marks next to the names of the children reflected that, officially, they all had Gitel's surname.

A note in the Comments column mentioned that Gitel was allegedly born in 1851, but that births were not registered (by the Catholic parish) until 1857. When Gitel died in Hoboken, New Jersey in January 1914, her birth date was listed as 2 October 1851.

Because it was elaborately printed for the purpose of capturing such information in columns with clear headings, this form must have been widely used but it is the only such document this author has seen. Perhaps, someday, such documents will surface in bound books or files.

Tax records

Some noble families maintained records of tenant and *arenda* transactions. Those that survived are either in private hands or housed in repositories that require permission to access. After Franz Josef came to power, *arendas* and *propinacja* arrangements, which had been closely held by particular families, came under government scrutiny and this often involved going to a notary. Therefore, notary records include documentation of these lease arrangements.

Among the microfilm holdings of the Central Archives for the History of the Jewish People in Jerusalem, are documents related to *arendas*. The collection is extremely uneven, but examples of the forms and language used are useful as background. Individuals are named in the documents that include people engaged in tax-farming and lease arrangements for agricultural products such as grain, poppyseeds, lumber or cattle.

Gemeinde records

The kinds of materials kept by the *Gemeindes* included lists that provided evidence of: membership; tax payments; and voter eligibility, sometimes with occupational information and the amount paid in taxes. At this point, only a handful of records from Gemeinde operations have surfaced. To date, it appears that material about burials and cemetery plots have not survived.

The Central Archives for the History of the Jewish People in Jerusalem and Family Search have microfilms of material found in Ukrainian and Polish archival repositories. Most of it pertains to major cities such as Lemberg, Stanislawow and Tarnopol and cities within the latter two districts.

Family Search can be researched online; the Central Archives for the Jewish People must be visited in person. More about both follows.

School records

School records generally provide little more than the name of the student and the responsible parent or guardian. Family Search, JRI-Poland, and GenealogyIndexer are sources for some school-related materials.

Notary records

Notaries were very important in Galicia. Licensed by the government, they notaries witnessed, documented and copied many types of financial, land, *arenda* and estate matters. Poland and Ukraine have collected surviving notary books and digitized the material. Notary books housed in Ukrainian Archives, are part of the Family Search database.

Poland has collected notary books from repositories around the country and placed them in the Przemysl branch of the Polish National Archives. All have been scanned and can be viewed on the official site for that branch of the National Archives: Archiwum Panstwowe w Przemysl. A shortcut to get the search screen: skany_przemysl.ap.gov.pl. On the home screen, search in the drop-down menu for notary records from the town and time period of interest.

In larger communities, there were multiple notaries working at the same time. They served, not only city residents but rural residents from the district.

Notaries kept their books in Polish. Though some of the books include name indexes and location information, users may find it difficult to use the notary's indexing system. Where there is no index or useful index, the researcher must go through the material page by page, but that is simple, if tedious. On the bottom of each page are forward and back arrows.

If you stopped your search at, say, page 425 of 628 pages, you do not have to scroll all the way through when you resume your search. When you reopen the file, scroll down to see the page numbers and simply click on page 425 to pick up where you left off.

Much of the material is "boiler-plate" with names inserted in relevant places, sometimes in handwriting and sometimes in typescript. It is helpful to scroll to the end of the document to see the signatures for the principals and witnesses involved. Some Jews signed their names in Hebrew script. There were often be multiple documents associated with a transaction because of the need to verify the identities of all of those involved.

Two witnesses to the transaction were required. The word *"swiadek"* signifies that the person was a witness. While a witness could be a relative, more commonly, they had an official role with the *Gemeinde*.

The notary material is of variable genealogical value. In most documents, the focus is on the amount and repayment schedule for a loan, a lease or other type of real estate transaction, not on personal information.

However, sometimes the documentation can point to a particularly significant transaction. For example, in the records of a notary from Kolbuszowa, I found documents that revealed the names of my late husband's Seiden 2X grandparents. Since Kolbuszowa's Jewish records have not survived, this notary document may be the only surviving evidence of their existence.

My advice is to explore other records before attempting to research these documents. Unless you partner with someone who can translate the material, you will likely struggle to extract meaning from what may be multiple pages of narrative.

One more observation is that you will almost certainly encounter German surnames for the colonists and bureaucrats recruited by Austrian officials as a counter-measure to the power of Polish nobility.

Business records

Gesher Galicia has extracted data from Austrian Ministry records housed in the AGAD in Warsaw. Some of the ministries documented business matters. Ministries of Interior and Trade and Industry documented oversight of alcohol production and sales; licenses for small scale businesses, and so on. It appears that most of these documents were generated in the pre-World War I years of the 20th century. The site does not provide an image of the records, just the archival location information. Presumably, these documents could be ordered by mail from AGAD. See the Gesher Galicia website for current address information.

For example, Abraham Metzger from Jaroslaw, was actively in one or more businesses in the period of 1893-1908. Apparently, he had failed to obtain some proper licenses to produce or sell alcoholic beverages during that time.

Censuses and other lists of inhabitants

Though as seen in the previous chapter, several censuses were conducted early in Austria's rule over Galicia and then settled into a census every 10 years. Very few original census documents have survived. The Austrian government had a policy of collecting and destroying the raw data after compiling the data. A handful of *Gemeindes* failed to submit their original forms and, thus, they survived.

Jewish Records Indexing-Poland (JRI-PL) has extracted the data from these rare documents for inclusion in its database. Researchers lucky enough to have roots in such places, can view the names of those living in a household, their ages, their relationship to the head of household, the *Gemeinde* to which they belonged (not always the place of residence), and, in some cases, occupational information. The latter information was noted if the household member was a servant rather than a relative.

JRI-PL has also extracted data from census-like documents that Austria used to track males for purposes of drafting them for military service. Sometimes the draft document provides specifics about a death or relocation.

Gesher Galicia and JRI-PL have extracted data from surviving census documents that have surfaced in archival repositories or private hands

A few side notes about census records. The Austrian

government census was not the only type of list of residents. Some municipalities conducted periodic censuses. Some parishes created lists, presumably to document members or potential members of the parish but it appears that some Jews were included, as well.

Fay Bussgang wrote an excellent article for *Avotaynu* (Vol. XII, No. 2, Summer 1996) that shed light on census-like documents in the Kraków regional archive. She described finding 1921 records called *spis mieszkanców* (list of residents) that show the members of a household, date and place of birth, names of parents, religion and occupation, among other information. Since this was very early in the new government's tenure, it is likely that this was an attempt to gather information about who was living in Poland. This supposition is bolstered by Bussgang's observation that the list included notations of arrivals, departures, deaths, and marriages.

Military Records

In 1789 Austrian legislation mandated universal male military service. In practice, however, Jews did not serve in the military in any great numbers until the 20th century because most Austrian military officers opposed having Jews under their command and, generally, Jews did what they could to avoid being drafted.

Family Search (see below) is the best source for researching an individual's military record but you must, first, understand how they are organized in the database.

Rosemary Chorzempa, in her 1993 book (which may have been improved in her later version), *Korzenie Polskie: Polish Roots*, briefly discusses strategies for working with these military records. According to Chorzempa, if you have a definite location and year of birth for your ancestor, you will want to check for what is labeled, Distribution Location Index of the Austro-Hungarian Empire Army and Navy Troops, Regiments, etc. (formerly film #1186632, item 1"). This index lists the Austrian units that recruited in each area and when they were in each locality. Then you can check that unit's records for your ancestor.

The Austrian Army Records are found in the Family Search

catalog under Austria—Civil Registration. Also try: Austria, Military.

Researching military records might require a visit to a library associated with a local Church of Latter-Day Saints for assistance.

CHAPTER 5

SOME KEY RESEARCH RESOURCES

Overview

We are fortunate that so many online genealogical resources exist today. While not all are of equal value, everyone interested in conducting family research benefits from choices. A brief word about DNA. Using DNA results to find living relatives has become easier and I encourage you to submit your DNA to one or more of these resources. Most allow for cross-organization data sharing. At this writing, there are several resources for testing and understanding the results.

I recommend that you consider using FamilyTreeDNA, which was specifically created to connect people with Jewish roots. The company allows data sharing and provide a tutorial for using GEDCOM, the platform used for data sharing.

Archival repositories are moving from access to paper records, microfilm, and microfiche toward electronic access. This is a hugely positive development for two major reasons. Digitizing information protects against potential damage or destruction from war and natural disasters and ensures access when, periodically, there are political moves to restrict public access to genealogical information.

Though there are many other potential research resources including public and university libraries, online genealogical sites and organizations, this chapter seeks to point readers to the organizations and websites most useful for those with Galician roots. Let's begin with accessing Jewish vital records created between 1790-1918 under Austrian government laws and regulations.

Jewish Records Indexing-Poland, Inc.

When *Finding Your Jewish Roots in Galicia: A Resource*

Guide, this author's first book about Galicia, was published in 1998, access to records from what had been Galicia, was quite limited. Obtaining vital records was haphazard, very costly, and dependent on cooperation from indifferent or, even, hostile Polish civil servants in two ministries, one of which oversees the national archival system and the other, which oversees the local records offices that house records less than 100 years old.

And, forget about Ukrainian archives altogether.

When Stanley Diamond was confronted with the obstacles in obtaining genealogical documents from a non-Galician part of Poland, he put his considerable business and diplomatic skills to work and organized what is now known as Jewish Records Indexing - Poland (JRI-Poland), a 501 (c) 3 nonprofit organization dedicated to facilitating access to Jewish records in Poland.

Diamond's original interest stemmed from his family's genetic disorder. He wanted to locate members of his extended family around the world who might share this disorder in the interest of finding a cure. Although he started by trying to access records from the region of Ostrow Mazowiecka in Poland, he soon grasped that fellow Jewish genealogists were experiencing similar difficulties. Directed by Diamond and his team of dedicated and highly knowledgeable volunteers, JRI-Poland has fostered cooperative relationships with key people in the Polish government.

Diamond decided early on to: 1) focus on Jewish records in Polish archives that had not been microfilmed by the Mormons; 2) raise money to pay Poles to extract data from Jewish records housed in the various archival repositories around Poland; and 3) create a database based on key information extracted from vital records. The database would be organized by Polish regions. JRI-Poland adopted the Daitch-Mokotoff Soundex, that eliminates vowels and converts consonant letters and combinations found in Jewish names into sound and phonetics.

JRI-Poland's success has depended on funds raised from the genealogical community to support data extraction and indexing projects. The amount of money needed for the various projects varies by the extent of the material to be indexed and the anticipated number of contributors. Public release of the indexed material depends on the extent to which sufficient funds are on hand. In addition to the paid personnel in Poland, some knowledgeable volunteers participate in a variety of ways, including operational management and data extraction projects.

Critical to this effort has been the careful nurturing of relationships between JRI-Poland leadership and Polish officials and archival staff members. What the JRI-Poland team has been able to accomplish with respect to Galician records, is nothing short of miraculous.

The database includes a small number of documents that are not vital records, such as census, school, and military draft documents.

Poland has strict privacy laws and JRI-Poland does not release data into its public database until the information conforms to Polish privacy laws. However, JRI-Poland has created a Qualified Contributor program that enables researchers to access data for their families regardless of privacy restrictions. Researchers must sign an agreement not to share the information with others and pay a fee.

Poland has been working toward digitizing all materials in its National Archives system. The online catalog describes the record groups and files. The catalog indicates the status of the digitizing effort. When there are scans, you can click on links and be taken to the original images.

In cases where Poland has released digitized records, JRI-Poland links the image to the record in its database. Currently, JRI-Poland is moving toward a "next level" goal of linking data to create virtual family trees.

Vital records from Galician territory now in Ukraine: A few years after JRI-Poland began its work, Mark Halpern, a long-time member and Board member of Gesher Galicia, contacted Stanley Diamond to advocate for including in the JRI-Poland effort, the Galician records that were transferred after World War II from the, then Lwow (now Lviv) Archives in Ukraine to Poland. When the material was transferred, Poland decided to incoporate all of the files into its existing archival system.

- The older records were to be housed in the archives for old records in Warsaw, known as the AGAD (Archiwum Główne Akt Dawnych).
- The newer records were placed in the Warsaw City Archives (Archiwum Akt Nowych). As this latter group of records age, they are transferred to the AGAD. This collection is known as the *Zabużański* Collection. *Zabuzański* means "other side of the River Bug," which separates Poland from Ukraine.

While the *Zabużański* Collection in Warsaw includes Jewish vital records, most of the material concerns Austrian ministries. Among the documents in the Collection are those from *Gemeinde* operations. The following types of that material is not in the JRI-Poland:
- banns published before marriage,
- birth records that were entered late,
- birth certificates from Israelite Rabbinical Offices kept in connection with establishing patrimony,
- correspondence with administrative offices and private persons,
- books listing members of various *Gemeindes* and other organizations,
- evidence of disbursements to the poor,
- documents of activities,
- communal statutes, and
- books documenting the income and expenses of deceased persons.

The *Zabużańsk* Collection includes documents from inter-war Poland ministries, including business records. Gesher Galicia has extracted information about transactions and correspondence with Jews. See below for more about the contents of the Gesher Galicia website

Fay and Julian Bussgang had catalogued the Jewish vital records in the *Zabużański* Collection in the early 1990s. At that point, only a handful of people had been successful in obtaining records by writing to the Archiwum Glowne Akt Dawnych (AGAD).

Stanley Diamond was open to including Galician records in data extraction efforts. He immediately recognized the value of the vital records in the AGAD and in Polish national and local archives. He collaborated with Mark Halpern in successfully advocating for allowing data extraction efforts to extend to Galician records in the AGAD and in regional branches of the Polish National Archives. JRI-Poland releases data to the public when both Poland's privacy law provisions are satisfied and fundraising goals are achieved.

Not all the surviving *Gemeinde* records from the Lwow (now Lviv) Archives were part of the *Zabużański* Collection. The archive retained a large collection of documents associated with *Gemeinde* operations in Lemberg, as well as, school, Zionist organization and other records. Among the material found in this collection was an old Lemberg *Gemeinde* membership book with fantastic genealogical information. Mixed in were some vital record books that probably were overlooked at the time of the transfer to Poland. All of the material can be accessed through Family Search. See below for specifics about Family Search and how to enter search information.

<u>Vital records from territory now in Poland</u>: The territory that is now in Poland saw fierce fighting and destruction in both World Wars. Even after each war, Poles and Ukrainians fought over territory and that just added to the miseries of the region.

But, even outside of the wars, fires were not uncommon and there was also the occasional flood. All of these events impacted the buildings where vital and communal records were stored.

At this point, exhaustive investigations into archival repositories have been completed and it seems unlikely that additional vital record books will be found, unless they are in private hands somewhere in the world. It is a sad fact that vital records from many subdistricts did not survive.

Today, privacy regulations govern where vital records are housed. The newer records come under the Ministry of Justice and are retained in local records offices, called Urzad Stanu Cywilnego. As they age, they are released for transfer to the appropriate regional branches of the Polish National Archives. Under agreements with both ministries, JRI-Poland has, successfully, extracted data from all known vital records.

While information from the newer records cannot be posted on the public website, researchers may apply for a limited search by surnames and districts. There is a fee involved with becoming what JRI-Poland terms a Qualified Contributor. If the search is successful, you will receive the results on an Excel spread sheet.

The JRI-Poland website should be thoroughly explored for additional background, such as examples of registration forms used at various times during Austria's administration, and tips for interpreting the records.

Family Search

Family Search is the genealogical organization where you can access digitized material from all over the world in the vast database managed by the Mormons, officially known as the Church of the Latter-Day Saints (LDS).

Though Family Search offers some material of interest from the Polish portion of Galicia, it is a primary source for surviving material from the two Ukrainian archives that retained Galician records after World War II ended Stanislawow (now called Ivano-Frankivsk) and Tarnopol (now transliterated into Tarnopil). Family Search also obtained some relevant material found in the main National Archives in Kyiv.

Among the material microfilmed and then digitized by Family Search: vital, communal (*Gemeinde*) records, notary and other types of records, as well. If there are pre-1877 vital records of interest, they will be on forms used by Roman Catholic parishes with Latin headings.

By the way, it is tempting to think that Jewish records might be among the many Roman or Greek Catholic records but do not give into temptation. They have been researched with no good results.

<u>Warning</u>: The cataloging is sometimes way off. If you find yourself looking at material that was incorrectly labeled, contact Family Search to tell them so that catalogers can untangle the labeling error.

Although the Family Search database includes early records from Kraków, the lack of surnames, limits their usefulness.

Also, because in the early days of Galicia, Krakow was, more or less independent, the vital records were in a narrative format, which is more complex to use than the columnar format.

Family Search includes military records for inhabitants of Galicia. See the previous chapter for tips for searching these complex records.

<u>Search inquiry format</u>: Because Family Search has materials from many countries, the catalogue is built around the country and then areas within the country. For Galician vital and communal records, first use the following format, keeping in mind that most material will be organized under the administrative district and relevant subdistrict:

Austria, Galizien, Mosciska (district), Mosciska (subdistrict)
Or
Austria, Galizien, Tarnopol (district), Halicz (subdistrict)

Some record groups that may be of interest could be catalogued under Poland or Ukraine instead of Austria so you might want to a search that way, as well.

A note about Turka. There are 1930 Jewish documents for this town but the town is listed as Turce in the catalog.

Gesher Galicia, Inc.

In the interest of full disclosure, this author founded Gesher Galicia in 1993 and, for some years afterward, led the organization. I currently have no official role other than as a member.

Gesher Galicia offers limited public access to everything on its website. Paid members have full access to the database, which includes images from resident/land ownership material discussed below. The organization also has a quarterly publication and engages in numerous research projects, including data extraction from vital, business, census and other records stored in archival repositories. You should join.

Entering a surname will result in some information about the person and provide details about the source to facilitate additional research. Some information in the Gesher Galicia database is in the Family Search database, as well.

Of special interest may be business records that are part of the *Zabuzański* Collection. For example, data has been extracted from Austrian ministries of Interior and Trade and Industry that address matters concerning licenses to operate businesses, including the production and sales of alcohol, which so many Jews were engaged in.

Gesher Galicia has devoted considerable focus and resources on mining maps and cadastral material. The images are accessible to members of Gesher Galicia.

Some background on cadastral materials follows. Two Austrian emperors ordered surveys of house and landed property owners. The first was ordered by Josef II in 1785. The survey, known as the Josephine Survey, covered every plot of land in Galicia and the names of the residents or owners were noted on registers. Unfortunately, with respect to Jews in this survey, since most were still using patronymics instead of fixed surnames, the usefulness of the results is limited.

The second survey, known as the Franciscan Survey, was ordered by Emperor Francis in 1817 so Jews had fixed surnames, making the results more useful. Most of the work was done between 1819-1822, but aspects were not completed until 1854, according to an article on the website by Andrew Zaleski, who oversees the project. Gesher Galicia, at this writing, has linked to digitized images for both survey registers for a number of towns in Galicia. You click on the town and survey of interest and you will be linked to the register images. Keep in mind that finding a name on the register is not necessarily the residence of the person but property that owned.

In some of the larger towns, the street names are given. People are listed in the order of residence or ownership.

Though Gesher Galicia has mined many sources and offers unique source information, to further explore the record itself, researchers must, often, use other strategies. Further, you may find that it is difficult to come away from a search with a coherent picture of a family group.

JewishGen

JewishGen was created in the early days of the Jewish

genealogy movement as a global clearinghouse for Jewish genealogical information and networking. There are many aspects of the website and you should spend some time exploring what it offers. There is no fee but you will be asked to register.

The Family Finder should be your first stop. Search the database for others researching your surname(s) and town(s) and be sure to register your own information. This feature, initially created by Gary Mokotoff in paper form, has helped thousands of people make connections.

The site is very rich in resources and connections to data from specific collections by country and type.

A very important aspect of JewishGen was the *Yizkor* Book Project. *Yizkor* books were compiled by survivors of the Holocaust as personal and communal memoirs of their towns of origin. Galician places were among those books. Most of the books, published in Israel or South America and elsewhere, are written in all Yiddish, all Hebrew or a combination of those languages, sometimes with English sections. Joyce Field organized the *Yizkor* Book Project, now headed by Lance Ackerfeld, to facilitate translation efforts. Some of the books have been fully translated, while parts of others have been translated.

JewishGen's publishing arm may have a translated versions of a books of interest for sale. Sometimes the translation is done by a volunteer, but, more often, the translator must be paid so people, with an interest in the town or region, are asked to contribute financially to these efforts. JewishGen frequently updates the status of specific translation efforts.

JewishGen's database includes some unique data sets relating to the Holocaust.

Early on, volunteers organized a massive effort to visit Jewish cemeteries and obtain cemetery records to document Jewish burials around the world. This information has been compiled into the database for JOWBR.

JewishGen also has information generated by indexing projects in United States government records. Of particular note are indexes to U.S. State Department records discussed below. Both Record Groups are housed in College Park, Maryland at the National Archives and Records Administration II.

Index to Record Group 59: Protection of Interests of United States Citizens

The U.S. State Department maintained elaborate correspondence files on everyone who contacted the agency about any matter. Often, the contact was to ask the State Department for assistance with a relative of a citizen who was living abroad or to request assistance with a U.S. citizen who was either living or traveling abroad. The agency would sometimes deny the request, but, when possible, at a minimum, the nearest embassy or consulate was contacted to inquire about how the party might be helped.

In about 1984, leaders of the Jewish Genealogy Society of Greater Washington (JGSGW) learned about Record Group 59, Series on Protection of Interests of United States Citizens. A small team examined examples of the material and immediately saw the genealogical value of most of it. As the organizer of the subsequent effort to make the information accessible, I had hoped that we could use the State Department's index. However, the agency used an indexing system that doesn't lend itself to genealogical research. Material was filed by the name of the person who wrote the letter of inquiry, sometimes a family member, but, more often, an attorney, a Congressman, or someone with more English facility than the family member.

To ensure that Jewish family historians could access the material, I recruited and trained volunteers to create a name index of Jews appearing in the records.

The material was in bound volumes. The team focused on material for Germany, 1910-1929; Poland, 1910-1929; Romania 1910-1929; Austro-Hungary for 1910-1929).

Roughly half of the names among the Austro-Hungary applications were linked to Galician place names. Most others came from Moravia, Hungary and Bukowina. The Polish series also included people who had lived in Galicia. It was never clear why the dual categories were in use. Teams of JGSGW volunteers extracted information that appeared to be about Jews. The index includes the names of the U.S. citizens (usually naturalized) making the request, as well as the person(s) being inquired about.

Cases generated during or after World War I, reflect the concerns of relatives and friends about the safety and well-being of the subject of the inquiry. There were often multiple documents involved in a case. Typical topics in the correspondence concerned missing family members and requests for assistance with sending money, food or clothing.

The index to these documents can be viewed on JewishGen's United States collection. Click on United States under the Country and Topical button. Write down all the information listed in the index notation. Aside from the name, the rest of the information provide location information.

If you find a name of interest and are unable to travel to Washington to visit the National Archives, write to the following for assistance in obtaining copies of the relevant material. National Archives and Records Administration II, Textual Reference Branch, 8601 Adelphi Road, College Park, Maryland 20740. A small fee is charged for research and copying.

Index to the United States Emergency Passport Applications, 1915-1926

Today, Emergency Passports are usually reserved for United States citizens who lose their passports or whose passport is stolen, while traveling abroad. In the period before passports were needed for traveling abroad, people who wanted one for the protection it offered, could apply for this type of passport while in another country.

The third group of applicants is our focus here. Their access to an Emergency Passport was related to immigration laws that no longer pertain.

Before 1922, with rare exceptions, women could not become U.S. citizens. Their citizenship was derived from being the daughter or wife of a U.S. citizen. This pertained to minor children as well. If a native-born woman married a man who was not a U.S. citizen, the woman lost her citizenship until restored by her husband's naturalization.

Once a man became a naturalized citizen, his wife and minor children automatically became citizens. It took about 5 years of continuous residency in the U.S. to be eligible for citizenship. If the family of the new citizen still lived abroad, they were able to enter the U.S. with full rights of citizenship. For some, this curious situation meant that people who had concerns about not being admitted to the U.S.—because of physical, mental or medical conditions that might otherwise have disqualified them at the port of entry—could enter unquestioned. This strategy was put to good use by some Jews.

This situation was particularly useful for wives and minor children still in Europe when World War I broke out. Even when people were unable to leave due to wartime restrictions on passenger ships, having the document showing U.S. citizenship, provided some protection.

Emergency passports had to be renewed annually. Regardless of where people were during and after World War I, those who held these documents had to go the nearest U.S. consulate to ensure that they would be under continuous U.S. protection and would not experience difficulties because they carried an expired passport.

At the time the Jewish Genealogy Society of Greater Washington data extraction project was active, the U.S. National Archives and Records Administration (NARA) held all passport applications for the period 1789–1926. A diligent search by NARA staff resulted in the conclusion that, if there had been an index to this material, it had disappeared.

Therefore, the JGSGW volunteers resolved to conduct a data extraction effort. The names extracted from the volumes of applications were for 1915-1926. The applications are in bound volumes by the country where the application was filed.

The volunteers who extracted the data were instructed to include the names from any record associated with Galicia and which reflected a Jewish individual or family. Some of the applicants are represented in more than one country due to displacement during or after the war. You may encounter more than one surname spelling for a family.

Almost all the applications included photos of the wives and the children. They are rich in genealogical information: place and date of birth, current address (which during the war could have been quite temporary) and occupation. Some of the applications included documentation proving identity, such as birth records, documentation of the husband's or father's citizenship, affidavits from people who could attest to the individual's identity.

The volumes are stored at the National Archives and Records Administration II. Write to the Textual Reference Branch, 8601 Adelphi Road, College Park, Maryland 20740. A small fee is charged for research and copying. Provide all the information associated with a name. Request that a reproduction be made from the original, including any photographs found. Though the applications are on microfilm, reproducing the applications from microfilm may result in poor quality reproductions.

This service is provided at a very reasonable cost.

Issue: the country where the Emergency Passport was issued.

Location code: The code is divided into three numeric parts:
- Box
- book and,
- page number

For example, Adel Adasse is the first entry in the table. Born in Szczucin (Poland), her passport was issued in Poland. Her file is in box 1737, book 1, page 385.

GenealogyIndexer.org

Logan Kleinwaks has spent many years unearthing material that is reflected in this unique database. What a terrific resource it is for Galitzianers. The site offers a user-friendly search engine in which you can actually enter Galicia instead of Austria, Poland or Ukraine! Logan's Galitzianer roots led him to appreciate the importance of having direct access.

Enter a surname, a town or a keyword, and you will be taken to links for images of pages from directories, yizkor books, school lists, military lists, and so much more. From the images, you can go forward or backward into the document. Logan started this effort years ago by locating and digitizing directories, including business and residential directories that were common before phones, as well as school-related directories and calendars that were sometimes generated as fund raisers by including business advertisements.

Although JewishGen offers access to many translated yizkor books, GenealogyIndexer.org links surnames to specific pages. The books may be in the original language or the translated form. This is an easy way to find a reference to a surname of interest. You can also read the whole book by using the two-way arrows.

There is no fee or requirement to register for this website.

The Central Archives for the History of the Jewish People

This important repository, affiliated with Hebrew University, in in Jerusalem. You must physically go to the CAHJP to conduct research or employ an outside researcher to do research for you. The small staff at the facility can provide some on-site assistance but you should consider having someone who can translate from Polish to join you. Before you go, check out the website for current times and rules. If you are prompted to schedule an appointment, do so.

There is a printed catalogue and, if you plan to go, you should purchase it from Avotaynu, Inc., now located in New Haven. Published in 2004 (unless there is a more current edition), it is entitled, *Polish Sources at the Central Archives for the History of the Jewish People*. The editors were Hanna Volovici, Witold Medykowski, Hadassah Assouline, & Benjamin Lukin.

Though by no means inclusive of many Galician towns, the holdings of this archive have great value. The catalog, itself, is useful and well designed. The catalog is organized geographically. Archival sources are provided for all record groups/files, along with annotated descriptions of the contents.

For example, the catalog lists microfilms for the small town of Brzozow: The catalog lists Brzozow, district of Lwow, and the time frame covered as 1853-1938. Topics on the films include:

- Correspondence about leasing inns on land owned by Christians;
- Correspondence and lists of Jewish schools and

teachers, 1877-1908;
- Files on Gemeinde elections, budget, rabbis, list of taxpayers; board members, 1928-38.

When searching, keep in mind that "town" for former Galician places, means district so start your search with the main and pertinent subdistrict. The catalogue will not mention all of the towns and villages reflected on the film.

So, what kind of documents have been microfilmed by Poland and offered by the CAHJP? Much of the material is correspondence about official issues, including: attempts to resolve disputes; permissions to contract with members of the nobility for *arendas*; requests for relief from burdensome taxes or regulations; lists of petitioners requesting approval of an individual for an official appointment of some kind; school matters; minutes of meetings; confirmation of appointments; and, election matters. Much of the later material concerns the Baron Hirsch organization which was helping people to move to Palestine or the business matters of the various Zionist organizations. Legal proceedings surrounding a particular case sometimes appears in very early records from communities, often with no surnames. While historically interesting, virtually none of this type of material is genealogically useful.

But, the lists!! They are, indeed, useful. There are lists of:
- teachers;
- students in Jewish schools;
- Jews who are working (some with birthdates and the town of residence);
- communal taxpayers, which include the amounts paid by individuals, synagogues and other buildings used by the Jewish community.

Most of the lists in the current holdings tend to be from two time periods: the 1880, the early years of the 20th century, and then in the 1920s and 1930s. Examples of useful lists from the 1930s:
- lists of financial contributors to the Galician religious community, known as the *Kollel* in Palestine and
- lists of male residents
- telephone subscribers

- utility bill payers

There are a few censuses from 1765-7, which generated much excitement among those who found them, until we realized that there were no surnames, since this was before surnames were adopted.

For the Krakow Jewish community, there are lists of men who were eligible to vote in the 1883 and 1929 elections. Though birth dates are not included, some of these lists and other tax lists for other towns, resemble a census for males over age 13. According to a CAFHP staffer at my last visit, the Central Archives has 1856 and 1895 lists of Jews who lived in small towns near Kraków, such as Balice, Czulice, Górka, Grebalowa, Krzeszowice, Liszki, and Mogila among others. They also have 20th-century lists of members of five synagogues in Kraków.

For Brody, there were emigration lists of residents mixed in with refugees from pogroms in Ukraine in the early 1880s. These were the only emigration records found but the lists were on printed forms that clearly indicated that these forms were routinely used for this purpose.

In short, CAHJP holds microfilms of considerable interest if you can be there in person and can function either independently or with someone helping with translation.

YIVO Institute for Jewish Research

YIVO Institute for Jewish Research, has an impressive library and archival collection pertaining to Eastern European Jews,

YIVO is located at 15 West 16 Street, New York, NY 10011. Enter at 20 West 17th between 5th and 6th. if you are going there in person, phone ahead to confirm hours of operation since they close for many Jewish holidays and close early for Shabbat: (212) 294-6100.

While the organization, founded in Vilnius, Lithuania, does not have a deep focus on Galicia, they have a very large collection of *yizkor* books, a collection of the lists of survivors registering in European cities, and an impressive archival collection of photos and a *landsmanschaftn* archive.

Landsmanschaft organizations were multi-faceted organizations serving religious, social service, and charitable needs of immigrants. Most had affiliated burial societies. Some were only for immigrants from one community, while others were more regional in nature. Most were organized the late 19th and early 20th centuries by people who emigrated from Eastern European towns and wanted to continue their association with others from their old towns in their new countries. Though *landsmanschaftn* were established in a other large cities, New York was most prominent among them. Quite a number were based on providing support and connections for Galician Jews.

Two such organizations in New York were for Galitzianers, regardless of where they had come from, but most others were for people from specific towns or regions.

YIVO became involved in collecting material generated by these organizations after Rosaline Schwartz, at the time, a YIVO staff person, became alarmed when she learned that New York-based *landsmanschaftn*, which were going out of business because their members were dying out or no longer interested, were simply throwing away their records. She and some colleagues at YIVO, mounted a campaign to inform that all known *landsmanschaftn* that YIVO would be happy to have their records, in the event of dissolution.

YIVO published a catalogue of their holdings in 1986, *A Guide to YIVO's Landsmanschaftn Archive* by Rosaline Schwartz and Susan Milamed. More current information can be found on their website. Among the material: minutes, lists of members, lists of cemetery plot holders, and similar types of information. Towns in the catalog were in the form used in 1986. Although these societies started in the 1890s, most of the records at YIVO begin after 1920, presumably because earlier records were discarded.

Ancestry

Although there are other competing genealogy search organizations, I am most familiar with Ancestry. The company offers several levels of membership. The highest level offers full access to material from every country represented in the database. For United States information, the basic level membership is sufficient. The database is rich with images of actual records and very easy to use. The Soundex system that

Ancestry uses works well, if not always perfectly, for Jewish names.

You can conduct a basic search by entering just names or take advantage of the multiple options for filtering your search.

United States records, including vital records, ship passenger manifests, naturalizations, obituaries, and so on, should be thoroughly mined to extract tidbits about your immediate and extended family. You may be able to find the town or district of origin and the original given and surnames of relatives if they came to the United States. See if a family member has posted a family tree on the site.

A few words about passenger ship manifests. Before mid-1906, passenger ships came under state and local laws and regulations. The hodgepodge that resulted offered information of widely variable quality. After mid-1906, the United States placed immigration in Federal hands resulting in a huge improvement in the quality of information about passengers. Instead of just "Galicia," or "Austria," the manifest had to provide the town of birth and where the person lived prior to boarding the ship. The manifest gives the name and address of the closest relative or contact in the old country, as well as the name and address of where the passenger was headed.

Keep in mind that not all manifests survived. The Ellis Island facility that we know today was rebuilt after a fire destroyed the first version weeks after it opened. The manifests stored there were destroyed. Customs manifests stored elsewhere did survive.

These handwritten documents can be difficult to decipher and that sometimes led to errors in indexing.

Passport applications and naturalization records can lead to information about the name that the applicant used when entering the United States and the ship that carried the applicant to U.S. shores. Military draft records from World War I sometimes listed the town of birth on the form.

Ancestry's database includes documents about post-WWII Displaced Persons.

Jagiellonian University Judaica Collection

Jagiellonian University in Krakow houses the Antoni

Schneider Collection, documents pertaining to Jewish history in Poland. While most of the material appears to reflect the period prior to the creation of Galicia and, therefore, prior to the adoption of surnames, Logan Kleinwaks (the creator of GenealogyIndexer.org) reports that he has successfully accessed material from this collection to further his personal family history project. However, because the website has no links to actual documents, he has accessed information by writing or going to the repositories in Poland. The source for each document is provided and, from there, the researcher must either write the repository to request a photocopy or visit the repository in person. Most of the documents about Galician towns appear to be in the Krakow Branch of the Polish National Archives.

The search box can be used to determine what material is in the collection for a specific place or name. Some of the documents are pre-Galicia *arenda* contracts and, though each party is named, the Jewish parties had no fixed surnames. Moreover, Logan cautions that the correct spelling must be used to access information by name or place. I would begin with a correctly spelled place name, not the nickname that Jews used for their town of resident.

Entering 10 towns of personal relevance, I found that, while most of the Collection's documents were from pre-Galicia Poland, there were voter and inhabitant lists from 1867-1870. Where the place was a Jewish administrative subdistrict, the catalogue showed such lists for the towns in the subdistrict.

The voter and inhabitant lists provide a snapshot of (mostly) men who were present in the town, often with their occupations and, occasionally, other information. Taxpayer lists show the amount paid, usually with no other useful genealogical information.

The URL for the Antoni Schneider Collection will take you to the home screen. Instead of clicking on the Catalogue button, enter a town in the Search box. http://www.judaiki.judaistyka.uj.edu.pl.en.

In addition to listing the archival repository housing the document, there is a unique location number associated with each document. For instance, the number for a list of voters from Bukowsko was given as TSchn 244. Wanting to know if this list had been digitized for online viewing, I entered the identifier but I was taken to another part of the Schneider Collection. I tried several other identifiers from the Jagiellonian website with identical results so, clearly, there is a disconnect between the two sites with respect to document identifiers. and the site for the National Archives. When requesting copies from the Krakow Branch of the National Archives, use the identifier they use.

The correspondence address for the Krakow Branch: 22E ul. Rakowicka, 31-510 Krakow or email: sekretariat@ank.gov.pl.

It is likely that the Central Archives for the History of the Jewish People (CAHJP) has acquired the microfilms of the voter, taxpayer and inhabitant lists found in the Schneider Collection. Keeping in mind that the CAHJP catalogue was published quite a while ago, you could write to the CAHJP to inquire about their current holding for your towns.

CHAPTER 6

Holocaust-Related Research

Overview of Documentation and Sources

Events during the Holocaust not only resulted in the destruction of approximately six million Jewish lives but the destruction of many records documenting the existence of our ancestors. Once vital Jewish communities were crushed, especially those in the part of Poland and Ukraine that was once Galicia.

Most Jews with European roots lost relatives in the Holocaust. We do honor to ourselves and to the memory of our ancestors when we research the lives of those who were martyrs to the Nazi war machine. But there is the reality that when records and other material relative to genealogical research were destroyed, our task in researching our ancestral heritage is made more difficult.

At this writing, there are Holocaust museums in cities around the United States, Berlin, elsewhere in Europe and, of course, Yad Vashem in Israel. I recommend visiting these institutions and exploring what is available online.

Documentation of what happened to individual people and families during the Holocaust very much depends on many factors, not the least of which was where they were, whether they survived, and, if they didn't, the circumstances surrounding their deaths. Each decision that a person and family made had consequences and those decisions and consequences were potentially catalogued in the form of documents.

Because this book focuses on Jews living in the part of Poland that had been Galicia until the end of World War I, this chapter will address the kinds of experiences had by Jews in that region. The region of Galicia did not immediately experience the direct consequences of the Nazi invasion of Poland on September 1, 1939.

Though German military actions caused much chaos and destruction elsewhere, it was a while before the occupation was felt in the form of laws and regulations that required the adoption of the yellow star on clothing and restricted movement, education, occupational participation and so on. Jews who were randomly or deliberately shot in street actions during this period often died anonymously, unless a witness reported the death.

During that early period, Galician Jews were aware of what was happening daily, but not, necessarily, preparing for worse treatment, though many families were still engaged in efforts to find safe haven outside of Poland. Loss of income and obtaining enough food was worrisome; families were forced to "sell" their businesses; Polish and Ukrainian servants had to be let go; students were unable to continue their formal education; and, in general, anxiety and fear permeated daily life.

In the next phase of the occupation, ghettos in cities were created and Jews were rounded up and forced into them. There they were registered by the Nazi-appointed *Judenrat,* usually made up of respected Jewish businessmen or those who were connected to the local *Kahal*. In most of these ghettos, conditions were terrible and people died from disease and starvation Jews over a certain age, were required to register for work, a requirement that offered false hope of survival to many. In some places, residential and work registration documents were accompanied by photos.

Some Jews went into hiding and, if that strategy was successful, a person could have spent the entire war period escaping any type of documentation of their existence. While they survived, the lack of documentation posed a problem after the war when these people faced great difficulty proving their victimization for asylum or claims to reparations. But, with rare exceptions, hidden Jews were found in the Nazi's gradually tightening noose and they, and those who had hidden them in attics, barns and underground caves, were often executed with the only documentation, a report by the officer in charge. Jews who joined or tried to join the Polish Partisans in forests were not always welcome, though some did manage to survive in this fashion.

Relatively few Jews from the western portion of Galicia region survived the war. The primary reason for this was that, Belzec, which was set up to kill Jews, not as a labor or concentration camp, was the place where most Jews from that area were taken and killed that same day. This is not to suggest that Galicia's Jews were not transported to labor and centration camps. The city of Krakow had a large concentration camp which housed Jews from that region. This was the camp where Oskar Schindler (Schindler's List) and other industrialists producing material to support the war machine, used Jewish labor. And, near the Polish city of Oswiecim, in the heart of Galicia, was. the site of the concentration camp complex of Auschwitz and, certainly, many Galician Jews ended up working and dying there. Concentration and labor camps maintained records about those who were incarcerated in them.

This chapter will touch on the war's aftermath and the kind of documentation that was generated by the efforts of survivors to leave Europe in the period of 1945 to about 1952.

There are multiple repositories of information about the individuals and families impacted by the war, the most important being the United States Holocaust Memorial Museum and Library (USHMM) in Washington, DC and Yad Vashem in Jerusalem. National archival officials in Poland and Ukraine have supplied both institutions with microfilms of relevant materials. Some of the material has been digitized and can be accessed online, while an in-person visit may be required to view other material of interest. At the home page for each, enter a surname, town or keyword.

Although I have made extensive use of the resources of Yad Vashem and the USHMM, my greater familiarity with the latter has led to a special focus on their holdings. Also, navigating in the Yad Vashem site is difficult.

Additionally, this chapter will discuss the Arolsen Archives of the International Center on Nazi Persecution and how to access their holdings.

Finally, the chapter will close with a more in-depth

examination of the value of *yizkor* books in the context of the Holocaust. Elsewhere, these books were mentioned because of their value in depicting the normal lives of our Galician families.

The United States Holocaust Memorial Museum

Located near the Mall in Washington, DC, this museum includes a research library on the fifth floor that holds a virtually complete collection of yizkor books, other printed material, and a huge collection of microfilmed documents. It is difficult to describe or grasp the breadth of this collection. Currently, you must have an appointment before going. If you are thinking about going, it will be prudent to explore the website and its vast catalogue of holdings and decide on what Record Group(s) you want to research. Working in the reading room is comfortable but you will want to pre-order to prevent a long wait while there.

For people interested in Galicia, it is best to think "Poland" since that was the jurisdiction where Galician towns were in 1939-1945. After the war in Europe ended, Poland's territory in the east became part of Ukraine. Both were part of the Soviet Union.

Although the focus of the collection is, supposedly, on the years of the Holocaust, the Museum's holdings include very important records from the years surrounding World War II. For instance, among the microfilms from the Stanislawow Archives, were applications of Jews for Passports, 1920-1938. Places of origin indicated that applicants were from many places in what had been Galicia.

The Nazi occupiers required Jews to register for purposes of tracking. Some of those registration files are part of the microfilmed collection.

Other Holocaust collections focus on eyewitness accounts of local actions that resulted in deaths. The Claims Conference International Holocaust Documentation Archive is a massive collection of post-war accounts by local residents in towns and cities throughout Nazi-occupied Europe. These accounts were collected in connection with legal claims against the German government. This collection was microfilmed and can be accessed through Yad Vashem and the U.S. Holocaust Museum.

Another type of Holocaust-related material can be categorized as lists. There are many types of lists, some stemming from Nazi requirements for Jews to register, some from local Jewish organizations documenting Jewish residence and deaths. The usefulness of the lists varies widely, depending on the purpose and the time frame of the collection. Some, associated with requirements for residents to work, include photos. Some lists are in the form of census-like documents showing where Jews were living in "ghettos."

For researchers seeking information about family members who were in Lwow after the Nazi occupation, there is a list of 10,000 Jews who died in the Lwów (once Lemberg and now Lviv) ghetto. The list, from the Ukrainian archives in Lviv, was prepared by officials of the Jewish cemetery during 1941–42. It is in chronological order and includes the descendant's age, date of death and residence in Lwów.

Post-War Commissions

Of major importance to those with Galician roots were two commissions investigating Nazi activities, one in Poland and the other in Ukraine. Both Poland and Ukraine created post-war tribunals in similar efforts to document what happened to people and property during the war. The resulting documentation of eyewitness testimony, taken in hundreds of towns, was, subsequently microfilmed.

The names of these commissions in English: 1) Main Commission for the Investigation of Crimes Against the Polish Nation and 2), its counterpart in the Soviet Union, the Extraordinary Commission to Investigate German-Fascist Crimes Committed on Soviet Territory. The latter records are in the Cyrillic alphabet. There was also the Central Historical Commission (CHC) of the Central Committee of Liberated Jews in the United States Zone based in Munich.

The material generated by investigations was microfilmed and films were given to Yad Vashem and the USHMM.

Though Main Commission record are in Polish, names are easy to spot. This author reviewed portions of Record Group 31 covering Ukraine and Record Group 15 for Poland. They are described in some detail below.

An email by Renee Steinig on 26 December 2005 to the Gesher Galicia discussion group, indicated that Extraordinary Commission records cover 180 communities, many of them formerly part of Galicia. She stated that there were 15,000 entries for the district of Stanislawow, now Ivano-Frankivsk.

If you make an appointment with the U.S. Holocaust Memorial Museum to view these films, be sure to provide the Record Group designations. Staff may be able to help with some language issues but you should consider hiring a translator. Staff may be able to steer you to such a person.

Important Record Groups (RG)
The catalog employs the Polish form of town names since the territory was in Poland during World War II.

Ukraine: Record Group 31

RG31.003M. Selected records from what at the time of filming was the L'vov Oblast Archive (1 reel). This reel includes a list of names of about 13,000 Jews, most of whom were men born or resident in Lwów or neighboring towns. These records were created when individuals applied for German passes to leave their ghettos to work in factories and other establishments, in the vain hope that working would prevent their deportation to camps. In most cases, the list provides only names and local addresses.

Fond 24. Records documenting the creation of ghettos on November 25, 1942, in Gródek, Jaworów, Rudki, Szczerzec, Bóbrka, Jaryczów Nowy and Zolkiew; disposition of registers for Jews in Lwów; correspondence; name lists of Jews (including birthplaces and dates from several towns in the vicinity of Lwów), 1942–43.

Fond 31. Order establishing Lwów ghetto, July 22, 1941.

Fond 35. List of Jewish physicians in Lwów.

Fond 37. Population statistics for Gródek Jagielloński, Janów, Jaworów, Sadowa Wiśnia, Rudki, Mosciska and Komarno regions, by community, nationality and Jewish population; Jews employed by Lwów city departments; labor utilization of POWs and Jews in labor camps and ghettos; Jewish workers in city agencies, etc.

Fond 56. Jews employed in Bolechów, Drohobycz, Skole and Brozniów.

Fond 85. Transit permission for Jews employed in Borysław and insurance matters for Jews working for German firms in Lwów.

Fonds 2042 and 1951. Records from the Drohobycz city administration.

Fond 1952. Material about Stryy and more transit passes for Jews in Drohobycz; work permits for Jews in Skole.

RG31.005*01. Records relating to Ukrainian Jews in Lwów.

Poland: Record Group 15

RG15.003M. Records of the Office of the Gouvernment Kommissar for the Productivity of the Jewish Population (3 reels).

RG15.008M. Records of German occupation, 1939–45 (8 reels).

RG15.010M. Records of the Institut fur Deutsche Ostarbeit in Kraków. Numerous charts are included that list surnames extracted from birth records dating 1777–1943, with the number of persons with those surnames for either every year, or, in some cases, every 10 years. Examples, for the town of Biecz, the following surnames were listed:

> Gotfried, Kraus, Guter, Furst, First, Heller, Horn, Mayer, Muller, Rajman, Salamon, Saidel, Zaydel, Wolff and Schindler.

RG15.019M. Court inquiries about executions and graves in various places in Poland. This record group is composed of questionnaires generated in 1945. Entirely in Polish, they document the knowledge of Poles and Ukrainians about the executions and mass killings of Jews and others. One item specifically seeks to identify, by ethnic group, those who had been victimized. Some of the questionnaires name individuals; others estimate the number killed in the action described. Where mass killings took place in cemeteries and elsewhere, the number of dead was estimated. Within each district, small towns are listed alphabetically. Not surprisingly, most of the individuals mentioned by name were not Jewish. When Jews are mentioned, some information is usually given beyond the name, such as age, occupation, and circumstances surrounding the person's death.

A number of reels are of significance to Jews, but considerable effort is needed to extract the relevant information. Reels 3, 4, 10, 11, 14, 15 and 17 seem most pertinent.

Reel 3. Sections 8 and 9 focus on <u>Kraków</u> and the surrounding district, including the towns of: Bochnia, Biała Krakowska, Brzesko, Chrzanów, Dąbrowa Tarnowska, Limanowa and Miechów.

Reel 4. Continues with Section 9 communities;
Section 10: districts of Myślenice, Nowy Sącz and Nowy Targ;
Section 11: districts of Olkusz, Tarnów, Wadowice and Żywiec.

Reel 10. Section 33: districts of Rzeszów, Brzozów, Dębica, Gorlice and Jarosław; Section 34: districts of Jasło, Kolbuszowa, Krosno, Lesko and Lubaczów.

<u>Examples of Records from Reel 10</u>
On Reel 10, there are some inquiries about Jewish deaths

in towns in the Rzeszów area. Mentioned as having died in one incident in Dukla: Helena Zajdel, David, Josef and Jakob Krill; Jankiel and Israel Altholz; Benek Scherer; Moses Zehngut, age 48; Naftali Stein, age 32; Feitel Stein, Isak Gutwirt; Israel and Tyla Fries; ? Zimerspitz; Majer Hechtschrifen; Chaim Spira.

In nearby Nadole, Abraham and Herz Hendler, David Blechner and Josef Maum (?) were mentioned. There were also names from other towns in the vicinity. There were numerous lists of Jews with names, ages and occupations for towns around Lubaczów, including Oleszyce. One page included photos of three Grief men and Aba Engel from Oleszyce.

A questionnaire from a Łancut court documented the deaths of Wachs family members along with members of the Stein, Haftel, Leiberman, Gross, Blumenfeld and Turkenkopf families. On the other hand, questionnaires from many towns merely noted the approximate numbers of Jews killed in various *Actions*.

Another type of record on this reel charts the surnames of people born in various towns from 1777 to 1942, listing the number of individuals with each surname.

RG15.020M: Selected records from the Polish State Archive in Tarnów (11 reels).

RG03.017*01 (flat file, drawer 1) consists of paper records relating to Jews from Mielnica.

RG15.024M: Records of Deutsche Strafanstalt Reichshof (German Prison in Rzeszów) and other prisons in the area, including Tarnów, Nowy Wiśnicz, Kraków and Jasło. Included are lists of Jews held in the Rzeszów prison (17 reels).

Examples of Records from Reel 11

Reel 11. Section 35: districts of Łancut, Mielec and Nisko; Section 36: districts of Przemyśl, Przeworsk, and Rzeszów; Section 37: districts of Sanok and Tarnobrzeg. Looking more closely at the potential value of the information that might be found among the materials, the following names were mentioned. A *powiat* is similar to a district or a county.

Łancut powiat (district):

From one questionnaire: Symcha Safier; Izrael Wegier; Markus Weinberg; Golda Goldman; ? Kornblau; ? Mendel; Fass from Wysoka; Besenstock from Łancut; Weissman, age 60; Maria Wolkenfeld; Josef and Moses Fenig; Lazar Kestcher; Izrael Anmuth; Mendel Feuer; Moses Sauer; Maier Rozmarin and wife; Sara and Frimet Wurm; Kalman Walkenfeld and wife; Feiga Schwanenfeld and three children; Feiga Rosenfeld and two children; Boruch Reichard, his wife, Mala, and daughter Elka; Mira Low, Szulem Low and two children; Serl Speigel; Chana and Scheindel Rosenfeld.

In another questionnaire: Josef Kanner, age 45; Mendel Lindenbaum, age 30; N. Bitner, age 40; Majlech Lorberbaum, age 22; Mojszes Lorberbaum, age 24; N. Cuker, age 26 from Sarzyna near Rudnik.

Żołynia: ? Weiss, Isak Schuck, Joel Felter and wife.

Mielec powiat:

Borowa: Moses Hirschfeld; Abraham Horowitz; Moses Birnbaum, his wife and three children; David Kupperman; Haskiel Bluth; Jakub Kass; Pinkas and Aron Spialter; Jakub and Markus Horn; Wolf and Joachim Storch; Isaak Klagsburn and wife; Abraham Storch; Leib Grun and wife; Moses Weiser, wife and three children; Josef Storch, wife and 3 children; Kahl family.

Czernia: Mendel Mebsinger (one born 1910, the other born 1912); Raiza Gross, age 60; Matylda Gross, age 35; Hersch Braw, age 60, his wife, age 30; daughter, 15; and son, 12; Leib Kornbluth, age 40, and Cyla Kornbluth, age 60.

Przeclaw: Jakob Jam; April Manes; Male Kopel; Fiege Silber.

Nisko powiat: Josef Rothbard, born 1894; wife, born 1903; Markus and Yenta Krell.

Przemyśl powiat:

Dubiecko: List of 80 people, mostly Jews, killed in Dubiecko, though many came from other communities in the vicinity, including Drohobycz, Kańczuga, Jawornik Polski, Iskan, Hucisko, Nienadowa. Surnames include Frieder, Rubinfeld, Lamper, Ringel, Hofner, Pechter, Kanner, Meller, Eisbart, Unger, Herfenist, Grudzewski, Domb, Baruch, Binder, Zeichner, Jaworniker, Gluksman and Tewel.

Nienadowa, suburb of Dubiecko: Natan Unger, age 16; Etla Glucksman, age 61; Zeiger Gluksman, age 24; Markus Harfenist and numerous other Harfenist family members. Schimmel, Jaworniker, Adler and Hofner.

Mentioned on the following pages: page 490: Sara and Isak Knoller; page 491: Samuel Landau and Jozef Schimmel; page 492: Aron, Sara and David Domb; Natan Meller; page 493: Simche Tisser, Samuel Strassler, N. and N. Dornbusch; page 495: Moses Harfenist; page 497: Leidner;

Przeworsk powiat:

Krzywcza: Rosner, Chaja Hersch; Aron and Srul Freifeld; David Wassner; Mendel and Jankiel Pelner; Moses Fast; Chaim Grumet.

Orzechowice: page 501: Samuel Ehrenfreund.

Rybotycze: David Rubenfeld, age 56; Moses Amster, age 60; Moses Rubenfeld, age 45; Michael Rubenfeld, age 58; Simche ?; Leib Dank.

Kańczuga: Page 514: Berko Adler, age 43; Juda Harfenist, age 40; Jankiel Nadel, age 45; Hana Nadel, age 40; Josek Hoch, age 40, and Brandel ?, age 40.

Frysztak: Chune Wolf Zanger, Josef Puderbeitel and Berisch Schlesinger.

Markowa: Gartenhaus family: Kaila, age 38; Szmuel, age 20; Ryfka, age 17; Szmuel, age 15; Jankiel, age 13. Several additional lists.

Jawornik Polski: Page 594: Springer family; Chaje Blau, age 50; Jacob Spitz, age 88; Leib Chiel, age 84; Chaskiel Speigel, age 60; Chaya and ? Speigel; Daniel Gerstler, age 50; Chaja Beck, age 48.

Strzyżów: page 635: David Leiberman, b. August 1, 1884; Dr. Franciszek Rosenthal recte Koppleman, attorney, b. 1894; Samuel Zeinwel Grunblatt, b. June 18, 1893; Samul Grosskopf, b. May 6, 1872; Jakub Rosen, b. July 25, 1892; Moses Scheffler, b. December 6, 1877; Pinkas Klein, b. June 7, 1886; Chaim Salamon Flaumenhaft, b. May 21, 1884.

Kolaczyce: page 636: Nates Stern.

Bukowsko: page 661: 100 Jews listed.

Rzeszów powiat:

Błazowa on page 535 describes a 1943 incident in this small town that resulted the deaths of 23 Jews. Those named: Mayer Spiss, age 45, a rabbi; Baruch Wiesenfeld, age 65, merchant; Leib Sturm, age 43, merchant; Moses Katz, age 48, merchant; Ruchel Weiss, age 33, merchant; Leib Leinhard, age 25, merchant; Symcha Heischuber, age 41; Moses Steppel, age 18; Kelman Wang, age 46; Efroim Sturm, age 39; Berl Horstein, age 45. Fourteen others were killed but 2 were from Kalisz and the names of 12 others were unknown.

Rymanów on page 679: Hersch and Ester Pinkas; Josef and Dora Morchower; Ruchel Singer; Abraham and Moses Wolf; Markus Stoff and wife; Eisig Bobik; Jozel Sponder; Isaak Schamroth.

Szczawne on page 690: families Kresch, Kornreich, Fall, Kessler, Feibus, Kiern and Symchowitz.

Bażanówka on page 692: Henia Diller, b. 1922; Gizella Diller, b. 1927.

Jacmierz on page 696: Abraham Wilner, b. 1876; Isela Sturm, b. 1910; Leon Sturm, b. 1938; Henie Sturm, b. 1939; Josef Brand, b. 1904; Abraham Spira, b. 1914; Regina Spira, b. 1919.

Zarszyn on page790: ? Wilner, b. 1902; David Goldstend, b. 193?; Moses Goldstend, b. 1932; Ruchel Brand, b. 1940; Aron, Golda and Isak Strenger.

> Reel 14. Section 48: Kraków; Section 48a: Myślenice, Nowy Sącz, Nowy Targ, Olkusz, Tarnów, Wadowice and Żywiec.
> Reel 15. Continuation of reel 14.
> Reel 17. Section 58: the same districts as Reel 10.

Arolsen Archives: International Center on Nazi Persecution

After the war, survivors had very limited choices for resuming their interrupted lives. Many returned to their places of origin to find relatives and acquaintances only to find neither and that their former homes were occupied by new residents. There are many accounts of how survivors were greeted by local residents with hostility or, even, violence. For most survivors, it was evident that finding safety and a promising future would require leaving Europe. The resulting responses to the crisis generated documentation.

As people came out of hiding and the camps, they began to encounter other survivors with whom they shared tidbits of information. Before long, survivors learned that the International Red Cross had set up registration stations in cities throughout Europe to help people find one another. To continue this effort, the International Red Cross set up the International Tracing Service.

With thousands of survivors roaming from place to place with no access to shelter, clothing or food, military officials became aware that the overwhelming majority of those desperate and displaced people could not return to their former places of residence, as was initially expected. U.S. military personnel began setting up shelter operations in former labor and concentration camps (still ringed with barbed wire). Survivor accounts depict these places in stark terms. They were run in bureaucratic military style with rules and regulations that reflected a lack of compassion and comprehension of what the survivors had been through. Meant to be temporary respite, these Displace Persons (DP) camps became the "homes" of survivors who chose to stay in them while military and ITS staff sorted out where people wanted to go and were able to go from there. Eventually, public pressure in the United States brought the barbed wire down, but many survivors were stuck in these camps for years.

Although Palestine was the preferred destination for most survivors, Great Britain had sharply limited the number of refugees who could go there legally. This meant that survivors were left with limited options as they sought to go anywhere that would accept them. This situation generated documentation in the form of applications for permission to emigrate, accompanied by various types of documentation, much of it of genealogical interest.

The many types of documents associated with the survivors became part of the vast International Tracing Service (ITS) collection.

By the early 1950s, most survivors had resettled somewhere and the camps had emptied out. The records were gathered and placed, with extremely restrictive public access, in Arolsen, Germany for many years. The rationale for these restrictions was to protect the privacy of those cited in the documents but, in reality, the policy prevented people from being found and supported by family members. The documents could have offered useful information to those searching for survivors, particularly that they had survived and where they settled.

International pressure finally prompted a release of the material to the USHMM and Yad Vashem. The records were difficult to use because they hadn't been organized to facilitate public access. Finding material of interest required expert assistance from staff. Fortunately, the documents have been digitized and the website for the Arolsen Archives is fairly user-friendly. It takes a bit of ingenuity to figure out how to navigate.

When you are ready to begin a search, begin with a surname, and, if known, a given name. The filters include religion but documents don't necessarily include that information.

What are you likely to find? The survivors had to provide evidence that they were eligible for asylum due to persecution and comply with the rules and requirements for each country to which they applied. Documentation included prison/camp lists, transport lists, and other direct evidence of detention and maltreatment. There are some proof-of-identity documents, such as birth, marriage, other family-records, school records and other types of "proof of identity" materials became part of the record. Sometimes applicants provided written accounts of where they had been during the war.

Yizkor Books

Although many Jews who survived the Holocaust chose to be silent for decades about their experiences during that period, there are now hundreds, perhaps, thousands, of published memoirs and oral testimonies documenting these experiences.

Yizkor books and memoirs offer compelling accounts of experiences during the Holocaust. Since most *yizkor* books are focused on a town or region, they convey accounts of what happened to others as well as themselves. Virtually all of these books also include the general and specific Jewish history of the place or local region, articles by survivors describing memories of events, people, school experiences and other aspects of their daily lives. Most books include photos, lists of inhabitants, names and addresses of known survivors, census data, and so on. Holocaust museum bookstores carry selections of memoirs and a search online can highlight books in print.

Many *yizkor* books can be read online on JewishGen in the *Yizkor* Book Project section, as well as GenealogyInder.org. Other sources are the United States Holocaust Memorial Museum, Yad Vashem, the New York Public Library, YIVO, Holocaust Memorial Museums in many cities in the U.S. and elsewhere. Although most yizkor books in their original form are no longer in print, readers can search online to see if a book of interest is being offered by specialized book dealers or private owners.

Michael Berenbaum has been associated as a staff member of or a consultant to the United States Holocaust Museum since it was an idea. In 1993, he put together a remarkable volume, *The World Must Know*, using the Museum's vast photographic and documentary resources. It was published by Little Brown and Company.

Another highly recommended book, previously referenced, includes articles from *yizkor* books that present examples of daily life, personal experiences that illustrate and document what happened in their towns, and what happened to them and their family and friends. The 2nd expanded edition of the book, *From a Ruined Garden: The Memorial Books of Polish Jewry*, was published in 1998 by Indiana University Press in association with the United States Holocaust Memorial Museum. Jack Kugelmass and Jonathan Boyarin edited the book and Zachary Baker created the bibliography and geographical index.

Though the book listed all known yizkor books for Polish places, in the years since 1998, many additional books have been published. For more current information, the Yizkor Book Project site or its Coordinator can be of assistance. At this writing, Lance Ackerfeld is the Project's Coordinator.

Jan Grabowski spent years researching a documenting what happened to the Jewish population of Dabrowa Tarnowska, a rural county, once in Galicia and now in Poland in 1939-1942. The result was a deeply disturbing account titled, *Hunt for the Jews*. The title reflects a phrase used by the Nazi occupiers to motivate non-Jewish residents to locate Jews. Published in 2013 by Indiana University Press, the author interviewed local residents and dug deeply into archival resources to demonstrate how the local population in just this one small area was complicit in aiding the Nazis. The book angered the Polish government that was, then, attempting to portray Poles as equal victims to Jews at the hands of the Nazis. A law, since rescinded, was passed, banning public discussion of Poles as persecutors.

January 1940: Radiogram

Victor Low of Hanover, New Hampshire, contributed the above Radiogram. Low's father, Sol Low, was born in Sędziszów, near Kraków, in 1895. After emigrating to the United States in 1910, Sol Low became an active member of the *Ershte Shendishover Galitzianer Chevrah*, a *landsmanschaftn*.

The preamble to the *landsmanschaftn's* statement of purpose said, *"The goal of the society is to maintain the spirit of fraternity ... That ideal is to be kept alive among the younger generation born in this land and an attempt must be made to plant in them an awareness of our origins"* (translated by Irving Howe).

Victor Low wrote, "With the rise of Fascism in Europe at the turn of the 1930s, Dad founded and became president of the United Galician Jews of America. By the late 1930s, it had some 80,000 members, who twice sent him to investigate the prospects of Galician Jews. On his second return, he urged the delegates to the annual convention to empty the organization's coffers and their own pockets and rescue as many Galitzianers as still could be saved from the gathering Holocaust. He was viewed as an alarmist, voted down and resigned to become an active Zionist.

Dad died in 1959 and Mom lived on until 1982. Among the memorabilia she left is an RCA radiogram sent to my folks by Dr. Abraham Silberschein, a Polish Jew and an ex-member of the Polish Parliament. Datelined Geneva, January 3, 1940, it said:

> *"Two hundred persons released by our action from co-camp leaving next German. Among them [20 names given]. Passage deposed here by American relatives. Information relatives but not papers. Other names follow. Accelerate action. Danger. Needing urgently passage for 350 other Polish Jews in co-camp and Western Galicia."*

When I read this in 1983, I asked, 'Why not inform the papers?' The answer was self-given. A majority of Americans polled in that decade were anti-Semitic and were hostile or indifferent to the chief future victims of the Germans. And almost all Polish Jews stayed home rather than heed the rare voices prophesying a systematic destruction of them if they failed to seek refuge—or failed to find it, as so often occurred—outside of Poland."

APPENDIX A

Pronouncing and Recognizing Your Polish Town and Family Names
by Fay Vogel Bussgang[11]

One could then recognize that "Brzeziny" and "w Brzezinach" refer to the same town but that "Brzeżany" is something totally different. A guide to Polish pronunciation and basic rules of Polish grammar relevant to genealogical research are presented below.

Polish Pronunciation Guide

The following guide gives the essentials for learning to sound out family or town names. When you practice, go slowly, sound all the letters, and put the accent on the next to last syllable.

a	short ah	ha! ha!	Kraków, Radom
ą*	on [om before b/p]	song [trombone]	Nowy Sącz, [Dąbrowa]
e	eh	bet	Mazowiecki, Przemyśl
ę*	en [em before b/p]	Bengal [hemp]	Będzin, [Dębicy]

---

[1] © 1998, Fay Vogel Bussgang

i	ee	feet	Katowice, Wieliczka
o	o	bought	Drohobycz, Horodenka
ó/u	oo/u (or, see below)	boot, flute	Jelenia Góra, Lublin, Kuźnica
ó/u	short oo/u	book, put	Łódź, Lwów, Kraków
y	short i	fit	Gdynia, Drohobycz
c	ts	eats	Katowice, Kielce, Płock, Siedlce
ć/ci	ch (softened)	cello/cheat	Chęciny, Ciechanów, Tykocin
cz	ch	church	Łowicz, Wieliczka
ch/h	h (aspirated)	Helen	Chęciny, Chelm, Częstochowa
dz	ds	suds	Dzbanów, Radzanów
dzi	dgy	fudgy	Będzin, Działoszyce, Radziejów
j	y	year	Jarosław, Kolomyja, Radziejów
ł	w	wood	Łódź, Białystok, Wrocław
ń	nn	onion	Gdańsk, Poznań,

			Toruń
prz	psh	pshah!	Przedbórz, Przemyśl
r	r (rolled)	rrroar!	Radom, Rawa Ruska
ś/si	sh (softened)	sh!	Przemyśl, Siedlce, Śląsk
sz	sh	shop	Kalisz, Kolbuszowa
szcz	shch	sh children	Bydogoszcz, Szczecin
w	v	van	Lwów, Warszawa, Wrocław
ź/zi	zh (softened)	cashmere	Kuźnica, Zielona Góra
ż/rz	zh	vision	Łomża, Rzeszów, rychlin

*   ą and ę are nasalized before s, ś, sz, rz, z, ż, ź, f, w, ch; ą is also nasalized at the end of a word. In these instances, such as in Śląsk or Częstochowa, there is no n or m sound after the ą or ę.

Beware: The **final consonant** of a word is **unvoiced**, that is, the larynx (voice box) is not used in craeting the sound. The following letters change to their unvoiced counterpart: b"p, d"t, g"k, w"f, z"ś, ź"s, dz"c, dź"ć, rz/ż"sz, dż"cz. Therefore Kraków sounds like "Krakoof," and Brzeg, sounds like "Bzhek."

Rules of Polish Grammar Useful for Genealogists

Even if you cannot translate a Polish document, understanding the most common forms of the names of people and towns will help you determine if a person or place of interest to you is mentioned in the document.

There are three important concepts to note in learning the Polish language that may be new to English-language speakers: case, gender, and stem. Each of these, explained below, as well as whether the noun is singular or plural, influences the ending (suffix) of the noun.

The *case* of a noun indicates its function in a sentence; it shows whether the noun is the subject, the direct or indirect object or is in a prepositional phrase. There are seven different cases in Polish, but only those commonly seen in genealogical research are described below: nominative, genitive, instrumental (used mainly in marriage documents) and locative. Table A2 gives examples of town named in the most frequently encountered cases.

Town names, like other nouns in Polish, come in different varieties; they have *gender* (feminine, masculine or neuter), and some are even plural.

The *stem* is the basically unchangeable part of a word to which endings are added. The stem is termed soft, velar or hard, depending on the pronunciation of its last letter.

This may sound confusing, but it will make more sense as you go along. It is not necessary to learn all the grammar presented here. Try to get a general understanding of the concepts and then write down the endings that apply to your particular town and family names and become familiar with them.

Nominative Case

The nominative case is used to denote the subject of a sentence. The name of a town or person in the nominative case is spelled as you commonly know it: Płock, Radom, Glasman.

Genitive Case

The genitive case denotes "of" or possession, follows certain prepositions, or is the direct object after a negative verb. In vital records, the genitive is most often used following *z/ze* (from) to identify the town someone is from, as in z Krakowa, and to indicate maiden name, as in z Bussgangów (literally, from the Bussgangs).

Forming the Genitive Case from the Nominative for Town Names

Feminine town names usually end in *a* in the nominative case: Warszawa, Warta, Horodenka. (A few towns ending in double consonants or ew are also feminine: Bydgoszcz, Łódź, Żółkiew.) The genitive ending for all feminine towns is y or i: Warszawy, Warty, Horodenki, Bydgoszczy, Łodzi, Żółkwi. (Note that ie before a final letter, as in Żółkiew, is dropped in the genitive case before the ending is added.

Masculine town names end in a consonant in the nominative: Lwów, Gdańsk, Płock, Włocławek. The genitive ending is *a* or u for towns with masculine names:

The genitive of most Polish masculine town names is formed by adding *a* at the end: Lwowa, Gdańska, Płocka, Włocławka Note that e before a final letter is dropped before the genitive ending is added.

If the town name ends in a soft consonant such as ń or a hidden softening (which you learn by usage), ia is added: Poznań" Poznania; Radom"Radomia; Wrocław"Wrocławia.

Most foreign cities and a few Polish towns have the ending *u*: Londynu, Bostonu, Tarnobrzegu, Żmigrodu.

Neuter town names end in o or sometimes e in the nominative: Brzesko, Radomsko, Opole. Neuter town names form the genitive by adding a to the stem: Brzeska, Radomska, Opola.

Plural town names end in *y*, i, and with a few exceptions, e, in the nominative: Chęciny, Suwałki, Działoszyce, Katowice. To form the genitive, the final letter is dropped to form Chęcin, Suwałek, Działoszyc, Katowic. (If the word thus formed ends in two consonants that make pronunciation difficult, an e is often added before the final letter to separate the two consonants, as in Suwałek.)

Forming the Genitive Case from the Nominative for Women's

Surnames

To indicate the maiden name of a married woman, the genitive plural is used after z/ze. The usual genetive plural ending is ów: Bussgang"z Bussgangów; Spiro"ze Spirów. If the name ends in cka/ska (feminine of names ending in cki/ski), the ending is ich: Sawicka"z Sawickich, Kowalska"z Kowalskich. To indicate that a woman is unmarried, ówna is added to her surname in the nominative, ównej in the genitive: Glasman"Glasmanówna/Glasmanównej (Miss Glasman). To indicate a woman is married, owa is added in the nominative or owej in the genitive to her husband's surname: Glasmanowa/Glasmanowej (Mrs. Glasman).

Instrumental Case

In general, the instrumental case is used to show with whom or by what means something is done. In a marriage record, it may be used for the groom who appears *with* the Rabbi. It is formed simply by adding em for a man (to both first and last names or just to the first name): Szmuel Kron"wraz ze (together with) Szmuelem Kronem. For names ending in cki/ski, the ending is m: Aron Laski"z Aronem Laskim.[2][3] The instrumental case is also used after "między" (between) to indicate an agreement between the bride and groom. For a woman, ą is added to the stem of her first name (Ruchla"Ruchlą): między Aronem Laskim i Ruchlą Wolf, also to the surname of the ówna form is used: Ruchlą Wolfówną.

Locative Case

The locative case, which tells where something is located, is used only after certain prepositions, the most common in vital records being w/we (in).[3][4] The rules for forming the locative

---

[2] The word ze is used instead of z to indicate "from" or "with" when the word following it begins with a cluster of consonants which would make it difficult to pronounce without the added e. This is why the instrumental ze is used before Szmuel, but only z is used before Aron.

[3] For the same reason, we is used instead of w. Therefore, it is

seem very complicated, because there are changes in the stem of the word, not just the ending. If you go through your list of towns one by one and apply the rules, however, it should not be too difficult. First, you must determine the gender of the name and also its type of stem (hard, velar, soft).

Hard stems. If the last consonant of the word is hard, regardless of gender, it must be softened and then an e ending is added.

Hard stems ending is *p*, *b*, *f*, *w*, *m*, *n*, *s* and *z* are softened by adding *i* before the *e* ending: Warszawa"w Warszawie; Kraków"w Krakowie; Chełmno"w Chełmnie; Lublin"w Lublinie.

Stem endings *t*, *d*, *r*, and *ł* are softened according to the following pattern before adding *e*: t"ci, d"dzi, r"rz, ł"l: Łańcut"w Łańcucie; Rajgród"w Rajgrodzie; Zielona Góra"w Zielonej Górze.

Velar stems. The final consonant of a velar stem has a gutteral sound (k, g, ch).

Feminine nouns soften velar stems (*k*"c, *g*"dz, *ch*"sz) before adding an *e* ending: Horodenka"w Horodence; Struga"w Strudze; Bierwicha"w Bierwisze.

Masculine and neuter names with velar stems simply add *u* to the stem: Płock"w Płocku; Przemyśl"w Przemyślu; Tarnobrzeg"w Tarnobrzegu; Włocławek"w Włocławku (drop *e* before final *k*); Radomsko"w Radomsku.

Soft stems. Soft stems end with the consonants *i*, *j*, *l*, *c*, *ć*, *cz*, *ś*, *sz*, *ź*, *ż*, *rz*)

Feminine names ending in *ia* or with a soft stem add *i* or *y* to the stem: Bochnia"w Bochni, Łódź"w Łodzi, Bydgoszcz"w Bydgoszczy, Dębica"w Dębicy.

Masculine and neuter names ending in a soft stem

---

we Lwowie, but w Warszawie. However, what we think would be difficult may not necessarily be what Poles consider difficult. We might want we before Przemyśl, but they don't consider the Prze sound to cause any problems!! Thus, it is w Przemyślu.

consonant add *u* to the stem: Drohobycz"w Drohobyczu; Mielec"w Mielcu; Opole"w Opolu; Zgierz"w Zgierzu.

Plural names of towns all form the locative case by adding *ach* to the stem: Brzeziny"w Brzezinach; Katowice"w Katowicach; Chęciny"w Chęcinach; Suwałki"w Suwałkach.

Table A1. Sample Declensions of Town Names (Arranged by Type of Stem)

Fem hard stem	Warszawa	Warszawy	Warszawie
Fem hard stem	Indura	Indury	Indurze
Fem velar stem	Wieliczka	Wieliczki	Wieliczce
Fem soft stem	Dębica	Dębicy	Dębicy
Fem soft stem	Łomża	Łomży	Łomży
Fem soft stem	Kołomyja	Kołomyji	Kołomyji
Fem soft stem	Łódź	Łodzi	Łodzi
Masc hard stem	Kraków	Krakowa	Krakowie
Masc hard stem	Lublin	Lublina	Lublinie
Masc hard stem	Żmigród	Żmigrodu*	Żmigrodzie
Masc velar stem	Gdańsk	Gdańska	Gdańsku
Masc velar stem	Chmielnik	Chmielnika	Chmielniku
Masc velar stem	Tarnobrzeg	Tarnobrzegu*	Tarnobrzegu
Masc soft stem (hidden)	Jarosław	Jarosława	Jarosławiu
Masc soft stem (hidden)	Radom	Radomia	Radomiu
Masc soft stem	Mielec	Mielca	Mielcu

Masc soft stem	Lubraniec	Lubrańca	Lubrańcu
Masc soft stem	Zamość	Zamościa	Zamościu
Masc soft stem	Tarnopol	Tarnopola	Tarnopolu
Neut hard stem	Grodno	Grodna	Grodnie
Neut velar stem	Radomsko	Radomska	Radomsku
Neut soft stem	Opole	Opola	Opolu
Plural	Chęciny	Chęcin	Chęcinach
Plural	Katowice	Katowic	Katowicach
Plural	Kielce	Kielc	Kielcach
Plural	Suwałki	Suwałek	Suwałkach

For towns with compound names—composed of a noun plus a modifier—the nouns follow the rules above, but the adjectives, such as Nowy (new), Zielona (green), or Mazowiecki (in Mazowiecki region), however, follow the rules for adjectival endings, depending on gender, case, and number. Adjectival endings are underlined in the compound names below to show the pattern of the endings.

Table A2. Declention of Adjectives Associated With Town Names

Zielona (f)	Zielona Góra	z Zielonej Góry	w Zielonej Górze
Zduńska (f)	Zduńska Wola	ze Zduńskiej Woli	w Zduńskiej Woli
Mazowiecka (f)	Rawa	z Rawy	w Rawie

		Mazowiecka	Mazowieckiej	Mazowieckiej
Mazowiecki (m)		Mińsk Mazowiecki	z Mińska Mazowieckiego	w Mińsku Mazowieckim
Nowy (m)		Nowy Sącz	z Nowego Sącza	w Nowym Sączu
Nowe (n)		Nowe Miasto	z Nowego Miasta	w Nowym Mieście
Biały (m)		Białystok	z Białegostoku	w Białymstoku

[Białystok (m) is treated like a compound word made up of *Biały* (white) and stok (slope).]

APPENDIX B:

Polish Date and Number Styles

You will encounter Polish date styles in vital and other records. To those unfamiliar with the forms of the Polish language, this can be challenging. Dates and, indeed, numbers sometimes appear written out in Polish. In other words, instead of writing a number such as 1899, you might encounter, in Polish, "one thousand eight hundred ninety-nine." Judith Frazin's book, *A Translation Guide to 19th Century Polish-Language Civil-Registration Documents*, includes a list of numbers to help translate records with examples of how to read them. The following chart was adapted from Frazin's 2009 book.

Dates follow the European style with the day first, the month next and then the year, as in 2 November 1997. Months in Polish are as follows:

January: Styczen (Stycznia)	May: Maj (Maja)	September: Wrzesien (września)
February: Luty (Lutego)	June: Czerwiec (czerwca)	October: Pazdziernik (Października)
March: Marzec (marca)	July: Lipec (Lipca)	November: Listopad (Listopada)
April: Kwiecien (Kwietnia)	August: Sierpien (sierpnia)	December: Grudzien (Grudnia)

Forms were often printed with both German and Polish terms and it may be easier to grasp the German. German and English names for months are very similar. You may encounter

Roman numerals. For those who are unfamiliar with them:

I: one
II: two
III: three
IV: four
V: five
VI: six
VII: seven
VIII: eight
IX: nine
X: ten
XI: eleven
And so on.

Numbers in Polish can be expressed in Arabic numerals (1, 2, 3) or in words. You will need specialized help to translate the words.

The 3rd Edition of Frazin's book is still available online at this writing. The book is currently selling for $41, including shipping and handling. Access the order form by entering her name into your search engine. The samples of vital records in the book pertain only to the narrative form of records used in the part of Poland that was taken by Russia, but the rest of the book will be a handy guide for other purposes. The book is extremely well organized with topical and subject indexes to facilitate finding the translation to words and phrases commonly found in vital records, including those for occupations, causes of death, as well as time.

Consider that, in addition to being useful for interpreting Polish words in vital records, words and phrases commonly found in notary records are in the book, as well.

APPENDIX C

The Galician Gazetteer: Galician Towns Where Jews Lived in 1877

The 1875 Austrian law governing the collection and maintenance of vital records is described in Chapter 2. The 1877 regulations, entitled *Fuhrung der Geburts-, Ehe- und Sterbematrikeln fur die Israeliten in Galizien*, set forth the procedures for administering the law. The regulations manual included a list of towns where Jews were known to live in the 1870 census, and the Gemeinde administrative districts and subdistricts to which each town was assigned. Those regulations, for the first time, assigned the Jewish community the right and responsibility for recording and maintaining its own registers of all births, civil marriages and deaths.

A word about Jewish, as opposed to judicial and parish districts and subdistricts. Austria had broken each of its territories into judicial districts for the purpose of assigning court personnel to administer civil and criminal justice. Austria also created Catholic and Jewish districts.

I believe that this Revised Edition captures all of the towns omitted from the 1877 publication in earlier versions.

Chapter 2 summarizes the complete list of the 1877 administrative districts with information about whether the town is in current-day Poland (POL) or Ukraine (UKR). Between 1877-1918, many factors prompted revisions to both the number of districts and their boundaries. For research purposes, knowing the *powiat* as it was before World War I is more important: Lwow, Krakow, Stanislawow or Tarnopol.

Town	Main District	Subdistrict
Abramowice	Limanowa	Limanowa

Adamierz	Dąbrowa	Dąbrowa
Adamówka	Jarosław	Sienawa
Adamy	Kam. Strumiłowa	Busk
Adzary	Dąbrowa	Dąbrowa
Agatówka	Tarnobrzeg	Rozwadów
Akreszory	Kossów	Pistyn
Albigówa	Łańcut	Łańcut
Albinówka	Śniatyn	Zabłotów
Alfredówka	Przemyślany	Gliniany
Alfredówka	Tarnobrzeg	Tarnobrzeg
Alwernia	Chrzanów	Chrzanów
Andryanów	Rudki	Komarno
Andrychów	Wadowice	Andrychów
Andrzejówka	Nowy Sącz	Muszyna
Andrzejówka	Sokal	Tartaków
Anielówka	Tarnopol	Tarnopol
Anielówka	Zaleszczyki	Tłuste
Annaberg	Stryj	Skole
Antonin	Kam. Strumiłowa	Radziechów
Antoniów	Tarnobrzeg	Radomyśl
Antonów	Czortków	Jagielnica
Antonówka	Tłumacz	Niźniów
Arlamów	Bircza	Dobromil
Arlamowska	Mościska	Mościska
Armanice	Przemyśl	Niżankowice
Artasów	Zolkiew	Kulików
Artyszczów	Gródek	Gródek
Augustówka	Brzeżany	Kozowa
Babcze	Borhodczany	Sołotwina
Babianka	Tłumacz	Ottynia
Babica	Rzeszów	Czudec
Babice	Biała	Oświęcim
Babice	Chrzanów	Chrzanów
Babice	Przemyśl	Krzywcza
Babice	Wadowice	Wadowice
Babin	Kalusz	Wojnilów
Babin	Kam. Strumiłowa	Chołojów
Babin	Kossów	Kossów
Babina	Sambor	Sambor
Babińce	Rohatyń	Rohatyń
Babińce	Sokal	Sokal

Babińce ad Krzywcze	Borszczów	Mielnica
Babińce ad Dżwinogród	Borszczów	Mielnica
Babuchów	Rohatyń	Rohatyń
Babule	Mielec	Mielec
Bachlówa	Lisko	Lisko
Bachórz	Brzozów	Dynów
Bachórze	Przemyśl	Dubiecko
Bachów	Przemyśl	Krzywcza
Bachówice	Wadowice	Wadowice
Bacza	Nowy Sącz	Łabowa
Baczal Dolna	Jasło	Jasło
Baczałka	Pilzno	Brzostek
Baczów	Przemyślany	Przemyślany
Baczyn	Wadowice	Kalwarya
Baczyna	Staremiasto	Staremiasto
Bagienica	Dąbrowa	Dąbrowa
Bajdy	Krosno	Dukla
Bajkowce	Tarnopol	Tarnopol
Bajowice	Mościska	Hussaków
Bakowce	Bóbrka	Strzeliska Nowe
Bakowe	Tarnobrzeg	Rozwadów
Bakowice	Staremiasto	Chyrów
Bałahorówka	Horodenka	Obertyn
Bałazówka	Limanowa	Limanowa
Balice	Mościska	Hussaków
Balicze Podrozne	Żydachów	Żurawno
Balicze Pogórne	Żydachów	Żurawno
Baligród	Lisko	Baligród
Balin	Chrzanów	Chrzanów
Balińce	Kołomea	Gwozdziec
Balnica	Lisko	Wola Michowa
Bałucianka	Sanok	Rymanów
Bandrów	Lisko	Ustrzyki Dolne
Bandrów Narodowy	Lisko	Ustrzyki Dolne
Bania	Kalusz	Kalusz
Bania	Kołomea	Jabłonów
Bania Kotowska	Drohobycz	Drohobycz
Banica	Gorlice	Gorlice
Banica	Grybów	Grybów

Banków	Bochnia	Bochnia
Banowice	Myślenice	Myślenice
Bańska	Nowy Targ	Nowy Targ
Banunin	Kam. Strumiłowa	Busk
Bar	Gródek	Gródek
Bar	Mościska	Sądowa Wisznia
Barańczyce	Sambor	Sambor
Baranie	Sokal	Sokal
Baranów	Buczacz	Monasterzyska
Baranów	Tarnobrzeg	Baranów
Baranówka	Brzeżany	Brzeżany
Baranówka	Nisko	Rudnik
Barczków	Bochnia	Bochnia
Barczyce	Nowy Sącz	Piwniczna
Barnowice	Nowy Sącz	Łabowa
Barszczowice	Lemberg	Jaryczów
Bartatów	Gródek	Gródek
Bartkowa	Nowy Sącz	Nowy Sącz
Bartkówka	Brzozów	Dynów
Bartne	Gorlice	Gorlice
Barwałd Dolny	Wadowice	Wadowice
Barwałd Średni	Wadowice	Wadowice
Barwinek	Krosno	Dukla
Barycz	Przemyśl	Sosnica
Barycz	Rzeszów	Błazowa
Barycz	Wieliczka	Klasno
Barycza	Brzozów	Jasienica
Baryłów	Brody	Szczurowice
Barysz	Buczacz	Barysz
Basiówka	Lemberg	Nawarya
Basznia Dolna	Cieszanów	Lubaczów
Basznia Górna	Cieszanów	Lubaczów
Batiatysze	Zolkiew	Gross Mosty
Batków	Brody	Załoźce
Batycze	Przemyśl	Przemyśl
Batyjów	Brody	Szczurowice
Baworów	Tarnopol	Mikulińce
Bayczka	Rzeszów	Niebylec
Bażanówka	Sanok	Rymanów
Bazar	Czortków	Jagielnica
Bęczarka	Myślenice	Myślenice

Bedinka	Sokal	Krystynpol
Bedinka Poturzycka	Sokal	Krystynopol
Bediuchy	Sokal	Sokal
Bednarka	Gorlice	Gorlice
Bednarów	Stanisławów	Stanisławów
Bedrykowce	Zaleszczyki	Zaleszczyki
Będziemyśl	Ropczyce	Sędziszów
Będzieszyna	Brzesko	Czchów
Bekersdorf	Podhajce	Podhajce
Bełchówka	Sanok	Bukowsko
Bełdno	Bochnia	Wiśnicz Nowy
Bełejów	Dolina	Bolechów
Bełeluja	Śniatyn	Śniatyn
Bełż	Sokal	Bełż
Bełżec	Cieszanów	Lipsko
Bełżec	Rawa Ruska	Lubycza
Bełżec	Złoczów	Biały Kamień
Benczyn	Wadowice	Zator
Berdechów	Tarnobrzeg	Rozwadów
Berdikau	Jaworów	Jaworów
Berdychów	Gorlice	Gorlice
Berdychów	Grybów	Bobowa
Berdychów	Jaworów	Jaworów
Berehy Dolne	Lisko	Ustrzyki Dolne
Berehy Górne	Lisko	Lutowiska
Berenowce	Złoczów	Zborów
Bereska	Lisko	Baligród
Berest	Grybów	Grybów
Berestek	Zaleszczyki	Uścieczko
Bereżanka	Borszczów	Skała
Berezki	Lisko	Lutowiska
Bereżnica	Sambor	Sambor
Bereżnica	Stryj	Stryj
Bereżnica Krolewska	Żydaczów	Żydaczów
Bereżnica Niżna	Lisko	Lisko
Bereżnica Szlachecka	Kalusz	Kalusz
Bereżnica Wyżna	Lisko	Baligród
Bereżów	Kołomea	Jabłonów
Bereżów	Staremiasto	Starasól

Bereżów Nizny	Kołomea	Jabłonów
Bereżów Wyzny	Kołomea	Jabłonów
Bereżówka Bortniki	Buczacz	Monasterzyska
Bereżówka Monaster.	Buczacz	Monasterzyska
Berlin	Brody	Brody
Berłohy	Kalusz	Kalusz
Bernadówka	Trembowla	Strusów
Berniany	Zaleszczyki	Uścieczko
Berteszów	Bóbrka	Strzeliska Nowe
Berwinkowa	Kossów	Żabie
Berzowica Wielka	Tarnopol	Tarnopol
Besko	Sanok	Rymanów
Besów	Bochnia	Bochnia
Bestwina	Biała	Lipnik
Bestwinka	Biała	Oświęcim
Betwin	Przemyśl	Przemyśl
Bezapy	Złoczów	Złoczów
Bezejów	Sokal	Bełż
Bezmiechowa Dolne	Lisko	Lisko
Bezmiechowa Górne	Lisko	Lisko
Biała	Biała	Lipnik
Biała	Czortków	Czortków
Biała	Myślenice	Maków
Biała	Nowy Sącz	Nowy Sącz
Biała	Rawa Ruska	Magierów
Biała	Rzeszów	Tyczyn
Biała	Tarnopol	Tarnopol
Biała	Tarnów	Tarnów
Biała Niżna	Grybów	Grybów
Biała Wyżna	Grybów	Grybów
Białaskorka	Tarnopol	Tarnopol
Białdoliny Szlacheckie	Brzesko	Brzesko
Białe	Przemyślany	Dunajowce
Białka	Nowy Targ	Nowy Targ
Białka	Rzeszów	Błazowa
Białka Dunajec	Nowy Targ	Nowy Targ
Białkowce	Złoczów	Jezierna
Białobereska	Kossów	Kuty

Białobiernica	Złoczów	Zborów
Białoboki	Łańcut	Kańczuga
Białoboznica	Czortków	Czortków
Białobrzegi	Krosno	Dukla
Białobrzegi	Łańcut	Żolynia
Białodoliny Rodlowskie	Brzesko	Wojnicz
Białokiernica	Podhajce	Podhajce
Białowoda	Nowy Sącz	Szczawnica
Białowoda Polska	Nowy Sącz	Nowy Sącz
Biały Potok	Czortków	Budzanów
Białykamień	Złoczów	Białykamień
Biczyce Niemieckie	Nowy Sącz	Nowy Sącz
Biczyce Polskie	Nowy Sącz	Nowy Sącz
Biecz	Gorlice	Gorlice
Biedaczów	Łańcut	Żolynia
Biegonice	Nowy Sącz	Stary Sącz
Bielanka	Gorlice	Gorlice
Bielanka	Myślenice	Jordanów
Bielany	Biała	Kęty
Bielawce	Brody	Brody
Bielawince	Buczacz	Buczacz
Bieliczna	Grybów	Grybów
Bielina	Nisko	Ulanów
Bielowce	Borszczów	Mielnica
Bielowy	Pilzno	Pilzno
Bieniawa	Podhajce	Złotniki
Bieniów	Złoczów	Złoczów
Bienków	Kam. Strumiłowa	Kam. Strumiłowa
Bieńkowa Wiznia	Rudki	Rudki
Bieńkowce	Rohatyń	Rohatyń
Bieńkowice	Bochnia	Bochnia
Bieńkowice	Wieliczka	Klasno
Bieńkówka	Myślenice	Maków
Bierlowice	Myślenice	Myślenice
Bierna	Biała	Lipnik
Bierówka	Jasło	Jasło
Bierzanów	Wieliczka	Klasno
Biesiadki	Brzesko	Brzesko
Biesiady	Żólkiew	Żólkiew
Biesna	Gorlice	Gorlice

Bieśnik	Gorlice	Gorlice
Bieżdziatka	Jasło	Frysztak
Bieżdziedza	Jasło	Frysztak
Bihałe	Cieszanów	Lubaczów
Bilcze	Drohobycz	Drohobycz
Bilcze	Zaleszczyki	Korolówka
Bilczyce	Wieliczka	Klasno
Bilicz	Staremiasto	Starasól
Bilina	Sambor	Sambor
Bilinka	Sambor	Sambor
Bilinka	Sambor	Sambor
Bilitówka	Skałat	Grzymałów
Biłka	Przemyślany	Przemyślany
Biłka	Skałat	Touste
Biłka Królewska	Lemberg	Jaryczów
Biłka Szlachecka	Lemberg	Jaryczów
Biłków	Borhodczany	Sołotwina
Biłohorszcze	Lemberg	Zniesienie
Bilsko	Nowy Sącz	Nowy Sącz
Binarowa	Gorlice	Gorlice
Binczarowa	Grybów	Grybów
Biołoszowa	Tarnów	Ryglice
Bircza	Bircza	Bircza
Biskowice	Sambor	Sambor
Biskupice	Dąbrowa	Dąbrowa
Biskupice	Wieliczka	Klasno
Biskupice Lanckoronskie	Brzesko	Czchów
Błaszkowa	Pilzno	Jodłowa
Błazów	Sambor	Sambor
Błazowa	Rzeszów	Błazowa
Blechnarka	Gorlice	Gorlice
Bledowa ad Tyczyn	Rzeszów	Tyczyn
Blich	Brody	Załoźce
Blicza	Brzesko	Brzesko
Blizianka	Rzeszów	Niebylec
Blizna	Ropczyce	Ropczyce
Blizno	Brzozów	Jasienica
Błonie	Mielec	Radomyśl Wielkie
Błonie	Tarnów	Tarnów
Błotnia	Przemyślany	Przemyślany

Błotnia	Stryj	Stryj
Błozew Dolna	Rudki	Rudki
Błozew Górna	Sambor	Sambor
Bludniki	Stanisławów	Hałicz
Blyszczanka	Zaleszczyki	Zaleszczyki
Błyszczywody	Żólkiew	Żólkiew
Bobiatyn	Sokal	Tartaków
Bobowa	Grybów	Bobowa
Bobrek Dolny	Chrzanów	Chrzanów
Bobrek Górny	Chrzanów	Chrzanów
Bóbrka	Bóbrka	Bóbrka
Bóbrka	Krosno	Dukla
Bóbrka	Lisko	Lisko
Bobrowa	Pilzno	Dębica
Bobrówka	Jarosław	Jarosław
Bobrowniki	Tłumacz	Uście Zielone
Bobrowniki Małe	Tarnów	Zabno
Bobrowniki Wielkie	Tarnów	Zabno
Bobulińce	Buczacz	Buczacz
Bochnia	Bochnia	Bochnia
Boczów	Bochnia	Wiśnicz Nowy
Bodaki	Gorlice	Gorlice
Bodnarówka	Rzeszów	Strzyżów
Bodzanów	Wieliczka	Klasno
Bodziwoj	Rzeszów	Tyczyn
Bodzów	Wieliczka	Podgórze
Bogdanówka	Myślenice	Jordanów
Bogdanówka	Złoczów	Jezierna
Bogoniowice	Grybów	Bobowa
Boguchwala	Rzeszów	Rzeszów
Bogucice	Bochnia	Bochnia
Bogucice	Wieliczka	Klasno
Bogumilowice	Brzesko	Wojnicz
Bogusza	Grybów	Grybów
Boguszówka	Bircza	Bircza
Bohatkowce	Podhajce	Złotniki
Bohordczany	Bohordczany	Bohordczany
Bohordczany Stare	Bohordczany	Bohordczany
Bohordyczyn	Tłumacz	Chocimirz
Bohutyn	Złoczów	Pomorzany
Bojańczyce	Wieliczka	Klasno

Bojanice	Sokal	Warez
Bojanice	Żółkiew	Gross Mosty
Bojanów	Nisko	Nisko
Boków	Podhajce	Zawałów
Bolanowice	Mościska	Mościska
Bołdury	Brody	Brody
Bolechów	Dolina	Bolechów
Bolechów Ruski	Dolina	Bolechów
Bolechówce	Drohobycz	Drohobycz
Bolęcin	Chrzanów	Chrzanów
Bolesław	Dąbrowa	Dąbrowa
Bolestraszyce	Przemyśl	Przemyśl
Bołochów	Dolina	Dolina
Bolomyja	Rzeszów	Niebylec
Bołozynów	Brody	Sokolówka
Bolszowce	Rohatyń	Bursztyn
Bonarówka	Krosno	Korczyna
Boniowice	Bircza	Dobromil
Boniszyn	Złoczów	Złoczów
Bonów	Jaworów	Jaworów
Bór Łodygowski	Biała	Lipnik
Bór Witkowski	Biała	Lipnik
Boratycze	Mościska	Hussaków
Boratycze	Przemyśl	Przemyśl
Boratyn	Brody	Brody
Boratyn	Jarosław	Jarosław
Boratyn	Sokal	Krystynopol
Borchów	Cieszanów	Oleszyce
Bordulaki	Brody	Stanisławczyk
Boreczek	Ropczyce	Sędziszów
Borek	Bochnia	Bochnia
Borek	Krosno	Dukla
Borek Fałecki	Wieliczka	Podgórze
Borek Mały	Ropczyce	Ropczyce
Borek Nowy	Rzeszów	Tyczyn
Borek Stary	Rzeszów	Tyczyn
Borek Szlachecki	Wadowice	Zator
Borek Wielki	Ropczyce	Sędziszów
Borkanów	Podhajce	Złotniki
Borki	Dąbrowa	Szczucin
Borki	Mielec	Mielec

Borki	Nisko	Ulanów
Borki Dominikańskie	Gródek	Janów
Borki Janowskie	Gródek	Janów
Borki Małe	Skałat	Touste
Borki Wielkie	Tarnopol	Tarnopol
Borodczyce	Bóbrka	Chodorów
Borowa	Brzesko	Czchów
Borowa	Mielec	Radomyśl Wiel.
Borowa Gora	Cieszanów	Lubaczów
Borowe	Żółkiew	Gross Mosty
Borowna	Bochnia	Wiśnicz Nowy
Borownica	Bircza	Bircza
Borszczów	Borszczów	Borszczów
Borszczów	Śniatyn	Zabłotów
Borszów	Przemyślany	Przemyślany
Borszowice	Przemyśl	Niżankowice
Bortiatyn	Mościska	Sądowa Wisznia
Bortniki	Bóbrka	Chodorów
Bortniki	Tłumacz	Chocimirz
Borusowa	Dąbrowa	Dąbrowa
Borwałd Górny	Wadowice	Kalwarya
Boryczówka	Trembowla	Trembowla
Boryków	Podhajce	Podhajce
Borynicze	Bóbrka	Brzozdowce
Borysław	Drohobycz	Borysław
Borysławka	Bircza	Rybotycze
Boryszkowce	Borszczów	Mielnica
Borzęcin	Brzesko	Radlów
Borzęta	Myślenice	Myślenice
Boszyry	Husiatyn	Husiatyn
Bouszów	Rohatyń	Bursztyn
Bouszów	Stanisławów	Hałicz
Boża Wola	Jaworów	Wielkie Oczy
Boznów	Nowy Sącz	Nowy Sącz
Braciejowa	Pilzno	Dębica
Brandwica	Tarnobrzeg	Rozwadów
Bratkowce	Stanisławów	Stanisławów
Bratkowce	Stryj	Stryj
Bratkowce	Tłumacz	Tyśmienica
Bratkowice	Gródek	Gródek

Bratkowice	Rzeszów	Rzeszów
Bratówka	Krosno	Korczyna
Bratucice	Bochnia	Bochnia
Bratyszów	Tłumacz	Niźniów
Brelików	Lisko	Lisko
Breń Osuchowski	Mielec	Radomyśl Wiel.
Brigidyn	Drohobycz	Drohobycz
Brnik	Dąbrowa	Dąbrowa
Brodki	Lemberg	Szczerzec
Brodła	Chrzanów	Chrzanów
Brody	Brody	Brody
Brody	Wadowice	Kalwarya
Brody Stare	Brody	Brody
Bronica	Drohobycz	Drohobycz
Bronisławówka	Złoczów	Zborów
Broniszów	Ropczyce	Ropczyce
Broszniów	Kalusz	Kalusz
Browary	Buczacz	Jazłowice
Bruchnal	Jaworów	Jaworów
Bruckenthal	Rawa Ruska	Uhnów
Brunndorf	Gródek	Gródek
Bruśnik	Brzesko	Czchów
Bruśnik	Grybów	Bobowa
Brusno Nowe	Cieszanów	Narol
Brusno Stare	Cieszanów	Lipsko
Brustury	Kossów	Pistyn
Brykoń	Przemyślany	Przemyślany
Brykuta Nowa	Trembowla	Strusów
Brykuta Stara	Trembowla	Strusów
Brylińce	Przemyśl	Przemyśl
Bryły	Jasło	Jasło
Bryńce Cerkiewne	Bóbrka	Bóbrka
Bryńce Zagóne	Bóbrka	Bóbrka
Bryszcze	Żółkiew	Żółkiew
Brzączowice	Wieliczka	Klasno
Brzana Dolna	Grybów	Bobowa
Brzana Górna	Grybów	Bobowa
Brzaza	Dolina	Bolechów
Brzczowa	Wieliczka	Klasno
Brzeczyczany	Gródek	Gródek
Brzegi	Nowy Targ	Nowy Targ

Brzegi	Sambor	Sambor
Brzegi	Wieliczka	Klasno
Brześciany	Sambor	Sambor
Brzesko	Brzesko	Brzesko
Brzeszcze	Biała	Oświęcim
Brzeżanka	Rzeszów	Strzyżów
Brzeżany	Brzeżany	Brzeżany
Brzeżawa	Bircza	Bircza
Brzezice	Rudki	Komarno
Brzezie	Wieliczka	Klasno
Brzezina	Żydaczów	Rozdól
Brzezinka	Biała	Oświęcim
Brzezinka	Chrzanów	Chrzanów
Brzezinka	Wadowice	Andrychów
Brzezinka ad Kopytówka	Wadowice	Zator
Brzeziny	Nowy Sącz	Nowy Sącz
Brzeziny	Ropczyce	Wielopole
Brzezna	Nowy Sącz	Nowy Sącz
Brzeżnica	Bochnia	Wiśnicz Nowy
Brzeżnica	Pilzno	Dębica
Brzeżnica	Wadowice	Zator
Brzezowa	Bochnia	Wiśnicz Nowy
Brzezowa	Brzesko	Czchów
Brzezowa	Krosno	Dukla
Brzezowice	Brzesko	Brzesko
Brzezówka	Dąbrowa	Szczucin
Brzezówka	Jasło	Jasło
Brzezówka	Kolbuszowa	Kolbuszowa
Brzezówka	Rzeszów	Tyczyn
Brzodzowce	Bóbrka	Brzozdowiec
Brzostek	Pilzno	Brzostek
Brzostowa Gora	Kolbuszowa	Majdan
Brzoszkowice	Biała	Oświęcim
Brzoza	Tarnobrzeg	Radomyśl
Brzoza Królewska	Łańcut	Leżajsk
Brzoza Stadnicka	Łańcut	Żolynia
Brzozów	Brzozów	Brzozów
Brzozówa	Tarnów	Tuchów

Brzozowice ad Czaszyn	Sanok	Bukowsko
Brzozówka	Ropczyce	Ropczyce
Brzuchowice	Lemberg	Zniesienie
Brzuchowice	Przemyślany	Przemyślany
Brzuska	Bircza	Bircza
Brzusznik	Żywiec	Zabłocie
Brzyna	Nowy Sącz	Łącko
Brzyna	Ropczyce	Ropczyce
Brzyście	Jasło	Jasło
Brzyście	Mielec	Mielec
Brzyska Wola	Łańcut	Leżajsk
Brzyski	Pilzno	Jodłowa
Brzyszczki	Jasło	Jasło
Brzyszyna Dolna	Wieliczka	Podgórze
Bubniszcze	Dolina	Bolechów
Bubszczany	Złoczów	Pomorzany
Buchowice	Mościska	Mościska
Bucniów	Tarnopol	Tarnopol
Buców	Przemyśl	Przemyśl
Buczacz	Buczacz	Buczacz
Buczaczki	Kołomea	Gwozdzice
Buczały	Rudki	Komarno
Bucze	Brzesko	Brzesko
Buczki	Skałat	Grzymałów
Buczków	Bochnia	Bochnia
Buczkowce	Czortków	Budzanów
Buczkowice	Biała	Lipnik
Buczyna	Bochnia	Wiśnicz Nowy
Buczyna	Brody	Brody
Buda	Nisko	Nisko
Budki Nieznanowski	Kam. Strumiłowa	Chołojów
Budków	Bóbrka	Bóbrka
Budomierz	Jaworów	Wielkie Oczy
Budy	Rzeszów	Głogów
Budy ad Rajsko	Biała	Oświęcim
Budy Łancuckie	Łańcut	Łańcut
Budy Przeworskie	Łańcut	Przewórsk
Budyłów	Brzeżany	Kozowa
Budyłów	Śniatyn	Śniatyn
Budynin	Sokal	Bełż

Budzanów	Czortków	Budzanów
Budzisz	Ropczyce	Wielopole
Budzów	Wadowice	Kalwarya
Budzyn	Jaworów	Krakówiec
Budzyn	Tłumacz	Tłumacz
Bugaj	Dąbrowa	Dąbrowa
Bugaj	Gorlice	Gorlice
Bugaj	Wadowice	Kalwarya
Bugaj	Wieliczka	Klasno
Bujaków	Biała	Kęty
Bujanów	Żydaczów	Żurawno
Bujawa	Sokal	Tartaków
Bujne	Nowy Sącz	Nowy Sącz
Buk	Lisko	Baligród
Bukaczowce	Rohatyń	Bursztyn
Buków	Brzozów	Brzozów
Buków	Wieliczka	Podgórze
Bukowa	Pilzno	Brzostek
Bukowa	Sambor	Sambor
Bukowice	Lisko	Baligród
Bukowiec	Grybów	Bobowa
Bukowiec	Kolbuszowa	Kolbuszów
Bukowina	Bóbrka	Chodorów
Bukowina	Nisko	Ulanów
Bukowina	Nowy Targ	Nowy Targ
Bukówna	Tłumacz	Niźniów
Bukowsko	Sanok	Bukowsko
Bulowice	Biała	Kęty
Bunary Nizne	Grybów	Grybów
Bunary Wyzne	Grybów	Grybów
Burakówka	Zaleszczyki	Tłuste
Burcze	Rudki	Komarno
Burdziakowce	Borszczów	Skała
Burgthal	Gródek	Gródek
Burletka	Wieliczka	Klasno
Bursztyn	Rohatyń	Bursztyn
Burzyce	Rudki	Rudki
Burzyce Nowy	Rudki	Rudki
Burzyce Stary	Rudki	Rudki
Burzyn	Tarnów	Ryglice
Busk	Kam. Strumiłowa	Busk

Buskupice Radłowskie	Brzesko	Radłów
Busowisko	Staremiasto	Staremiasto
Buszcze	Brzeżany	Narajów
Buszkowice	Przemyśl	Przemyśl
Buszkowiczki	Przemyśl	Przemyśl
Butyny	Żółkiew	Gross Mosty
Buzek	Złoczów	Białykamień
Bybło	Przemyśl	Niżankowice
Bybło	Rohatyń	Bursztyn
Byczyna	Chrzanów	Chrzanów
Byków	Mościska	Hussaków
Byków	Przemyśl	Przemyśl
Byków	Sambor	Sambor
Bykowie	Sanok	Sanok
Bylice	Sambor	Sambor
Bysina	Myślenice	Myślenice
Bystra	Biała	Lipnik
Bystra	Gorlice	Gorlice
Bystra	Myślenice	Jordanów
Bystra	Żywiec	Zabłocie
Bystre	Lisko	Baligród
Bystre	Staremiasto	Staremiasto
Bystrowice	Jarosław	Jarosław
Bystrzyca	Drohobycz	Drohobycz
Bystrzyca Dolna	Ropczyce	Sędziszów
Bystrzyca Górna	Ropczyce	Sędziszów
Byszki	Brzeżany	Brzeżany
Byszów	Podhajce	Zawałów
Byszów	Sokal	Tartaków
Bytomska	Bochnia	Wiśnicz Nowy
Bzianka	Sanok	Rymanów
Caporocz	Zaleszczyki	Tłuste
Caryńskie	Lisko	Lutowiska
Cebłów	Sokal	Bełż
Cebrów	Tarnopol	Tarnopol
Cecory	Brzeżany	Kozłów
Cecowa	Złoczów	Zborów
Celejów	Husiatyn	Chorostków
Ceniawa	Dolina	Rożniatów
Ceniawa	Kołomea	Kołomea

Ceniów	Brzeżany	Kozowa
Ceperów	Lemberg	Jaryczów
Cerekiew	Bochnia	Bochnia
Cergowa	Krosno	Dukla
Cerkowna	Dolina	Bolechów
Cetula	Jarosław	Sienawa
Cetula	Jaworów	Jaworów
Cewków	Cieszanów	Oleszyce
Chabówka	Myślenice	Jordanów
Chałupki	Łańcut	Przeworsk
Chałupki Dusowskie	Przemyśl	Sosnica
Chartanowce	Zaleszczyki	Uścieczko
Charzewice	Brzesko	Czchów
Charzewice	Tarnobrzeg	Rozwadów
Chaszczowanie	Stryj	Skole
Chechly	Ropczyce	Ropczyce
Chełm	Bochnia	Bochnia
Chełm	Myślenice	Myślenice
Chełmek	Chrzanów	Chrzanów
Chełmice	Nowy Sącz	Nowy Sącz
Chełmice Niemiecki	Nowy Sącz	Nowy Sącz
Chełmice Polski	Nowy Sącz	Nowy Sącz
Chilczyce	Złoczów	Złoczów
Chiszewice	Rudki	Komarno
Chlebiczyn	Śniatyn	Zabłotów
Chlebiczyn Lesny	Kołomea	Kołomea
Chlebna	Krosno	Dukla
Chlebowice	Bóbrka	Bóbrka
Chlebowice Swirskie	Przemyślany	Świrz
Chlewczany	Rawa Ruska	Uhnów
Chlewiska	Cieszanów	Lipsko
Chlewiska	Sambor	Sambor
Chliple	Rudki	Rudki
Chłopczyce	Rudki	Rudki
Chłopiatyn	Sokal	Bełż
Chłopice	Jarosław	Jarosław
Chłopówka	Husiatyn	Chorostków
Chłopy	Rudki	Komarno
Chmiel	Lisko	Lutowiska
Chmieliska	Skałat	Skałat
Chmielnik	Rzeszów	Tyczyn

Chmielno	Brody	Stanisławczyk
Chmielów	Tarnobrzeg	Tarnobrzeg
Chmielowa	Horodenka	Czernelica
Chmielowa	Zaleszczyki	Uścieczko
Chmielówka	Borhodczany	Sołotwina
Chmielówka	Trembowla	Strusów
Chobot	Bochnia	Bochnia
Chocen	Lisko	Lisko
Chochłów	Sokal	Warez
Chochołów	Nowy Targ	Nowy Targ
Chochoniów	Rohatyń	Bursztyn
Chochorowice	Nowy Sącz	Nowy Sącz
Chocimirz	Tłumacz	Chocimirz
Chocin	Kalusz	Kalusz
Chocznia	Wadowice	Wadowice
Chodaczków Mały	Tarnopol	Tarnopol
Chodaczków Wielki	Tarnopol	Tarnopol
Chodaczów	Łańcut	Kańczuga
Chodaczów	Łańcut	Żolynia
Chodenice	Bochnia	Bochnia
Chodnowice	Mościska	Hussaków
Chodnowice	Przemyśl	Przemyśl
Chodorów	Bóbrka	Chodorów
Chodorowa	Grybów	Bobowa
Chodowice	Stryj	Stryj
Chojnik	Tarnów	Tuchów
Cholewiana Góra	Nisko	Nisko
Chołojów	Kam. Strumiłowa	Chołojów
Chołowice	Przemyśl	Przemyśl
Chomczyn	Kossów	Kossów
Chomiakówka	Czortków	Jagielnica
Chomiakówka	Kołomea	Gwozdziec
Chomiakówka	Tłumacz	Tyśmienica
Chomranice	Nowy Sącz	Nowy Sącz
Chomrzyska	Nowy Sącz	Łabowa
Chorągwica	Wieliczka	Klasno
Chorderkowce	Bóbrka	Bóbrka
Chorkówka	Krosno	Dukla
Chorobrów	Brzeżany	Kozłów
Chorobrów	Sokal	Sokal
Chorocowa	Kossów	Kuty

Choronów	Rawa Ruska	Uhnów
Chorosiec	Brzeżany	Kozłów
Chorosnica	Mościska	Sądowa Wisznia
Chorostków	Husiatyn	Chorostków
Chorostków	Rohatyń	Bursztyn
Chorowiec	Wieliczka	Podgórze
Chorzelów	Mielec	Mielec
Chorzów	Jarosław	Pruchnik
Chotowa	Pilzno	Pilzno
Chotowice	Przemyśl	Krzywcza
Chotylub	Cieszanów	Cieszanów
Chotynice	Jarosław	Radymno
Chrabuzna	Złoczów	Zborów
Chraplice	Mościska	Hussaków
Chraplice	Przemyśl	Przemyśl
Chreniów	Kam. Strumiłowa	Busk
Chrewt	Lisko	Lutowiska
Chromohorb	Stryj	Stryj
Chronów	Bochnia	Wiśnicz Nowy
Chrość	Wieliczka	Klasno
Chrostowa	Bochnia	Wiśnicz Nowy
Chruślice	Nowy Sącz	Nowy Sącz
Chrusno Nowe	Lemberg	Szczerzec
Chrusno Stare	Lemberg	Szczerzec
Chryplin	Stanisławów	Stanisławów
Chrzanów	Chrzanów	Chrzanów
Chrząstów	Mielec	Mielec
Chrząstowice	Wadowice	Zator
Chrząstówka	Jasło	Jasło
Chudykowce	Borszczów	Mielnica
Chudyowce	Zaleszczyki	Korolówka
Chwalibog	Kołomea	Gwozdziec
Chwałowice	Tarnobrzeg	Radomyśl
Chwatów	Złoczów	Olesko
Chyrów	Staremiasto	Chyrów
Chyrzyna Kortyniki	Przemyśl	Krzywcza
Chyszów	Tarnów	Tarnów
Chyżówka	Limanowa	Limanowa
Cichawa	Wieliczka	Klasno
Cichawka	Bochnia	Wiśnicz Nowy
Ciche Miętustwo	Nowy Targ	Nowy Targ

Ciechania	Krosno	Dukla
Cięcina	Żywiec	Zabłocie
Cieczyna	Jasło	Frysztak
Cieląż	Sokal	Sokal
Ciemierzowice	Przemyśl	Sosnica
Ciemierzyńce	Przemyślany	Dunajowce
Ciemieżypce	Złoczów	Gologory
Cieniawa	Grybów	Grybów
Cieplice	Jarosław	Sienawa
Cierpisz	Ropczyce	Sędziszów
Cieszanów	Cieszanów	Cieszanów
Ciezacin Mały	Jarosław	Jarosław
Ciezacin Wielki	Jarosław	Jarosław
Cieszyna	Jaslo	Frysztak
Ciężkowice	Chrzanów	Chrzanów
Ciężkowice	Grybów	Bobowa
Ciężów	Stanisławów	Stanisławów
Cikowice	Bochnia	Bochnia
Cisna	Lisko	Baligród
Cisów	Dolina	Bolechów
Cisowa	Przemyśl	Przemyśl
Cisowiec	Lisko	Baligród
Cisowlas	Kolbuszowa	Ranizów
Ciszec	Żywiec	Zabłocie
Ciszki	Brody	Sokołówka
Cmolas	Kolbuszowa	Kolbuszów
Cucułowce	Żydaczów	Żydaczów
Cucyłów	Nadwórna	Nadwórna
Cuniów	Gródek	Janów
Ćwików	Dąbrowa	Dąbrowa
Ćwitowa	Buczacz	Jazłowice
Ćwitowa	Kalusz	Wojnilów
Cygany	Borszczów	Skała
Cygany	Tarnobrzeg	Tarnobrzeg
Cyranka	Mielec	Mielec
Czabalina	Brzesko	Czchów
Czabarówka	Husiatyn	Husiatyn
Czaczów	Nowy Sącz	Łabowa
Czahrów	Rohatyń	Bursztyn
Czajkowa	Mielec	Mielec
Czajkowice	Rudki	Komarno

Czaniec	Biała	Kęty
Czanyż	Kam. Strumiłowa	Busk
Czaplaki	Jaworów	Wielkie Oczy
Czaple	Sambor	Sambor
Czarna	Grybów	Grybów
Czarna	Łańcut	Żolynia
Czarna	Lisko	Ustrzyki Dolne
Czarna	Pilzno	Pilzno
Czarna	Ropczyce	Sędziszów
Czarne	Gorlice	Gorlice
Czarnokońce Małe	Husiatyn	Probużna
Czarnokońce Wielkie	Husiatyn	Probużna
Czarnokońiecka Wola	Husiatyn	Probużna
Czarnołożce	Tłumacz	Tyśmienica
Czarnorzeki	Krosno	Korczyna
Czarnowoda	Nowy Sącz	Szczawnica
Czarnuchowice	Wieliczka	Klasno
Czarnuszowice	Lemberg	Jaryczów
Czarny Dunajec	Nowy Targ	Nowy Targ
Czartorya	Bóbrka	Brzozdowiec
Czartorya	Tarnopol	Mikulińce
Czasław	Wieliczka	Klasno
Cząstkowice	Jarosław	Jarosław
Czaszyn	Sanok	Bukowsko
Czatkowice	Chrzanów	Trzebina
Czchów	Brzesko	Czchów
Czechów	Buczacz	Monasterzyska
Czechowa	Kołomea	Gwozdziec
Czechówka	Wieliczka	Klasno
Czechy	Brody	Sokołówka
Czechy	Złoczów	Olesko
Czekaj Pniowski	Tarnobrzeg	Radomyśl
Czekaj Wrzawski	Tarnobrzeg	Rozwadów
Czelatycze	Jarosław	Pruchnik
Czelowice	Rudki	Komarno
Czeluśnica	Jasło	Jasło
Czepiele	Brody	Podkamień
Czerchawa	Sambor	Sambor
Czercze	Rohatyń	Rohatyń

Czerczyk	Jaworów	Jaworów
Czeremcha	Sanok	Rymanów
Czeremchów	Bóbrka	Chodorów
Czeremchów	Kołomea	Kołomea
Czeremosznia	Złoczów	Białykamień
Czerepin	Lemberg	Nawarya
Czerhanówka	Kossów	Kossów
Czerkasy	Rudki	Komarno
Czerkawszczyzna	Czortków	Czortków
Czerkowatyce	Kam. Strumiłowa	Stajanów
Czerlany	Gródek	Gródek
Czermin	Mielec	Radomyśl Wiel.
Czermna	Jasło	Olpiny
Czerna	Chrzanów	Chrzanów
Czernelica	Horodenka	Czernelica
Czerniatyn	Horodenka	Horodenka
Czerniawa	Mościska	Mościska
Czerniawka	Jarosław	Radymno
Czernica	Brody	Podkamień
Czernica	Żydaczów	Rozdól
Czernice	Nowy Sącz	Łącko
Czernichów	Rudki	Rudki
Czernichów	Tarnopol	Tarnopol
Czernichów	Żywiec	Zabłocie
Czerniejów	Stanisławów	Stanisławów
Czernilawa	Jaworów	Jaworów
Czernilów Mazowiecki	Tarnopol	Tarnopol
Czernilów Ruski	Tarnopol	Tarnopol
Czerniów	Rohatyń	Bursztyn
Czerniszówka	Skałat	Skałat
Czerteż	Sanok	Sanok
Czerteż	Żydaczów	Żurawno
Czertynie	Żółkiew	Kulików
Czertyżne	Grybów	Grybów
Czerwonogród	Zaleszczyki	Uścieczko
Czesniki	Rohatyń	Rohatyń
Czołhańszczyzna	Tarnopol	Tarnopol
Czołhany	Dolina	Bolechów
Czołhynie	Jaworów	Jaworów
Czorsztyn	Nowy Targ	Nowy Targ

Czortków	Czortków	Czortków
Czortków Stary	Czortków	Czortków
Czortowiec	Horodenka	Obertyn
Czuczmany	Kam. Strumiłowa	Busk
Czudec	Rzeszów	Czudec
Czudowice	Jarosław	Pruchnik
Czukiew	Sambor	Sambor
Czupernosów	Przemyślany	Przemyślany
Czyrna	Grybów	Grybów
Czystohorb	Sanok	Bukowsko
Czystopady	Brody	Zaloczce
Czystopady	Brody	Zalocze
Czystylów	Tarnopol	Tarnopol
Czyszki	Lemberg	Winniki
Czyszki	Mościska	Mościska
Czyszki	Złoczów	Olesko
Czyżki	Sambor	Sambor
Czyżów	Dąbrowa	Dąbrowa
Czyżów	Wieliczka	Klasno
Czyżów	Złoczów	Pomorzany
Czyżowice	Mościska	Mościska
Czyżówka	Chrzanów	Chrzanów
Czyżyce	Bóbrka	Bóbrka
Czyżyków	Lemberg	Winniki
Dąb	Chrzanów	Chrzanów
Dąbie	Wieliczka	Klasno
Dąbki	Horodenka	Czernelica
Dąbrowa	Chrzanów	Chrzanów
Dąbrowa	Cieszanów	Lubaczów
Dąbrowa	Dąbrowa	Dąbrowa
Dąbrowa	Kalusz	Wojnilów
Dąbrowa	Kam. Strumiłowa	Radziechów
Dąbrowa	Łańcut	Żolynia
Dąbrowa	Nowy Sącz	Nowy Sącz
Dąbrowa	Ropczyce	Sędziszów
Dąbrowa	Sambor	Sambor
Dąbrowa	Wieliczka	Klasno
Dąbrowa Rzeczycka	Tarnobrzeg	Rozwadów
Dąbrowa Wrzawska	Tarnobrzeg	Rozwadów
Dąbrowica	Dąbrowa	Szczucin
Dąbrowica	Gródek	Janów

Dąbrowica	Jarosław	Sienawa
Dąbrowica	Nisko	Ulanów
Dąbrowica	Tarnobrzeg	Baranów
Dąbrowica Chrostowa	Bochnia	Wiśnicz Nowy
Dąbrówka	Bochnia	Bochnia
Dąbrówka	Borszczów	Borszczów
Dąbrówka	Brzesko	Szczurowa
Dąbrówka	Jasło	Jasło
Dąbrówka	Nisko	Ulanów
Dąbrówka	Wadowice	Wadowice
Dąbrówka Infułacka	Tarnów	Tarnów
Dąbrówka Luchowska	Tarnów	Tuchów
Dąbrówka Pniowska	Tarnobrzeg	Radomyśl
Dąbrówka Polska	Sanok	Sanok
Dąbrówka Ruska	Sanok	Sanok
Dąbrówka Starzeńska	Brzozów	Dynów
Dąbrówka Szczepans.	Tarnów	Tarnów
Dąbrówki Górzyckie	Dąbrowa	Dąbrowa
Dąbrowkibreńskie	Dąbrowa	Dąbrowa
Dachnów	Cieszanów	Cieszanów
Dalastowice	Dąbrowa	Szczucin
Daleszowa	Horodenka	Czernelica
Daliowa	Sanok	Rymanów
Dalnicz	Żółkiew	Gross Mosty
Damienice	Bochnia	Bochnia
Danilcze	Rohatyń	Rohatyń
Daniłowce	Złoczów	Jezierna
Danina	Żydaczów	Rozdól
Dankowice	Biała	Oświęcim
Darów	Sanok	Nowtanice
Darowice	Przemyśl	Niżankowice
Darszyce	Wieliczka	Klasno
Daszawa	Stryj	Stryj
Daszówka	Lisko	Ustrzyki Dolne
Dawidkowce	Czortków	Czortków
Dawidów	Lemberg	Winniki
Dęba	Tarnobrzeg	Tarnobrzeg

Dębelówka	Dolina	Dolina
Dębesławce	Kołomea	Kołomea
Dębica	Pilzno	Dębica
Dębina	Kam. Strumiłowa	Radziechów
Dębina	Łańcut	Łańcut
Dębina Letowska	Brzesko	Wojnicz
Dębna	Sanok	Sanok
Dębnik	Chrzanów	Trzebina
Dębniki	Wieliczka	Podgórze
Dębno	Brzesko	Brzesko
Dęborzyn	Pilzno	Jodłowa
Dębów	Łańcut	Przeworsk
Dębowa	Pilzno	Jodłowa
Dębowice	Jasło	Jasło
Dębowiec	Tarnobrzeg	Rozwadów
Dębówka	Borszczów	Skała
Dehowa	Rohatyń	Rohatyń
Delatyn	Nadwórna	Delatyn
Delawa	Drohobycz	Drohobycz
Delawa	Tłumacz	Tłumacz
Delejów	Stanisławów	Maryampol
Dembno	Nowy Targ	Nowy Targ
Dembów	Łańcut	Leżajsk
Demenka Leśna	Żydaczów	Rozdół
Demenka Poddniestrzańska	Żydaczów	Rozdół
Demeszkowce	Rohatyń	Bursztyn
Demeszkowce	Stanisławów	Hałicz
Demianów	Rohatyń	Bursztyn
Demianów	Stanisławów	Hałicz
Demidów	Bóbrka	Chodorów
Demków Grabie	Brzesko	Czchów
Demków Pusty	Brzesko	Czchów
Demnia	Brzeżany	Brzeżany
Demnia	Dolina	Rożniatów
Demycze	Śniatyn	Zabłotów
Denysów	Tarnopol	Tarnopol
Deputaty	Nisko	Ulanów
Derczyce	Drohobycz	Drohobycz
Dereniówka	Trembowla	Janów
Derewlany	Kam. Strumiłowa	Kam. Strumiłowa

Derewnia	Żółkiew	Żółkiew
Dernów	Kam. Strumiłowa	Kam. Strumiłowa
Derzów	Żydaczów	Rozdól
Desznica	Krosno	Dukla
Deszno	Sanok	Rymanów
Deutschbach	Cieszanów	Narol
Diatkowce	Kołomea	Kołomea
Ditkowce	Brody	Brody
Ditkowce	Tarnopol	Tarnopol
Długie	Gorlice	Gorlice
Długie	Krosno	Dukla
Długie	Sanok	Rymanów
Długoleka	Nowy Sącz	Stary Sącz
Długopole	Nowy Targ	Nowy Targ
Długoszyn	Chrzanów	Chrzanów
Dłużniów	Sokal	Warez
Dmuchawiec	Brzeżany	Kozłów
Dmytrów	Kam. Strumiłowa	Chołojów
Dmytrów Duzy	Tarnobrzeg	Baranów
Dmytrów Mały	Tarnobrzeg	Baranów
Dmytrowice	Lemberg	Winniki
Dmytrowice	Mościska	Sądowa Wisznia
Dmytrowice	Przemyśl	Sosnica
Dmytrze	Lemberg	Szczerzec
Dobcza	Jarosław	Sienawa
Dobczyce	Wieliczka	Klasno
Dobiczye	Tarnów	Zabno
Dobieszyn	Krosno	Dukla
Dobne	Nowy Sącz	Muszyna
Doboków	Pilzno	Pilzno
Dobra	Jarosław	Sienawa
Dobra	Limanowa	Limanowa
Dobra Rustykalna	Bircza	Bircza
Dobra Szlachecka	Bircza	Bircza
Dobraczyn	Sokal	Krystynopol
Dobranowice	Wieliczka	Klasno
Dobrocierz	Brzesko	Czchów
Dobrohostów	Drohobycz	Drohobycz
Dobromil	Bircza	Dobromil
Dobroniów	Limanowa	Limanowa
Dobropole	Buczacz	Buczacz

Dobrostany	Gródek	Janów
Dobrotwór	Kam. Strumiłowa	Dobrotwor
Dobrowlany	Bóbrka	Chodorów
Dobrowlany	Drohobycz	Drohobycz
Dobrowlany	Kalusz	Kalusz
Dobrowlany	Stryj	Stryj
Dobrowlany	Zaleszczyki	Zaleszczyki
Dobrowódka	Kołomea	Kołomea
Dobrowody	Podhajce	Podhajce
Dobrucowa	Jasło	Jasło
Dobrynin	Mielec	Mielec
Dobrzanica	Przemyślany	Przemyślany
Dobrzanka	Bircza	Bircza
Dobrzany	Gródek	Gródek
Dobrzany	Lemberg	Szczerzec
Dobrzany	Mościska	Sądowa Wisznia
Dobrzany	Stryj	Stryj
Dobrzechów	Jasło	Frysztak
Dołega	Brzesko	Szczurowa
Dołha Wojniłowska	Kalusz	Wojnilów
Dołhe	Drohobycz	Borysław
Dołhe	Drohobycz	Drohobycz
Dołhe	Stryj	Stryj
Dołhe	Tłumacz	Uście Zielone
Dołhe	Trembowla	Janów
Dołhe Kałuskie	Kalusz	Kalusz
Dołhomosciska	Gródek	Gródek
Dołhomosciska	Mościska	Sądowa Wisznia
Dołhopol	Kossów	Żabie
Dolina	Czortków	Jagielnica
Dolina	Dolina	Dolina
Dolina	Sanok	Sanok
Dolina	Tłumacz	Tłumacz
Dolina ad Zaluz	Sanok	Sanok
Doliniany	Gródek	Gródek
Doliniany	Mościska	Sądowa Wisznia
Doliniany	Rohatyń	Rohatyń
Dolnawieś	Myślenice	Myślenice
Dołobów	Rudki	Rudki
Dołpotów	Kalusz	Wojnilów
Dołuszyce	Bochnia	Wiśnicz Nowy

Doły	Brzesko	Brzesko
Dołżanka	Tarnopol	Tarnopol
Dołżka	Dolina	Bolechów
Dołżka	Kalusz	Wojnilów
Dołżyca	Lisko	Baligród
Dołżyce	Sanok	Bukowsko
Domacyny	Mielec	Mielec
Domalkówka Wola	Kolbuszowa	Kolbuszów
Domaradz	Brzozów	Jasienica
Domaszer	Lemberg	Zniesienie
Domaszów	Rawa Ruska	Uhnów
Domatków	Ropczyce	Ropczyce
Dominikowice	Gorlice	Gorlice
Domosławice	Brzesko	Czchów
Domostawa	Nisko	Ulanów
Dora	Nadwórna	Delatyn
Dorbrosin	Żółkiew	Żółkiew
Dornbach	Łańcut	Leżajsk
Dornfeld	Lemberg	Szczerzec
Dorochów	Trembowla	Strusów
Dorofijówka	Skałat	Podwołoczyska
Dorohin	Stanisławów	Hałicz
Doroszów Mały	Żółkiew	Kulików
Doroszów Wielkie	Żółkiew	Kulików
Dorozów	Sambor	Sambor
Doznamorycz	Tarnopol	Tarnopol
Drabimanka	Rzeszów	Rzeszów
Draganowa	Krosno	Dukla
Draganówka	Tarnopol	Tarnopol
Drahasymów	Śniatyn	Śniatyn
Droginia	Myślenice	Myślenice
Drohiczówka	Zaleszczyki	Uścieczko
Drohobycz	Drohobycz	Drohobycz
Drohobyczka	Przemyśl	Dubiecko
Drohojów	Przemyśl	Sosnica
Drohomirczany	Bohordczany	Lysiec
Drohomyśl	Jaworów	Wielkie Oczy
Drohowycze	Bóbrka	Brzozdowiec
Drohowyże	Żydaczów	Rozdół
Drozdowice	Gródek	Gródek
Drozdowice	Przemyśl	Niżankowice

Drwinia	Bochnia	Bochnia
Dryszczów	Brzeżany	Brzeżany
Dryszczów	Podhajce	Zawałów
Duba	Dolina	Rożniatów
Dubaniowice	Rudki	Rudki
Dubas	Kolbuszowa	Kolbuszów
Dubie	Brody	Brody
Dubie	Chrzanów	Trzebina
Dubie	Złoczów	Olesko
Dubiecko	Przemyśl	Dubiecko
Dubienko	Buczacz	Monasterzyska
Dubkowce	Skałat	Touste
Dubkowice	Jarosław	Radymno
Dublany	Lemberg	Zniesienie
Dublany	Sambor	Sambor
Dubowce	Tarnopol	Tarnopol
Dubowica	Kalusz	Wojniłów
Dubrawka	Żydaczów	Żurawno
Dubryniów	Rohatyń	Rohatyń
Dubszara	Dolina	Rożniatów
Dubszcze	Brzeżany	Kozowa
Dudyn	Brody	Podkamień
Dudynice	Sanok	Nowtanice
Dukla	Krosno	Dukla
Dulcza Mała	Mielec	Radomyśl Wiel.
Dulczówka	Pilzno	Pilzno
Duliby	Bóbrka	Strzeliska Nowe
Duliby	Buczacz	Jazłowice
Duliby	Stryj	Stryj
Dulowa	Chrzanów	Chrzanów
Dunajowce	Przemyślany	Dunajowce
Duninów	Zaleszczyki	Gródek
Duńkowice	Jarosław	Radymno
Duńkowiczki	Przemyśl	Przemyśl
Dupliska	Zaleszczyki	Zaleszczyki
Durdy	Mielec	Mielec
Dusanów	Przemyślany	Przemyślany
Dusowce	Przemyśl	Sosnica
Duszatyn	Sanok	Bukowsko
Dwerniaczek	Lisko	Lutowiska
Dwernik	Lisko	Lutowiska

Dworce	Brzeżany	Narajów
Dworce	Żółkiew	Gross Mosty
Dwory	Biała	Oświęcim
Dybków	Jarosław	Sienawa
Dyczków	Tarnopol	Tarnopol
Dydiatycze	Mościska	Sądowa Wisznia
Dydnia	Brzozów	Brzozów
Dylągowa	Brzozów	Dynów
Dylągówka	Rzeszów	Tyczyn
Dyniska	Rawa Ruska	Uhnów
Dynów	Brzozów	Dynów
Dytiatyn	Rohatyń	Bursztyn
Dzial	Nowy Targ	Nowy Targ
Dzianisz	Nowy Targ	Nowy Targ
Dzibułki	Żółkiew	Kulików
Dzieduszyce Małe	Żydaczów	Żurawno
Dzieduszyce Wielkie	Stryj	Stryj
Dziedziłów	Kam. Strumiłowa	Busk
Dziekanowice	Wieliczka	Klasno
Dzierdziówka	Tarnobrzeg	Rozwadów
Dzierzaniny	Brzesko	Czchów
Dziewięcirez	Rawa Ruska	Rawa Ruska
Dziewiętniki	Bóbrka	Strzeliska Nowe
Dziewin	Bochnia	Bochnia
Dziezki	Rohatyń	Rohatyń
Dzików	Cieszanów	Oleszyce
Dzików	Tarnobrzeg	Tarnobrzeg
Dzikowice	Rzeszów	Głogów
Dzikowiec	Kolbuszowa	Kolbuszowa
Dziurdziów	Lisko	Lisko
Dżurków	Brzesko	Czchów
Dżurków	Kołomea	Gwoździec
Dżurów	Śniatyn	Zabłotów
Dżuryn	Czortków	Czortków
Dżwiniacz	Zaleszczyki	Zaleszczyki
Dżwiniacz Dolny	Lisko	Ustrzyki Dolne
Dżwiniaczka	Borszczów	Mielnica
Dżwinogród	Bóbrka	Mikalajów
Dżwinogród	Borszczów	Mielnica
Dżwinogród	Buczacz	Buczacz
Dzwonowa	Pilzno	Brzostek

Ebenau	Gródek	Gródek
Einsiedel	Lemberg	Szczerzec
Einsingen	Rawa Ruska	Rawa Ruska
Eleonorówka	Skałat	Grzymałów
Engelsberg	Dolina	Dolina
Engelsbrunn	Bircza	Dobromil
Ernsdorf	Bóbrka	Bóbrka
Facimiech	Wadowice	Zator
Falejówka	Sanok	Sanok
Falisz	Stryj	Stryj
Faliszowice	Brzesko	Czchów
Faliszówka	Krosno	Dukla
Falkenberg	Bircza	Dobromil
Falkenstein	Lemberg	Szczerzec
Falkowa	Grybów	Bobowa
Falkowa	Nowy Sącz	Nowy Sącz
Falkowice	Wieliczka	Klasno
Faściszowa	Brzesko	Czchów
Fehlbach	Cieszanów	Lubaczów
Feliksówka	Kam. Strumiłowa	Kam. Strumiłowa
Feliksówka	Kam. Strumiłowa	Witków Nowy
Felizienthal	Stryj	Skole
Felsendorf	Cieszanów	Lubaczów
Felsztyn	Staremiasto	Felszytn
Filipkowce	Borszczów	Mielnica
Filipowice	Brzesko	Czchów
Filipowice	Chrzanów	Chrzanów
Firlejów	Przemyślany	Przemyślany
Fitków	Nadwórna	Nadwórna
Florynka	Grybów	Grybów
Fojna	Żólkiew	Żólkiew
Folwarki	Buczacz	Monasterzyska
Folwarki	Złoczów	Złoczów
Folwarki Małe	Brody	Brody
Folwarki Wielki	Brody	Brody
Folwarki Żydaczowskie	Żydaczów	Żydaczów
Fox	Pilzno	Dębica
Fraga	Rohatyń	Rohatyń
Fredropol	Przemyśl	Niżankowice
Freifield	Cieszanów	Cieszanów

Fron	Nowy Targ	Nowy Targ
Frycowa	Nowy Sącz	Łabowa
Frydrychowice	Wadowice	Andrychów
Frysztak	Jasło	Frysztak
Frywald	Chrzanów	Trzebina
Furmany	Tarnobrzeg	Tarnobrzeg
Futoma	Rzeszów	Błazowa
Futory	Cieszanów	Oleszyce
Gabon	Nowy Sącz	Stary Sącz
Gabryelin	Tarnobrzeg	Tarnobrzeg
Gać	Łańcut	Przeworsk
Gaj	Nowy Sącz	Nowy Sącz
Gaj	Wieliczka	Podgórze
Gaje	Lemberg	Winniki
Gaje Ditkowieckie	Brody	Brody
Gaje Niżne	Drohobycz	Drohobycz
Gaje Smoleńskie	Brody	Brody
Gaje Starobrodzkie	Brody	Brody
Gaje Wyżne	Drohobycz	Drohobycz
Gałówka	Staremiasto	Staremiasto
Gałyszów	Gorlice	Gorlice
Ganczary	Lemberg	Winniki
Garbek	Tarnów	Tuchów
Gasówka	Jasło	Jasło
Gassendorf Hurucko	Drohobycz	Drohobycz
Gawłów Nowy	Bochnia	Bochnia
Gawłów Stary	Bochnia	Bochnia
Gawłówek	Bochnia	Bochnia
Gawluszowice	Mielec	Mielec
Gawrzyłowa	Pilzno	Dębica
Gbiska Tropie	Rzeszów	Strzyżów
Gdeszyce	Mościska	Hussaków
Gdeszyce	Przemyśl	Niżankowice
Gdów	Wieliczka	Klasno
Gebiczyna	Pilzno	Pilzno
Gelsendorf	Stryj	Stryj
Germakówka	Borszczów	Mielnica
Gerynia	Dolina	Bolechów
Gesiówka	Bohordczany	Bohordczany
Giedlarowa	Łańcut	Leżajsk

Gieraltowice	Wadowice	Zator
Gieraltowiczki	Wadowice	Zator
Gierczyce	Bochnia	Wiśnicz Nowy
Gierowa	Nowy Sącz	Nowy Sącz
Gillershof	Łańcut	Leżajsk
Gilowice	Żywiec	Zabłocie
Głęboczek	Borszczów	Borszczów
Głęboka	Borhodczany	Sołotwina
Głęboka	Sambor	Sambor
Głębokie	Sanok	Rymanów
Głębowice	Wadowice	Zator
Głęmieniec	Biała	Lipnik
Glichów	Wieliczka	Klasno
Gliczarów	Nowy Targ	Nowy Targ
Glinianka	Nisko	Ulanów
Gliniany	Przemyślany	Gliniany
Gliniczek	Jasło	Jasło
Glinik	Nowy Sącz	Nowy Sącz
Glinik	Ropczyce	Wielopole
Glinik Charzawski	Rzeszów	Strzyżów
Glinik Maryampolski	Gorlice	Gorlice
Glinna	Brzeżany	Kozłów
Glinna	Lemberg	Nawarya
Glinne	Lisko	Lisko
Glinne	Sambor	Sambor
Glinnik Dolny	Jasło	Frysztak
Glinnik Górny	Jasło	Frysztak
Glinnik Niemiecki	Jasło	Jasło
Glinnik Polski	Jasło	Jasło
Glinnik Średni	Jasło	Frysztak
Glińsko	Żółkiew	Żółkiew
Gliny Małe	Mielec	Radomyśl Wiel.
Gliny Wielkie	Mielec	Radomyśl Wiel.
Glisne	Limanowa	Mszana dolna
Głogoczów	Myślenice	Myślenice
Głogów	Rzeszów	Głogów
Głogówiec	Łańcut	Przeworsk
Głojsce	Krosno	Dukla
Głów	Tarnów	Zabno
Głowienka	Krosno	Dukla
Głuchów	Łańcut	Łańcut

Głuchów	Sokal	Krystynopol
Głuchowice	Lemberg	Szczerzec
Głuchowice	Lemberg	Winniki
Głuszków	Horodenka	Horodenka
Gniewczyna	Łańcut	Przeworsk
Gniłowody	Podhajce	Podhajce
Gnojnica	Jaworów	Krakówiec
Gnojnica	Ropczyce	Ropczyce
Gnojnik	Brzesko	Brzesko
Goczałkowice	Tarnobrzeg	Rozwadów
Godowe	Rzeszów	Strzyżów
Godusza	Limanowa	Limanowa
Gody	Kołomea	Kołomea
Godziska Nowa	Biała	Lipnik
Godziska Stara	Biała	Lipnik
Godziska Wilkowska	Biała	Lipnik
Gogolów I	Jasło	Frysztak
Gogolów II	Jasło	Frysztak
Gołąbkowice	Nowy Sącz	Nowy Sącz
Golce	Nisko	Ulanów
Golcowa	Brzozów	Jasienica
Goleszów	Mielec	Radomyśl Wiel.
Gołkowice	Wieliczka	Klasno
Gołogórki	Złoczów	Gologory
Gołogóry	Złoczów	Gologory
Gołonka	Tarnów	Tuchów
Gołouchowice	Wadowice	Zator
Gontowa	Brody	Zalocze
Góra Motyczna	Pilzno	Dębica
Góra Ropczycka	Ropczyce	Sędziszów
Górajec	Cieszanów	Cieszanów
Górajowice	Jasło	Jasło
Górka	Brzesko	Szczurowa
Górka	Chrzanów	Chrzanów
Górki	Brzozów	Brzozów
Górki	Mielec	Radomyśl Wiel.
Gorlice	Gorlice	Gorlice
Gorliczyna	Łańcut	Przeworsk
Górnawieś	Myślenice	Myślenice
Górno	Kolbuszowa	Sokołów
Gorowa	Nowy Sącz	Nowy Sącz

Goruszów	Dąbrowa	Dąbrowa
Góry	Limanowa	Limanowa
Góry Luszowskie	Chrzanów	Chrzanów
Gorzanka	Lisko	Baligród
Gorzejowa	Pilzno	Dębica
Gorzejowa	Pilzno	Pilzno
Gorzeń Dolny	Wadowice	Wadowice
Gorzeń Górny	Wadowice	Wadowice
Gorzków	Bochnia	Wiśnicz Nowy
Gorzków	Wieliczka	Klasno
Gorzów	Chrzanów	Chrzanów
Gorzyce	Dąbrowa	Dąbrowa
Gorzyce	Łańcut	Przeworsk
Gorzyce	Tarnobrzeg	Tarnobrzeg
Gosprzydowa	Brzesko	Brzesko
Gostwica	Nowy Sącz	Stary Sącz
Gotkowice Niemieckie	Nowy Sącz	Stary Sącz
Gotkowice Polskie	Nowy Sącz	Stary Sącz
Grab	Krosno	Dukla
Grabanina	Krosno	Dukla
Grabicz	Tłumacz	Ottynia
Grabie	Wieliczka	Klasno
Grabieuznanskie	Bochnia	Wiśnicz Nowy
Grabina	Bochnia	Wiśnicz Nowy
Grabiny	Pilzno	Dębica
Grabkowce	Złoczów	Zborów
Grabnia	Nisko	Rudnik
Grabno	Brzesko	Wojnicz
Graboszyce	Wadowice	Zator
Grabów	Dolina	Dolina
Grabowa	Kam. Strumiłowa	Busk
Grabowa	Nowy Sącz	Nowy Sącz
Grabowce	Stryj	Skole
Grabowce	Stryj	Stryj
Grabowice	Bohordczany	Bohordczany
Grabowice	Przemyśl	Sosnica
Grabowice	Tarnopol	Tarnopol
Grabówka	Brzozów	Brzozów
Grabówka	Kalusz	Kalusz

Grabownica	Bircza	Nowemiasto
Grabownica	Brzozów	Brzozów
Grabowski	Wieliczka	Klasno
Grajów	Wieliczka	Klasno
Grąziowa	Bircza	Rybotycze
Grąziowa	Staremiasto	Staremiasto
Grebelki	Kam. Strumiłowa	Kam. Strumiłowa
Grębów	Tarnobrzeg	Rozwadów
Grobla	Bochnia	Bochnia
Grobla Jankowiecka	Tarnopol	Tarnopol
Groble	Nisko	Rudnik
Grochowie	Mielec	Mielec
Gródek	Gródek	Gródek
Gródek	Grybów	Grybów
Gródek	Nowy Sącz	Nowy Sącz
Gródek	Zaleszczyki	Gródek
Grodkowice	Bochnia	Bochnia
Grodowice	Staremiasto	Felszytn
Grodzisko	Bircza	Nowemiasto
Grodzisko	Jasło	Frysztak
Grodzisko	Łańcut	Leżajsk
Grodzisko	Wadowice	Zator
Grodzisko Dolne	Łańcut	Leżajsk
Grodzisko Górne	Łańcut	Leżajsk
Grójec	Biała	Oświęcim
Grójec	Chrzanów	Trzebina
Gromiec	Chrzanów	Chrzanów
Gromnik	Tarnów	Tuchów
Grondy	Brzesko	Brzesko
Grondy	Dąbrowa	Dąbrowa
Gronków	Nowy Targ	Nowy Targ
Gross Mosty	Żółkiew	Gross-Mosty
Grudna Dolna	Pilzno	Brzostek
Grudna Górna	Pilzno	Brzostek
Grudna Kępska	Jasło	Jasło
Grudza	Tarnobrzeg	Radomyśl
Gruszka	Tłumacz	Tłumacz
Gruszki	Wieliczka	Klasno
Gruszów	Limanowa	Limanowa
Gruszów	Wieliczka	Klasno
Gruszów Mały	Dąbrowa	Dąbrowa

Gruszów Wielki	Dąbrowa	Dąbrowa
Gruszowiec	Limanowa	Mszana dolna
Grybów	Grybów	Grybów
Grywałd	Nowy Targ	Krościenko
Grzęda	Kam. Strumiłowa	Chołojów
Grzęda	Lemberg	Zniesienie
Grzegorzowka	Rzeszow	Tyczyn
Grzekhynia	Myślenice	Maków
Grzeska	Łańcut	Przewórsk
Grzybów	Mielec	Radomyśl Wiel.
Grzybowice	Lemberg	Zniesienie
Grzymałów	Skałat	Grzymałów
Grzymałówka	Brody	Szczurowice
Guminska	Pilzno	Dębica
Guminska	Tarnów	Tarnów
Gura	Sokal	Bełż
Gusztyn	Borszczów	Skała
Gusztynek	Borszczów	Skała
Gutynka	Żydaczów	Żurawno
Guzowa	Tarnów	Tarnów
Gwizdów	Łańcut	Żolynia
Gwoździanka	Rzeszów	Niebylec
Gwoździec	Brzesko	Wojnicz
Gwoździec	Kolbuszowa	Ranizów
Gwoździec	Kołomea	Gwoździec
Gwoździec Nowy	Kołomea	Gwoździec
Gwoździec Stary	Kołomea	Gwoździec
Gwoźnica Dolna	Brzozów	Jasienica
Gwoźnica Dolna	Rzeszów	Niebylec
Gwoźnica Górna	Brzozów	Jasienica
Gwoźnica Górna	Rzeszów	Niebylec
Habkowce	Lisko	Baligród
Hacaki	Tarnobrzeg	Baranów
Haczów	Brzozów	Jasienica
Hadle Kańczudzkie	Łańcut	Kańczuga
Hadle Szklarskie	Rzeszów	Tyczyn
Hadykówka	Kolbuszowa	Kolbuszowa
Hadynkowce	Husiatyn	Kopyczyńce
Haiworonka	Podhajce	Złotniki
Hałbów	Krosno	Dukla
Halcnów	Biała	Lipnik

Hałicz	Podhajce	Podhajce
Hałicz	Stanisławów	Hałicz
Hałiczanów	Gródek	Gródek
Haller	Wadowice	Zator
Halowice	Sokal	Warez
Haluszczynce	Skałat	Skałat
Haluszowa	Nowy Targ	Nowy Targ
Hamulec	Lemberg	Zniesienie
Hanaczów	Przemyślany	Gliniany
Hanaczówka	Przemyślany	Gliniany
Hanczarów	Horodenka	Obertyn
Hanczowa	Gorlice	Gorlice
Handzlówka	Łańcut	Łańcut
Haniowce	Rohatyń	Bursztyn
Hańkowce	Śniatyn	Zabłotów
Hańkowice	Mościska	Hussaków
Hankówka	Jasło	Jasło
Hanmowce	Stanisławów	Jezupol
Hanowce	Żydaczów	Żydaczów
Hanunin	Kam. Strumiłowa	Radziechów
Harasymów	Horodenka	Obertyn
Harbutowice	Wadowice	Kalwarya
Harbuzów	Złoczów	Zborów
Harklowa	Nowy Targ	Nowy Targ
Harmięże	Biała	Oświęcim
Harta	Brzozów	Dynów
Hartfield	Gródek	Gródek
Haszcze	Trembowla	Trembowla
Hatki	Podhajce	Złotniki
Hawlowice Dolne	Jarosław	Pruchnik
Hawlowice Górne	Jarosław	Pruchnik
Hawrylak	Horodenka	Obertyn
Hawryłówka	Nadwórna	Nadwórna
Hecznarowice	Biała	Kęty
Heinrichsdorf	Kam. Strumiłowa	Witków Nowy
Helenków	Brzeżany	Kozowa
Hemia	Dolina	Dolina
Herbutów	Rohatyń	Bursztyn
Hermanów	Lemberg	Jaryczów
Hermanowa	Rzeszów	Tyczyn
Hermanowice	Przemyśl	Przemyśl

Hińkowce	Zaleszczyki	Uścieczko
Hinowiec	Brzeżany	Brzeżany
Hladki	Tarnopol	Tarnopol
Hlebówka	Borhodczany	Sołotwina
Hleszczawa	Trembowla	Trembowla
Hlibów	Skałat	Grzymałów
Hłomcza	Bircza	Bircza
Hłuboczek Wielki	Tarnopol	Tarnopol
Hłudno	Brzozów	Dynów
Hnatkowice	Przemyśl	Sosnica
Hnidawa	Brody	Zalocze
Hnizdyesów	Żydaczów	Żydaczów
Hoczew	Lisko	Lisko
Hodów	Złoczów	Pomorzany
Hodowice	Lemberg	Nawarya
Hodwisznia	Rudki	Rudki
Hodynie	Mościska	Mościska
Hoffnungsau	Dolina	Dolina
Hohenbach	Mielec	Radomyśl Wiel.
Hohołów	Sokal	Krystynopol
Holbocze	Podhajce	Podhajce
Hołdowice	Bóbrka	Strzeliska Nowe
Hołdówka	Rudki	Komarno
Hołe Rawskie	Rawa Ruska	Rawa Ruska
Holeszów	Bóbrka	Chodorów
Holholuka	Stryj	Stryj
Holihrady	Zaleszczyki	Zaleszczyki
Hołobutów	Stryj	Stryj
Hołodówka	Mościska	Sądowa Wisznia
Hołodówska	Cieszanów	Lubaczów
Hołosko Małe	Lemberg	Zniesienie
Hołosko Wielkie	Lemberg	Zniesienie
Hołowczynce	Zaleszczyki	Tłuste
Hołowecko	Staremiasto	Staremiasto
Hołowy	Kossów	Żabie
Hołozkowice	Brody	Brody
Hołsków	Nadwórna	Lanczyn
Hołubica	Brody	Podkamień
Hołubice	Złoczów	Olesko
Hołuczków	Sanok	Tyrawa woloska
Hołwiecko	Stryj	Skole

Hołyn	Kalusz	Kalusz
Honiatycze	Rudki	Komarno
Honoratatówka	Rohatyń	Rohatyń
Horbacze	Rudki	Komarno
Horbków	Sokal	Tartaków
Hordynia	Sambor	Sambor
Horochowlina	Bohordczany	Bohordczany
Horod	Kossów	Kossów
Horodek	Lisko	Baligród
Horodelec	Sokal	Tartaków
Horodenka	Horodenka	Horodenka
Horodlowice	Sokal	Sokal
Horodnica	Horodenka	Horodenka
Horodnica	Husiatyn	Husiatyn
Horodnica	Skałat	Skałat
Horodyłów	Złoczów	Złoczów
Horodysławice	Bóbrka	Mikalajów
Horodyszcze	Brzeżany	Kozłów
Horodyszcze	Sambor	Sambor
Horodyszcze	Tarnopol	Tarnopol
Horodyszcze Bazy	Sokal	Krystynopol
Horodyszcze Krol.	Bóbrka	Chodorów
Horodyszcze Warezskie	Sokal	Warez
Horodzów	Rawa Ruska	Magierów
Horoszowa	Borszczów	Mielnica
Horożanka	Podhajce	Zawałów
Horożanna Małe	Rudki	Komarno
Horożanna Wielka	Rudki	Komarno
Horpin	Kam. Strumiłowa	Kam. Strumiłowa
Horyhlady	Tłumacz	Niźniów
Horynice	Cieszanów	Cieszanów
Horysławice	Mościska	Hussaków
Hostów	Tłumacz	Ottynia
Hoszany	Rudki	Rudki
Hoszów	Dolina	Bolechów
Hoszów	Lisko	Ustrzyki Dolne
Hoszowczyk	Lisko	Ustrzyki Dolne
Hów	Żydaczów	Rozdól
Howilów Wielki	Husiatyn	Chorostków
Howiłów Mały	Husiatyn	Chorostków

Hranki	Bóbrka	Brzozdowiec
Hrebenne	Rawa Ruska	Rawa Ruska
Hrebenne	Żółkiew	Kulików
Hrebenów	Stryj	Skole
Hrehorów	Buczacz	Monasterzyska
Hrehorów	Rohatyń	Rohatyń
Hroszówka	Bircza	Bircza
Hrusiatycze	Bóbrka	Strzeliska Nowe
Hruszatyce	Mościska	Hussaków
Hruszatyce	Przemyśl	Niżankowice
Hruszów	Drohobycz	Drohobycz
Hruszów	Jaworów	Wielkie Oczy
Hruszowice	Jarosław	Radymno
Hrycówka	Trembowla	Janów
Hrycowola	Brody	Szczurowice
Hryniawa	Kossów	Żabie
Hryniów	Bóbrka	Bóbrka
Hryniowce	Tłumacz	Tłumacz
Hrynkowce	Husiatyn	Probużna
Huba	Nowy Targ	Nowy Targ
Hubenice	Dąbrowa	Dąbrowa
Hubice	Bircza	Dobromil
Hubice	Bircza	Dobromil
Hubice	Drohobycz	Drohobycz
Hubin	Buczacz	Potok
Hubinek	Rawa Ruska	Uhnów
Hucisko	Bóbrka	Bóbrka
Hucisko	Brzeżany	Brzeżany
Hucisko	Rzeszów	Głogów
Hucisko	Wieliczka	Klasno
Hucisko	Żółkiew	Żółkiew
Hucisko ad Niwiska	Kolbuszowa	Kolbuszowa
Hucisko ad Przewrotne	Kolbuszowa	Ranizów
Hucisko Brodzkie	Brody	Podkamień
Hucisko Jawornickie	Rzeszów	Tyczyn
Hucisko Łodygowskie	Biała	Lipnik
Hucisko Oleskie	Złoczów	Olesko
Hucisko Żywieckie	Żywiec	Zabłocie

Huczko	Bircza	Dobromil
Hujcze	Rawa Ruska	Rawa Ruska
Hukalowce	Złoczów	Zborów
Huki	Jaworów	Krakówiec
Hulcze	Sokal	Warez
Hulicze	Podhajce	Zawałów
Hulskie	Lisko	Lutowiska
Humenów	Kalusz	Kalusz
Humienice	Lemberg	Szczerzec
Humienice	Sambor	Sambor
Humniska	Brzozów	Brzozów
Humniska	Kam. Strumiłowa	Busk
Humniska	Trembowla	Trembowla
Hureczko	Przemyśl	Przemyśl
Hurko	Przemyśl	Przemyśl
Hurnie	Stryj	Stryj
Husiatyn	Husiatyn	Husiatyn
Hussaków	Mościska	Hussaków
Hussów	Łańcut	Łańcut
Huta	Bóbrka	Bóbrka
Huta	Brzozów	Dynów
Huta	Ropczyce	Ropczyce
Huta Brzuska	Bircza	Bircza
Huta Deręgowska	Nisko	Ulanów
Huta Gogolowska	Jasło	Frysztak
Huta Komorowska	Kolbuszowa	Majdan
Huta Krasnianska	Skałat	Touste
Huta Krzysztalowa	Cieszanów	Lubaczów
Huta Lubycka	Rawa Ruska	Lubycza
Huta Nowa	Buczacz	Monasterzyska
Huta Pieniacka	Brody	Podkamień
Huta Polańska	Krosno	Dukla
Huta Połoniecka	Kam. Strumiłowa	Busk
Huta Rożaniecka	Cieszanów	Narol
Huta Stara	Buczacz	Monasterzyska
Huta Stara	Cieszanów	Lipsko
Huta Stara	Kam. Strumiłowa	Radziechów
Huta Szklana	Kam. Strumiłowa	Radziechów
Huta Zielona	Rawa Ruska	Rawa Ruska
Hutar	Stryj	Skole
Hutka Obedynska	Rawa Ruska	Rawa Ruska

Huwniki	Bircza	Rybotycze
Huzele	Lisko	Lisko
Huziejów Nowy	Dolina	Bolechów
Huziejów Stary	Dolina	Bolechów
Hwozd	Borhodczany	Sołotwina
Hybie	Brzesko	Wojnicz
Hyki et Dębiaki	Mielec	Mielec
Hyrniówka	Bohordczany	Bohordczany
Hyrowa	Krosno	Dukla
Hyżne	Rzeszów	Tyczyn
Ilińce	Śniatyn	Zabłotów
Ilkowice	Sokal	Sokal
Ilkowice	Tarnów	Zabno
Inwald	Wadowice	Andrychów
Isaków	Horodenka	Obertyn
Isep	Brzesko	Wojnicz
Isep	Żywiec	Zabłocie
Iskan	Bircza	Bircza
Iskrzynia	Krosno	Korczyna
Ispas	Kołomea	Jabłonów
Isypowce	Tarnopol	Tarnopol
Iszerków	Podhajce	Złotniki
Iwaczów	Złoczów	Zborów
Iwaczów Dolny	Tarnopol	Tarnopol
Iwaczów Górny	Tarnopol	Tarnopol
Iwańce	Borszczów	Mielnica
Iwanie	Zaleszczyki	Uścieczko
Iwanikówka	Bohordczany	Lysiec
Iwanków	Borszczów	Skała
Iwankówka	Husiatyn	Chorostków
Iwanowce	Kołomea	Peczeniżyn
Iwanowce	Żydaczów	Żydaczów
Iwanówka	Skałat	Skałat
Iwkowa	Brzesko	Czchów
Iwkowska	Brzesko	Czchów
Iwla	Krosno	Dukla
Iwonicz	Krosno	Dukla
Izabelin	Buczacz	Monasterzyska
Izbiska	Mielec	Radomyśl Wiel.
Izby	Grybów	Grybów
Izdebki	Brzozów	Dynów

Izdebnik	Wadowice	Kalwarya
Izlickie	Rudki	Komarno
Izydorówka	Żydaczów	Żurawno
Jabłonica	Jasło	Jasło
Jabłonica	Kossów	Żabie
Jabłonica	Nadwórna	Delatyn
Jabłonica Polska	Brzozów	Jasienica
Jabłonica Ruska	Bircza	Bircza
Jabłonka	Borhodczany	Sołotwina
Jabłonka	Borhodczany	Sołotwina
Jabłonka	Brzozów	Brzozów
Jabłonki	Lisko	Baligród
Jabłonów	Husiatyn	Kopyczyńce
Jabłonów	Kołomea	Jabłonów
Jabłonów	Rohatyń	Bursztyn
Jabłonówka	Kam. Strumiłowa	Busk
Jabłonówka	Podhajce	Zawałów
Jachówka	Myślenice	Maków
Jackowce	Złoczów	Jezierna
Jackówka	Tłumacz	Tłumacz
Jacmanice	Przemyśl	Przemyśl
Jacmierz	Sanok	Rymanów
Jadachy	Tarnobrzeg	Tarnobrzeg
Jadamwola	Limanowa	Limanowa
Jadowniki	Brzesko	Brzesko
Jagieła	Łańcut	Przeworsk
Jagielnica	Czortków	Jagielnica
Jagielnica Stara	Czortków	Jagielnica
Jagodnik	Kolbuszowa	Kolbuszowa
Jagunia	Kam. Strumiłowa	Kam. Strumiłowa
Jahłusz	Rohatyń	Rohatyń
Jajkowce	Żydaczów	Żurawno
Jakimczyce	Rudki	Komarno
Jakimów	Kam. Strumiłowa	Busk
Jaktorów	Przemyślany	Gliniany
Jakubów	Dolina	Dolina
Jakubówka	Horodenka	Obertyn
Jala	Nisko	Rudnik
Jałowe	Lisko	Ustrzyki Dolne
Jamda	Nisko	Rudnik
Jamelna	Gródek	Janów

Jamelnica	Stryj	Skole
Jamna	Grybów	Bobowa
Jamna	Nadwórna	Delatyn
Jamna Dolna	Bircza	Rybotycze
Jamna Górna	Bircza	Rybotycze
Jamne	Kam. Strumiłowa	Kam. Strumiłowa
Jamnica	Stanisławów	Stanisławów
Jamnica	Tarnobrzeg	Rozwadów
Jamy	Mielec	Radomyśl Wiel.
Janczowa	Nowy Sącz	Nowy Sącz
Janczyn	Przemyślany	Przemyślany
Janikowice	Dąbrowa	Dąbrowa
Jankowce	Lisko	Lisko
Jankowce	Tarnopol	Tarnopol
Jankowice	Chrzanów	Chrzanów
Jankowice	Jarosław	Jarosław
Jankówka	Wieliczka	Klasno
Janów	Gródek	Janów
Janów	Sambor	Sambor
Janów	Trembowla	Janów
Janowice	Biała	Lipnik
Janowice	Limanowa	Limanowa
Janowice	Tarnów	Tarnów
Janowice	Wieliczka	Klasno
Janówka	Buczacz	Buczacz
Janówka	Tarnobrzeg	Tarnobrzeg
Janówka	Tarnopol	Tarnopol
Januszkowice	Pilzno	Brzostek
Januszowa	Nowy Sącz	Nowy Sącz
Jarczowce	Złoczów	Zborów
Jarhorów	Buczacz	Monasterzyska
Jarosin	Nisko	Ulanów
Jarosław	Jarosław	Jarosław
Jarosławice	Złoczów	Zborów
Jaroszowice	Wadowice	Wadowice
Jaroszówka	Wieliczka	Klasno
Jaroszyce	Stryj	Stryj
Jaryczów	Lemberg	Jaryczów
Jaryczów Nowy	Lemberg	Jaryczów
Jaryczów Stary	Lemberg	Jaryczów
Jarymówka	Jasło	Jasło

Jasiel	Sanok	Bukowsko
Jasień	Brzesko	Brzesko
Jasień	Kalusz	Kalusz
Jasień	Lisko	Ustrzyki Dolne
Jasienica	Brzozów	Jasienica
Jasienica	Myślenice	Myślenice
Jasienica Solna	Drohobycz	Drohobycz
Jasienica Sufczyńska	Bircza	Bircza
Jasienna	Nowy Sącz	Nowy Sącz
Jasienów Górny	Kossów	Żabie
Jasienów Polny	Horodenka	Horodenka
Jasienowice	Dolina	Rożniatów
Jasienówka	Dolina	Rożniatów
Jasionka	Gorlice	Gorlice
Jasionka	Krosno	Dukla
Jasionka	Rzeszów	Głogów
Jasionów	Brody	Sokołówka
Jasionów	Brzozów	Dynów
Jasionów	Złoczów	Olesko
Jasionówa	Brzozów	Brzozów
Jaskowice	Wadowice	Zator
Jaslany	Mielec	Mielec
Jasliska	Sanok	Rymanów
Jasło	Jasło	Jasło
Jasna	Limanowa	Limanowa
Jaśniska	Gródek	Janów
Jaśniszcze	Brody	Podkamień
Jastew	Brzesko	Brzesko
Jastkowice	Tarnobrzeg	Rozwadów
Jastrebia	Wadowice	Kalwarya
Jastrząłka Nowa	Tarnów	Zabno
Jastrzębia	Grybów	Bobowa
Jastrzębia	Limanowa	Limanowa
Jastrzębiec	Łańcut	Leżajsk
Jastrzębiec	Stanisławów	Jezupol
Jastrzębków	Lemberg	Szczerzec
Jastrzębnik	Nowy Sącz	Krynica
Jaszczew	Krosno	Dukla
Jaszczurowa	Jasło	Frysztak
Jaszczurowa	Ropczyce	Wielopole

Jaszczurowa	Wadowice	Wadowice
Jaszkowa	Grybów	Grybów
Jasztrebica	Sokal	Krystynopol
Jatwięgi	Bóbrka	Strzeliska Nowe
Jatwięgi	Mościska	Mościska
Jatwięgi	Rudki	Rudki
Jawcze	Rohatyń	Rohatyń
Jawczyce	Wieliczka	Klasno
Jawiszowice	Biała	Oświęcim
Jaworec	Lisko	Baligród
Jaworki	Nowy Sącz	Szczawnica
Jawornik	Myślenice	Myślenice
Jawornik	Tarnów	Zabno
Jawornik Górny	Sanok	Bukowsko
Jawornik Niebyłecki	Rzeszów	Niebylec
Jawornik Polski	Rzeszów	Tyczyn
Jawornik Ruski	Bircza	Bircza
Jaworów	Dolina	Dolina
Jaworów	Jaworów	Jaworów
Jaworów	Kossów	Kossów
Jaworów	Mościska	Mościska
Jaworówka	Kalusz	Kalusz
Jaworsko	Brzesko	Wojnicz
Jaworze	Krosno	Dukla
Jaworze	Pilzno	Pilzno
Jaworzna	Limanowa	Limanowa
Jaworzno	Chrzanów	Chrzanów
Jazienica Polska	Kam. Strumiłowa	Kam. Strumiłowa
Jazienica Ruska	Kam. Strumiłowa	Kam. Strumiłowa
Jazłowczyk	Brody	Brody
Jazłowice	Buczacz	Jazłowice
Jazów Nowy	Jaworów	Jaworów
Jazów Stary	Jaworów	Jaworów
Jazowa	Jasło	Frysztak
Jazowa	Ropczyce	Wielopole
Jazowsko	Nowy Sącz	Łącko
Jedlicze	Krosno	Dukla
Jędruszków	Sanok	Nowtanice
Jelechowice	Złoczów	Złoczów
Jeleń	Chrzanów	Chrzanów
Jeleńkowate	Stryj	Skole

Jeleśnia	Żywiec	Zabłocie
Jelna	Nisko	Rudnik
Jelna	Nowy Sącz	Nowy Sącz
Jeriorko	Tarnobrzeg	Tarnobrzeg
Jesionowce	Złoczów	Złoczów
Jeszczyna	Żywiec	Zabłocie
Jezierna	Złoczów	Jezierna
Jezierzanka	Borszczów	Borszczów
Jezierzany	Borszczów	Borszczów
Jezierzany	Buczacz	Barysz
Jezierzany	Rohatyń	Bursztyn
Jezierzany	Tłumacz	Tłumacz
Jezierzenka	Złoczów	Zborów
Jeżów	Grybów	Bobowa
Jeżów	Nisko	Rudnik
Jezupol	Stanisławów	Jezupol
Jodłowa	Pilzno	Jodłowa
Jodłówka	Bochnia	Bochnia
Jodłówka	Jarosław	Pruchnik
Jodłówka	Tarnów	Tarnów
Jodłownik	Limanowa	Limanowa
Jokówka	Tarnów	Tarnów
Joniny	Tarnów	Ryglice
Jordanów	Myślenice	Jordanów
Jordanówka	Mościska	Hussaków
Jósefówka	Sokal	Sokal
Josefsberg	Drohobycz	Drohobycz
Josefsdorf	Mielec	Mielec
Józefów	Kam. Strumiłowa	Radziechów
Józefówka	Rawa Ruska	Uhnów
Józefówka	Tarnopol	Tarnopol
Judaszówka	Nisko	Rudnik
Jugowiec	Wieliczka	Podgórze
Julatycze	Żydaczów	Żurawno
Junaszków	Rohatyń	Bursztyn
Juraszowa	Nowy Sącz	Stary Sącz
Jurczyce	Myślenice	Myślenice
Jureczkowa	Bircza	Rybotycze
Juriampol	Zaleszczyki	Korolówka
Jurków	Brzesko	Czchów
Jurków	Limanowa	Limanowa

Jurowce	Sanok	Sanok
Juseptycze	Żydaczów	Żydaczów
Juśkowice	Złoczów	Olesko
Just	Nowy Sącz	Nowy Sącz
Justyniówka	Podhajce	Podhajce
Juszczyn	Myślenice	Maków
Juszkowce	Bóbrka	Strzeliska Nowe
Kabarowce	Złoczów	Zborów
Kaczanówka	Skałat	Skałat
Kaczorowy	Jasło	Jasło
Kaczyna	Wadowice	Wadowice
Kadeza	Nowy Sącz	Łącko
Kadłubiska	Brody	Sokołówka
Kadłubiska	Złoczów	Olesko
Kadłubliska	Cieszanów	Narol
Kadobna	Kalusz	Kalusz
Kadowa	Grybów	Grybów
Kajmów	Tarnobrzeg	Tarnobrzeg
Kałahorówka	Skałat	Touste
Kalembina	Jasło	Frysztak
Kalembina	Ropczyce	Wielopole
Kalinów	Sambor	Sambor
Kalinowszczyzna	Czortków	Czortków
Kalna	Biała	Lipnik
Kalna	Dolina	Bolechów
Kalne	Brzeżany	Kozowa
Kalne	Stryj	Skole
Kalne	Złoczów	Pomorzany
Kalnica	Lisko	Baligród
Kaltwasser	Lemberg	Zniesienie
Kalusz	Kalusz	Kalusz
Kalwarya	Wadowice	Kalwarya
Kalwarya	Wadowice	Kalwarya
Kamesznica	Żywiec	Zabłocie
Kamień	Kalusz	Kalusz
Kamień	Nisko	Rudnik
Kamienica	Limanowa	Limanowa
Kamienna	Grybów	Grybów
Kamienna	Nadwórna	Nadwórna
Kamienna Góra	Podhajce	Zawałów
Kamienna Góra	Rawa Ruska	Magierów

Kamienne	Sanok	Bukowsko
Kamienobród	Gródek	Gródek
Kamienopol	Lemberg	Zniesienie
Kamionka	Dolina	Bolechów
Kamionka	Nowy Sącz	Łabowa
Kamionka	Ropczyce	Ropczyce
Kamionka	Sanok	Rymanów
Kamionka Mała	Limanowa	Limanowa
Kamionka Strumiłowa	Kam. Strumiłowa	Kam. Strumiłowa
Kamionka Wielka	Grybów	Grybów
Kamionka Wołoska	Rawa Ruska	Rawa Ruska
Kamionki	Lisko	Baligród
Kamionki	Skałat	Skałat
Kamionki Małe	Kołomea	Kołomea
Kamionki Wielkie	Kołomea	Kołomea
Kamionna	Bochnia	Wiśnicz Nowy
Kamionna	Bochnia	Wiśnicz Nowy
Kamyk	Bochnia	Wiśnicz Nowy
Kanafosty	Rudki	Rudki
Kańczuga	Łańcut	Kańczuga
Kańczuga Kobiernice	Biała	Kęty
Kanina	Limanowa	Limanowa
Kaniów Dankowski	Biała	Oświęcim
Kaniów Stary	Biała	Oświęcim
Kanna	Dąbrowa	Dąbrowa
Kapelanka	Wieliczka	Podgórze
Kaplince	Brzeżany	Kozowa
Kaptury	Trembowla	Trembowla
Kapuścińce	Zaleszczyki	Tłuste
Karaczynów	Gródek	Janów
Karanie	Kam. Strumiłowa	Chołojów
Karaszyńce	Husiatyn	Chorostków
Karemków	Rudki	Rudki
Karezmiska	Tarnobrzeg	Rozwadów
Karlików	Sanok	Bukowsko
Karłów	Śniatyn	Śniatyn
Karlsdorf	Stryj	Skole
Karniowice	Chrzanów	Chrzanów
Karolówka	Zaleszczyki	Tłuste

Karów	Rawa Ruska	Uhnów
Karwodna	Tarnów	Tuchów
Kasina Mała	Limanowa	Mszana dolna
Kasina Wielka	Limanowa	Mszana dolna
Kasna Dolna	Grybów	Bobowa
Kasna Górna	Grybów	Bobowa
Kasperowce	Zaleszczyki	Zaleszczyki
Kaszyce	Przemyśl	Sosnica
Kąt. Pozekalec	Skałat	Touste
Kątarzynice	Rudki	Komarno
Kąty	Brzesko	Czchów
Kąty	Chrzanów	Chrzanów
Kąty	Nisko	Ulanów
Kąty	Złoczów	Olesko
Katyna	Bircza	Dobromil
Kawczykat	Stryj	Stryj
Kawec	Wieliczka	Klasno
Kawęczyn	Mielec	Radomyśl Wiel.
Kawęczyn	Pilzno	Dębica
Kawęczyn	Ropczyce	Sędziszów
Kawęczyn	Tarnobrzeg	Rozwadów
Kawsko	Stryj	Stryj
Kazimirowska	Złoczów	Zborów
Kęblów	Mielec	Mielec
Kędzierzawce	Kam. Strumiłowa	Busk
Kędzierzynka	Wieliczka	Klasno
Keiklów	Mielec	Radomyśl Wiel.
Kępa	Kam. Strumiłowa	Stajanów
Kępanów	Bochnia	Wiśnicz Nowy
Kęparze Czycka	Tarnobrzeg	Rozwadów
Kępie	Tarnobrzeg	Rozwadów
Kęty	Biała	Kęty
Kiczna	Nowy Sącz	Łącko
Kidałowice	Jarosław	Jarosław
Kielanowice	Tarnów	Ryglice
Kielanówka	Rzeszów	Rzeszów
Kielczawa Kolonice	Lisko	Baligród
Kielnacowa	Rzeszów	Tyczyn
Kierlikówka	Bochnia	Wiśnicz Nowy
Kiernica	Gródek	Gródek
Kije	Kam. Strumiłowa	Chołojów

Kijowce	Żydaczów	Rozdół
Kilichów	Śniatyn	Zabłotów
Kimirz	Przemyślany	Przemyślany
Kipiaczka	Tarnopol	Tarnopol
Kipszna	Grybów	Bobowa
Kisielówka	Limanowa	Limanowa
Kisielówka	Tarnopol	Tarnopol
Kiskora	Tarnów	Tarnów
Klapówka	Rzeszów	Głogów
Klasno	Wieliczka	Klasno
Klasno	Wieliczka	Klasno
Klay	Bochnia	Bochnia
Klecie	Pilzno	Brzostek
Klęcza Dolna	Wadowice	Wadowice
Klęcza Górna	Wadowice	Wadowice
Klęcza Srednia	Wadowice	Wadowice
Klęczany	Gorlice	Gorlice
Klęczany	Nowy Sącz	Nowy Sącz
Klęczany	Ropczyce	Sędziszów
Klęczany	Wieliczka	Klasno
Kleindorf	Jaworów	Jaworów
Klekotów	Brody	Brody
Kleparów	Lemberg	Zniesienie
Kleszczowna	Przemyślany	Przemyślany
Klikowa	Tarnów	Tarnów
Klikuszowa	Nowy Targ	Nowy Targ
Klimkówka	Gorlice	Gorlice
Klimkówka	Nowy Sącz	Nowy Sącz
Klimkówka	Sanok	Rymanów
Kliniec	Stryj	Skole
Kliszów	Mielec	Mielec
Kłodne	Limanowa	Limanowa
Kłodnica	Stryj	Stryj
Kłodno	Żółkiew	Kulików
Kłodowa	Pilzno	Jodłowa
Kłodzienko	Żółkiew	Kulików
Kłokowice	Przemyśl	Niżankowice
Kłonice	Jaworów	Wielkie Oczy
Kłonów	Tarnobrzeg	Rozwadów
Kłubowce	Tłumacz	Tyśmienica
Kluczów Mały	Kołomea	Peczeniżyn

Kluczów Wielki	Kołomea	Peczeniżyn
Klusów	Sokal	Krystynopol
Kluszkowce	Nowy Targ	Nowy Targ
Kluwince	Husiatyn	Chorostków
Klyżów	Nisko	Ulanów
Knapy	Mielec	Mielec
Kniaźdwór	Kołomea	Peczeniżyn
Kniaże	Śniatyn	Śniatyn
Kniaże	Złoczów	Złoczów
Kniaziołuka	Dolina	Dolina
Kniażowskie	Dolina	Rożniatów
Kniaźpol	Bircza	Dobromil
Kniażyce	Przemyśl	Niżankowice
Kniesioło	Bóbrka	Strzeliska Nowe
Knihinin	Stanisławów	Stanisławów
Knihinin Colonie	Stanisławów	Stanisławów
Knihynice	Rudki	Rudki
Knihynicze	Rohatyń	Rohatyń
Knurów	Nowy Targ	Nowy Targ
Kobacki	Kossów	Kuty
Kobielnik	Wieliczka	Klasno
Kobienrzyn	Wieliczka	Podgórze
Kobierzyn	Tarnów	Zabno
Kobło Stare	Staremiasto	Staremiasto
Kobylanka	Gorlice	Gorlice
Kobylany	Krosno	Dukla
Kobyłczyna	Limanowa	Limanowa
Kobyle	Bochnia	Wiśnicz Nowy
Kobyle	Jasło	Frysztak
Kobyle	Nowy Sącz	Nowy Sącz
Kobylec	Bochnia	Wiśnicz Nowy
Kobylec	Kołomea	Gwozdziec
Kobylnica Ruska	Cieszanów	Lubaczów
Kobylnica Wołoska	Cieszanów	Lubaczów
Kobylowłoki	Trembowla	Janów
Kochanówka	Jaworów	Krakówiec
Kochany	Tarnobrzeg	Rozwadów
Kochawina	Żydaczów	Żydaczów
Kocierz ad Moszczanica	Żywiec	Zabłocie
Kocierz ad	Żywiec	Zabłocie

Rychwald		
Kocierzyn	Mościska	Sądowa Wisznia
Kociubińce	Husiatyn	Kopyczyńce
Kociubińczyki	Husiatyn	Husiatyn
Kocmierzów	Tarnobrzeg	Tarnobrzeg
Kocoń	Żywiec	Zabłocie
Kocurów	Bóbrka	Mikalajów
Kojszówka	Myślenice	Maków
Kokoszyńce	Skałat	Touste
Kokotkowce	Tarnopol	Tarnopol
Kokotów	Wieliczka	Klasno
Kokuszka	Nowy Sącz	Piwniczna
Kolaczyce	Pilzno	Brzostek
Kolanki	Horodenka	Czernelica
Kolanów	Bochnia	Bochnia
Kolbuszowa	Kolbuszowa	Kolbuszowa
Kolbuszowa Dolna	Kolbuszowa	Kolbuszowa
Kolbuszowa Górna	Kolbuszowa	Kolbuszowa
Kołdziejów	Stanisławów	Hałicz
Koledziany	Czortków	Czortków
Koleśniki	Kam. Strumiłowa	Radziechów
Kolin	Rohatyń	Rohatyń
Kolińce	Tłumacz	Tłumacz
Kolko	Bochnia	Bochnia
Kolkówka Strzyzewski	Gorlice	Rzepienik
Koło	Rohatyń	Rohatyń
Koło	Tarnobrzeg	Baranów
Koło Tynieckie	Wieliczka	Podgórze
Kołodrobka	Zaleszczyki	Korolówka
Kołodziejówka	Skałat	Skałat
Kołodziejówka	Stanisławów	Stanisławów
Kołohury	Bóbrka	Bóbrka
Kołomea	Kołomea	Kołomea
Kołowa Wola	Tarnobrzeg	Rozwadów
Kołpice	Drohobycz	Drohobycz
Kołtów	Złoczów	Sassów
Komańcza	Sanok	Bukowsko
Komarno	Rudki	Komarno
Komarów	Sokal	Tartaków
Komarów	Stanisławów	Hałicz

Komarów	Stryj	Stryj
Komarowice	Bircza	Nowemiasto
Komarówka	Brzeżany	Kozowa
Komarówka	Tłumacz	Uście Zielone
Kombornia	Krosno	Dukla
Komorniki	Wieliczka	Klasno
Komorów	Kolbuszowa	Majdan
Komorów	Tarnów	Zabno
Komorowice	Biała	Lipnik
Komorówka	Brody	Leszniów
Konary	Tarnów	Zabno
Konary	Wieliczka	Podgórze
Kończyce	Nisko	Rudnik
Kończyska	Brzesko	Czchów
Kondratów	Złoczów	Gologory
Koniaczów	Jarosław	Jarosław
Konice	Ropczyce	Wielopole
Koniczkowa	Rzeszów	Niebylec
Konieczna	Gorlice	Gorlice
Konigsau	Drohobycz	Drohobycz
Konigsberg	Nisko	Rudnik
Konina	Limanowa	Mszana dolna
Koniów	Sambor	Sambor
Koniuchów	Stryj	Stryj
Koniuchy	Brzeżany	Kozowa
Koniusza	Przemyśl	Niżankowice
Koniuszki	Przemyśl	Niżankowice
Koniuszki	Rohatyń	Rohatyń
Koniuszki Królewskie	Rudki	Komarno
Koniuszki Nanowskie	Mościska	Hussaków
Koniuszki Siemianów	Rudki	Rudki
Koniuszki Tuligłowskie	Rudki	Komarno
Koniuszków	Brody	Brody
Koniuszowa	Grybów	Grybów
Konkolniki	Rohatyń	Bursztyn
Konkulówka	Rzeszów	Błazowa
Konopkówka	Tarnopol	Mikulińce

Konotopy	Sokal	Sokal
Końskie	Brzozów	Brzozów
Konstancja	Borszczów	Borszczów
Konstantynówka	Tarnopol	Tarnopol
Konstantynówka	Tłumacz	Ottynia
Konty	Brody	Sokołówka
Konty	Krosno	Żmigród
Kopacze Księże	Brzesko	Szczurowa
Kopaczyńce	Horodenka	Czernelica
Kopaliny	Bochnia	Wiśnicz Nowy
Kopaliny	Brzesko	Brzesko
Kopan	Przemyślany	Świrz
Kopaniny	Brzesko	Szczurowa
Kopanka	Kalusz	Kalusz
Kopanka	Wieliczka	Podgórze
Kopcie	Kolbuszowa	Majdan
Kopcie	Rzeszów	Głogów
Kopyczyńce	Husiatyn	Kopyczyńce
Kopytne	Bircza	Rybotycze
Kopytów	Sokal	Tartaków
Kopytowa	Krosno	Dukla
Kopytówka	Wadowice	Zator
Korabina	Kolbuszowa	Ranizów
Korabniki	Wieliczka	Podgórze
Korbielów	Żywiec	Zabłocie
Korczmin	Rawa Ruska	Uhnów
Korczów	Rawa Ruska	Uhnów
Korczówka	Żydaczów	Żurawno
Korczyn	Sokal	Krystynopol
Korczyn	Stryj	Skole
Korczyna	Gorlice	Gorlice
Korczyna	Krosno	Korczyna
Kordówka	Kołomea	Kołomea
Korków	Sokal	Warez
Kornałowice	Sambor	Sambor
Kornatka	Wieliczka	Klasno
Kornclówka	Żydaczów	Żydaczów
Korniaktów	Łańcut	Żołynia
Kornice	Mościska	Mościska
Kornicz	Kołomea	Kołomea
Kornie	Rawa Ruska	Lubycza

Korniów	Horodenka	Czernelica
Korolówka	Tłumacz	Tłumacz
Korolówka	Zaleszczyki	Korolówka
Koropiec	Buczacz	Potok
Koropuz	Rudki	Komarno
Korościatyn	Buczacz	Monasterzyska
Korostów	Stryj	Skole
Korostowice	Rohatyń	Bursztyn
Korsów	Brody	Leszniów
Korszów	Kołomea	Kołomea
Korszyłów	Złoczów	Zborów
Korzelice	Przemyślany	Przemyślany
Korzelów	Żółkiew	Kulików
Korzenica	Jarosław	Radymno
Korzeniec	Bircza	Bircza
Korzenna	Grybów	Grybów
Korzowa	Podhajce	Zawałów
Korzuchów	Jasło	Frysztak
Korzuchów	Ropczyce	Wielopole
Kościaszyn	Sokal	Warez
Kościejów	Lemberg	Zniesienie
Kościelec	Chrzanów	Chrzanów
Kościelisko	Nowy Targ	Nowy Targ
Kościelniki	Buczacz	Potok
Kościelniki	Rudki	Rudki
Kościelniki	Zaleszczyki	Gródek
Kosina	Łańcut	Przeworsk
Kosmacz	Borhodczany	Sołotwina
Kosmacz	Kossów	Pistyn
Kośmierzyn	Buczacz	Potok
Kosowa	Wadowice	Zator
Kosowice	Gródek	Gródek
Kosowy	Kolbuszowa	Kolbuszowa
Kossocice	Wieliczka	Klasno
Kossów	Czortków	Budzanów
Kossów	Kossów	Kossów
Kossów Stary	Kossów	Kossów
Kostarowce	Sanok	Sanok
Kostenjów	Przemyślany	Przemyślany
Kostrza	Limanowa	Limanowa
Kostrze	Wieliczka	Podgórze

Koszarawa	Żywiec	Zabłocie
Koszary	Limanowa	Limanowa
Kosztowa	Brzozów	Dynów
Koszyce Małe	Tarnów	Tarnów
Koszyce Wielkie	Tarnów	Tarnów
Koszyłowce	Czortków	Jagielnica
Kotań	Krosno	Dukla
Kotiatycze	Kalusz	Kalusz
Kotoryny	Żydaczów	Żurawno
Kotów	Bircza	Bircza
Kotów	Brzeżany	Brzeżany
Kotów	Nowy Sącz	Łabowa
Kotowania	Sambor	Sambor
Kotówka	Husiatyn	Kopyczyńce
Kotuzów	Podhajce	Podhajce
Kowalówka	Buczacz	Monasterzyska
Kowalówka	Kołomea	Jabłonów
Kowalowy	Jasło	Jasło
Kowalowy Dolne	Tarnów	Ryglice
Kowalowy Górne	Tarnów	Ryglice
Kowenice	Sambor	Sambor
Kozaczówka	Borszczów	Mielnica
Kozaczyzna	Borszczów	Borszczów
Kozakowa Góra	Złoczów	Złoczów
Kozara	Rohatyń	Bursztyn
Koziarnia	Nisko	Rudnik
Koziary	Tarnobrzeg	Rozwadów
Kozice	Lemberg	Zniesienie
Koziekie	Bircza	Rybotycze
Kozielniki	Lemberg	Winniki
Kozina	Stanisławów	Hałicz
Kozina mit Bilka	Skałat	Touste
Koziowa	Stryj	Skole
Kozipice	Wadowice	Wadowice
Kozłów	Brzeżany	Kozłów
Kozłów	Dąbrowa	Dąbrowa
Kozłów	Kam. Strumiłowa	Busk
Kozłówek	Jasło	Frysztak
Kożmice Małe	Wieliczka	Klasno
Kożmice Wielkie	Wieliczka	Klasno
Kozodrza	Ropczyce	Ropczyce

Kozowa	Brzeżany	Kozowa
Kozówka	Brzeżany	Kozowa
Kozówka	Tarnopol	Mikulińce
Kożuszne ad Wysocz	Sanok	Bukowsko
Kozy	Biała	Lipnik
Krajna	Bircza	Rybotycze
Krajowice	Jasło	Jasło
Kraków	Kraków	Kraków
Krakowice	Borhodczany	Sołotwina
Krakówiec	Jaworów	Krakówiec
Krakuszowice	Wieliczka	Klasno
Kramarzówka	Jarosław	Pruchnik
Kranszów	Nowy Targ	Nowy Targ
Kranzberg	Sambor	Sambor
Krasice	Przemyśl	Krzywcza
Krasiczyn	Przemyśl	Krzywcza
Krasiczyn	Żółkiew	Kulików
Krasiejów	Buczacz	Monasterzyska
Krasiełówka	Tłumacz	Ottynia
Krasna	Brzeżany	Kozłów
Krasna	Kalusz	Kalusz
Krasna	Krosno	Korczyna
Krasna	Nadwórna	Nadwórna
Krasne	Limanowa	Limanowa
Krasne	Rzeszów	Rzeszów
Krasne	Skałat	Touste
Krasne Potockie	Nowy Sącz	Nowy Sącz
Krasno	Jarosław	Sienawa
Krasnoila	Kossów	Żabie
Krasnopuszcza	Przemyślany	Dunajowce
Krasnosielce	Złoczów	Pomorzany
Krasnosielce	Złoczów	Złoczów
Krasów	Lemberg	Szczerzec
Krasówka	Tarnopol	Tarnopol
Krawce	Tarnobrzeg	Rozwadów
Krechów	Żółkiew	Żółkiew
Krechów	Żydaczów	Żurawno
Krechowce	Stanisławów	Stanisławów
Krechowice	Dolina	Rożniatów
Krecilów	Skałat	Touste

Kreców	Bircza	Bircza
Krempna	Krosno	Dukla
Kreszów	Żywiec	Zabłocie
Krogulce	Husiatyn	Kopyczyńce
Królik Polski	Sanok	Rymanów
Królik Wołoski	Sanok	Rymanów
Krolówka	Bochnia	Wiśnicz Nowy
Kropielniki	Rudki	Rudki
Kropiwinik Nowy	Drohobycz	Borysław
Kropiwinik Stary	Drohobycz	Borysław
Kropiwiszcze	Kołomea	Kołomea
Kropiwna	Złoczów	Gologory
Kropiwnik	Kalusz	Kalusz
Kropwinik	Bircza	Dobromil
Krościenko	Lisko	Ustrzyki Dolne
Krościenko	Nowy Targ	Krościenko
Krościenko Niżne	Krosno	Korczyna
Krościenko Wyżne	Krosno	Korczyna
Krosienice	Przemyśl	Przemyśl
Krośna	Limanowa	Limanowa
Krośnica	Nowy Targ	Nowy Targ
Krosno	Krosno	Dukla
Krotoszyn	Lemberg	Nawarya
Krowica Lasowa	Cieszanów	Lubaczów
Krowica Sama	Cieszanów	Lubaczów
Krowice	Tarnopol	Tarnopol
Krowinka	Trembowla	Trembowla
Krowniki	Przemyśl	Przemyśl
Kruhel	Przemyśl	Przemyśl
Kruhel Pawłosiowski	Jarosław	Jarosław
Kruki	Biała	Oświęcim
Krukienice	Mościska	Mościska
Krulin	Mościska	Sądowa Wisznia
Krupsko	Żydaczów	Rozdól
Kruszelnica	Stryj	Skole
Krużlowa Niżna	Grybów	Grybów
Krużlowa Polska	Grybów	Grybów
Krużlowa Ruska	Grybów	Grybów
Krużlowa Wyżna	Grybów	Grybów
Krużyki	Sambor	Sambor

Kryczka	Borhodczany	Sołotwina
Kryg	Gorlice	Gorlice
Kryłos	Stanisławów	Hałicz
Krynica	Drohobycz	Drohobycz
Krynica	Nowy Sącz	Krynica
Krysowice	Mościska	Mościska
Krystynopol	Sokal	Krystynopol
Krywa	Gorlice	Gorlice
Krywe	Lisko	Baligród
Krywe bei Tworylne	Lisko	Lutowiska
Krywka	Lisko	Lutowiska
Kryzywołuka	Czortków	Jagielnica
Krzadka	Tarnobrzeg	Tarnobrzeg
Krzęcin	Wadowice	Zator
Krzeczkowa	Przemyśl	Przemyśl
Krzeczów	Bochnia	Bochnia
Krzeczów	Myślenice	Jordanów
Krzeczowice	Łańcut	Kańczuga
Krzemienica	Łańcut	Łańcut
Krzemienica	Mielec	Mielec
Krzesławice	Wieliczka	Klasno
Krzeszowice	Chrzanów	Trzebina
Krzewica	Rawa Ruska	Uhnów
Krzezoniów	Myślenice	Myślenice
Krzyszkowice	Myślenice	Myślenice
Krzyszkowice	Wieliczka	Klasno
Krzywa Rzeka	Wieliczka	Klasno
Krzywaczka	Myślenice	Myślenice
Krzywcza	Przemyśl	Krzywcza
Krzywcze	Borszczów	Mielnica
Krzywcze Dolne	Borszczów	Mielnica
Krzywcze Górne	Borszczów	Mielnica
Krzywczyce	Lemberg	Zniesienie
Krzywe	Bircza	Rybotycze
Krzywe	Brzeżany	Kozowa
Krzywe	Brzozów	Brzozów
Krzywe	Cieszanów	Cieszanów
Krzywe	Kam. Strumiłowa	Radziechów
Krzywe	Skałat	Skałat
Krzywenkie	Husiatyn	Probużna
Krzywice	Borhodczany	Sołotwina

Krzywice	Borhodczany	Sołotwina
Krzywice	Przemyślany	Gliniany
Krzywiecka Wola	Przemyśl	Krzywcza
Krzywki	Tarnopol	Mikulińce
Krzyworównia	Kossów	Żabie
Krzywotuly Nowe	Tłumacz	Ottynia
Krzywotuly Stare	Tłumacz	Ottynia
Krzywulanka	Kam. Strumiłowa	Kam. Strumiłowa
Krzyż	Tarnów	Tarnów
Krzyżanowice	Bochnia	Bochnia
Krzyżowa	Żywiec	Zabłocie
Krzyżówka	Nowy Sącz	Łabowa
Książnice	Bochnia	Bochnia
Księczy Most	Mościska	Sądowa Wisznia
Księże Kolano	Tarnobrzeg	Rozwadów
Księżnice	Mielec	Radomyśl Wiel.
Kuczwice	Lisko	Baligród
Kudobińce	Złoczów	Zborów
Kudryńce Dolne	Borszczów	Mielnica
Kudryńce Górne	Borszczów	Mielnica
Kudynowce	Złoczów	Zborów
Kuhajów	Lemberg	Nawarya
Kujdance	Kołomea	Kołomea
Kujdanów	Buczacz	Buczacz
Kukizów	Lemberg	Jaryczów
Kuków	Żywiec	Zabłocie
Kułaczkowce	Kołomea	Gwozdziec
Kułaczyn	Śniatyn	Śniatyn
Kułakowce	Zaleszczyki	Gródek
Kulaszne	Sanok	Bukowsko
Kulawa	Żółkiew	Żółkiew
Kulczyce	Sambor	Sambor
Kulerzów	Wieliczka	Podgórze
Kuliczków	Sokal	Bełz
Kulików	Kam. Strumiłowa	Radziechów
Kulików	Żółkiew	Kulików
Kulmatycze	Mościska	Sądowa Wisznia
Kulparków	Lemberg	Zniesienie
Kulyska	Tłumacz	Niźniów
Kunaszów	Rohatyń	Bursztyn
Kunice	Wieliczka	Klasno

Kunicze	Rohatyń	Bursztyn
Kunin	Żółkiew	Żółkiew
Kunina	Nowy Sącz	Łabowa
Kunisowce	Horodenka	Czernelica
Kunkowa	Gorlice	Gorlice
Kunkowce	Przemyśl	Przemyśl
Kunowa	Jasło	Jasło
Kupcze	Kam. Strumiłowa	Busk
Kupczynce	Tarnopol	Tarnopol
Kupiatycze	Przemyśl	Niżankowice
Kupiczwola	Żółkiew	Gross-Mosty
Kupienin	Dąbrowa	Dąbrowa
Kupna	Przemyśl	Krzywcza
Kupno	Kolbuszowa	Kolbuszowa
Kupno	Rzeszów	Głogów
Kupnowice Nowy	Rudki	Rudki
Kupnowice Stary	Rudki	Rudki
Kurdwanówka	Buczacz	Buczacz
Kurmanice	Przemyśl	Niżankowice
Kurniki	Jaworów	Jaworów
Kurniki Szlacheckie	Tarnopol	Tarnopol
Kuropatniki	Brzeżany	Brzeżany
Kuropatniki	Rohatyń	Bursztyn
Kurów	Bochnia	Wiśnicz Nowy
Kurów	Nowy Sącz	Nowy Sącz
Kurów	Żywiec	Zabłocie
Kurowce	Tarnopol	Tarnopol
Kurowice	Przemyślany	Gliniany
Kurwanów Dolny	Wieliczka	Podgórze
Kurwanów Górny	Wieliczka	Podgórze
Kuryłówka	Łańcut	Leżajsk
Kurypów	Stanisławów	Hałicz
Kurzany	Brzeżany	Brzeżany
Kurzyna Mała	Nisko	Ulanów
Kurzyna Wielka	Nisko	Ulanów
Kustyn	Brody	Szczurowice
Kutce	Rohatyń	Rohatyń
Kutenberg	Jaworów	Jaworów
Kutkowce	Tarnopol	Tarnopol
Kuty	Kossów	Kuty
Kuty Stare	Kossów	Kuty

Kutyly	Nisko	Ulanów
Kutyszcze	Brody	Podkamień
Kuywa	Ropczyce	Sędziszów
Kuzie	Dąbrowa	Dąbrowa
Kuźmina	Bircza	Bircza
Kwaczała	Chrzanów	Chrzanów
Kwapinka	Wieliczka	Klasno
Kwaszenina	Bircza	Dobromil
Kwiatoń	Gorlice	Gorlice
Kwiatonowice	Gorlice	Gorlice
Kwików	Brzesko	Szczurowa
Łabacz	Brody	Sokołówka
Łabajka	Rzeszów	Głogów
Łabowa	Nowy Sącz	Łabowa
Łabowice	Nowy Sącz	Łabowa
Lachawa	Bircza	Bircza
Lachowce	Bohordczany	Bohordczany
Lachowice	Żywiec	Zabłocie
Lachowice Podróżne	Żydaczów	Żurawno
Lachowice Zarzeczne	Żydaczów	Żurawno
Lacka Wola	Mościska	Mościska
Lackie Małe	Złoczów	Złoczów
Lackie Wielkie	Złoczów	Złoczów
Łącko	Bircza	Dobromil
Łącko	Nowy Sącz	Łącko
Łaczany	Wadowice	Zator
Łaczki	Jasło	Frysztak
Łaczki	Lisko	Lisko
Łaczki	Nowy Sącz	Łącko
Łaczki	Ropczyce	Ropczyce
Ładyczyn	Tarnopol	Mikulińce
Ładzin	Sanok	Rymanów
Ladzkie	Tłumacz	Tyśmienica
Ladzkie	Tłumacz	Uście Zielone
Laeniowa	Brzesko	Czchów
Łagiewniki	Wieliczka	Podgórze
Łahodów	Brody	Brody
Łahodów	Przemyślany	Gliniany
Łąka	Sambor	Sambor

Łąkta Dolna	Bochnia	Wiśnicz Nowy
Łąkta Górna	Bochnia	Wiśnicz Nowy
Lalin	Sanok	Sanok
Lamna	Bochnia	Wiśnicz Nowy
Lanckrona	Wadowice	Kalwarya
Łańcut	Łańcut	Łańcut
Łańczówka	Kam. Strumiłowa	Busk
Łanczyn	Nadwórna	Lanczyn
Landestreu	Kalusz	Kalusz
Lanowce	Borszczów	Borszczów
Lanowice	Sambor	Sambor
Łany	Lemberg	Szczerzec
Łany Niemieckie	Kam. Strumiłowa	Kam. Strumiłowa
Łany Polskie	Kam. Strumiłowa	Kam. Strumiłowa
Łany Sokołówskie	Stryj	Stryj
Łapajówka	Jarosław	Jarosław
Łapajówka	Kam. Strumiłowa	Kam. Strumiłowa
Łapanów	Bochnia	Wiśnicz Nowy
Łapczyca	Bochnia	Bochnia
Łapiszów	Tarnobrzeg	Rozwadów
Łapszyn	Bóbrka	Chodorów
Łapszyn	Brzeżany	Brzeżany
Las	Żywiec	Zabłocie
Lasek	Nowy Targ	Nowy Targ
Laski	Jasło	Jasło
Laski	Nisko	Nisko
Laskowa	Limanowa	Limanowa
Laskowa	Wadowice	Zator
Laskowce	Czortków	Budzanów
Laskówka Delastowska	Dąbrowa	Szczucin
Lasocice	Limanowa	Limanowa
Lasosina	Limanowa	Limanowa
Lastówki	Drohobycz	Borysław
Laszczyny	Łańcut	Żołynia
Laszki	Jarosław	Radymno
Laszki	Jaworów	Jaworów
Laszki Dolne	Bóbrka	Brzozdowiec
Laszki Górne	Bóbrka	Brzozdowiec
Laszki Gościńcowe	Mościska	Mościska
Laszki Król.	Przemyślany	Gliniany

Laszki Murowane	Lemberg	Zniesienie
Laszki Murowane	Staremiasto	Starasól
Laszki Zawiązane	Rudki	Rudki
Laszków	Brody	Szczurowice
Latacz	Zaleszczyki	Uścieczko
Łatkowce	Borszczów	Mielnica
Łatoszyn	Pilzno	Dębica
Ławoczne	Stryj	Skole
Ławrów	Staremiasto	Staremiasto
Ławryków	Rawa Ruska	Magierów
Ławrykowce	Złoczów	Zborów
Łazany	Wieliczka	Klasno
Łazarówka	Buczacz	Monasterzyska
Łazek	Tarnobrzeg	Radomyśl
Łazy	Biała	Oświęcim
Łazy	Bochnia	Wiśnicz Nowy
Łazy	Jarosław	Radymno
Łazy	Nowy Sącz	Łącko
Łazy Biegonickie	Nowy Sącz	Stary Sącz
Łazy Dębowieckie	Jasło	Jasło
Łdziany	Kalusz	Kalusz
Lecka	Rzeszów	Tyczyn
Lecówka	Dolina	Rożniatów
Lednica Górna	Wieliczka	Klasno
Lednica Niemicka	Wieliczka	Klasno
Łęg	Nowy Sącz	Łabowa
Łęgów	Żółkiew	Gross-Mosty
Łęka	Nowy Sącz	Nowy Sącz
Łęka Siedl.	Tarnów	Zabno
Łęka Szczucińka	Dąbrowa	Szczucin
Łęka Żabiecka	Dąbrowa	Szczucin
Łękawica	Tarnów	Tarnów
Łękawica	Wadowice	Wadowice
Łękawica	Żywiec	Zabłocie
Łękawka	Tarnów	Tuchów
Łęki	Biała	Kęty
Łęki	Brzesko	Brzesko
Łęki	Jasło	Frysztak
Łęki	Krosno	Dukla
Łęki	Nowy Sącz	Nowy Sącz
Łęki Dolne	Pilzno	Pilzno

Łęki Górne	Pilzno	Pilzno
Leksandrowa	Bochnia	Wiśnicz Nowy
Lelechówka	Gródek	Janów
Leluchów	Nowy Sącz	Muszyna
Lemberg	Lemberg	Lemberg
Lencze Górne	Wadowice	Kalwarya
Lenina Mała	Staremiasto	Staremiasto
Lenina Wielka	Staremiasto	Staremiasto
Lepina	Żółkiew	Żółkiew
Lepnica	Pilzno	Dębica
Lesieczniki	Zaleszczyki	Zaleszczyki
Lesienice	Lemberg	Winniki
Lesna	Żywiec	Zabłocie
Leśnica	Nowy Targ	Nowy Targ
Leśnica	Wadowice	Kalwarya
Leśniki	Brzeżany	Brzeżany
Leśniowice	Gródek	Janów
Leśniowice	Lemberg	Nawarya
Leśniówka	Krosno	Dukla
Leszczańce	Buczacz	Buczacz
Leszczatów	Sokal	Tartaków
Leszczawa Dolna	Bircza	Bircza
Leszczawa Górna	Bircza	Bircza
Leszczawka	Bircza	Bircza
Leszcze	Ropczyce	Ropczyce
Leszczków	Sokal	Warez
Leszczowate	Lisko	Ustrzyki Dolne
Leszczyn	Bóbrka	Strzeliska Nowe
Leszczyna	Bochnia	Wiśnicz Nowy
Leszczyny	Bircza	Rybotycze
Leszczyny	Gorlice	Gorlice
Leszkowice	Bochnia	Bochnia
Leszniów	Brody	Leszniów
Letnia	Drohobycz	Drohobycz
Lętowe	Limanowa	Mszana dolna
Lętowica	Brzesko	Wojnicz
Łętowina	Nisko	Rudnik
Łętownia	Myślenice	Jordanów
Łętownia	Przemyśl	Przemyśl
Łętownia	Rzeszów	Strzyżów
Lewniowa	Brzesko	Brzesko

Leżachów	Jarosław	Sienawa
Leżajsk	Łańcut	Leżajsk
Leżanówka	Skałat	Grzymałów
Lężany	Krosno	Dukla
Lężawa	Zaleszczyki	Zaleszczyki
Lgota	Chrzanów	Trzebina
Lgota	Wadowice	Zator
Libertów	Wieliczka	Podgórze
Libiąż Mały	Chrzanów	Chrzanów
Libiąż Wielki	Chrzanów	Chrzanów
Libochowa	Stryj	Skole
Librantowa	Nowy Sącz	Nowy Sącz
Libuchowa	Staremiasto	Chyrów
Libusza	Gorlice	Gorlice
Lichwin	Tarnów	Tuchów
Liczkowce	Husiatyn	Husiatyn
Limanowa	Limanowa	Limanowa
Lindenfeld	Lemberg	Szczerzec
Lipa	Bircza	Bircza
Lipa	Dolina	Bolechów
Lipiatyn	Brzeżany	Brzeżany
Lipica Górna	Rohatyń	Rohatyń
Lipice	Drohobycz	Drohobycz
Lipie	Limanowa	Limanowa
Lipie	Nowy Sącz	Nowy Sącz
Lipie	Rzeszów	Głogów
Lipinki	Gorlice	Gorlice
Lipiny	Dąbrowa	Dąbrowa
Lipiny	Pilzno	Pilzno
Liplas	Wieliczka	Klasno
Lipna	Gorlice	Gorlice
Lipnia Dolna	Bochnia	Wiśnicz Nowy
Lipnia Górna	Bochnia	Wiśnicz Nowy
Lipnica	Kolbuszowa	Ranizów
Lipnica	Rzeszów	Głogów
Lipnica Dolna	Pilzno	Jodłowa
Lipnica Dolna	Rohatyń	Bursztyn
Lipnica Górna	Jasło	Jasło
Lipnica Murowana	Bochnia	Wiśnicz Nowy
Lipnica Wielka	Nowy Sącz	Nowy Sącz
Lipnik	Biała	Lipnik

Lipnik	Wieliczka	Klasno
Lipniki	Mościska	Mościska
Lipowa	Wadowice	Zator
Lipowa	Żywiec	Zabłocie
Lipowce	Limanowa	Limanowa
Lipowce	Przemyślany	Gliniany
Lipowce	Złoczów	Gologory
Lipowica	Krosno	Dukla
Lipowice	Cieszanów	Lubaczów
Lipowice	Dolina	Dolina
Lipowice	Sanok	Rymanów
Lipowiec	Drohobycz	Drohobycz
Lipsko	Cieszanów	Lipsko
Lisia Góra	Tarnów	Tarnów
Lisiatycze	Stryj	Stryj
Lisiejamy	Cieszanów	Lubaczów
Liski	Kołomea	Kołomea
Liski	Sokal	Warez
Lisko	Kam. Strumiłowa	Busk
Lisko	Lisko	Lisko
Liskowate	Bircza	Dobromil
Lisów	Jasło	Jasło
Lisowce	Zaleszczyki	Tłuste
Lisowice	Dolina	Bolechów
Liszna	Lisko	Baligród
Liszna	Sanok	Sanok
Lisznia	Drohobycz	Drohobycz
Litewska	Rudki	Komarno
Litowisko	Brody	Podkamień
Litwina	Podhajce	Podhajce
Litynia	Drohobycz	Drohobycz
Liwcze	Sokal	Warez
Łobozew	Lisko	Ustrzyki Dolne
Łodygowice	Biała	Lipnik
Łodyna	Lisko	Ustrzyki Dolne
Łodzina	Bircza	Bircza
Łodzinka Dolna	Bircza	Rybotycze
Łodzinka Górna	Bircza	Bircza
Łojowa	Nadwórna	Delatyn
Lokutki	Tłumacz	Tłumacz
Lolin	Dolina	Dolina

Łomna	Bircza	Rybotycze
Łomnica	Nowy Sącz	Piwniczna
Łonie	Przemyślany	Gliniany
Łonie	Złoczów	Gologory
Łoniowy	Brzesko	Brzesko
Łopianka	Dolina	Dolina
Łopienka	Lisko	Baligród
Łopoń	Brzesko	Wojnicz
Łopuchowa	Ropczyce	Ropczyce
Łopuszanka	Bircza	Dobromil
Łopuszanka Chomina	Staremiasto	Staremiasto
Łopuszany	Złoczów	Zborów
Łopuszka Mała	Łańcut	Kańczuga
Łopuszka Wielka	Łańcut	Kańczuga
Łopuszna	Nowy Targ	Nowy Targ
Łopuszna	Rohatyń	Rohatyń
Łopuszna	Sambor	Sambor
Łopusznica	Bircza	Dobromil
Łosiacz	Borszczów	Skała
Łosie	Gorlice	Gorlice
Łosie	Nowy Sącz	Łabowa
Lososina Dolna	Nowy Sącz	Nowy Sącz
Lostówka	Limanowa	Mszana dolna
Loszniów	Trembowla	Trembowla
Lotatniki	Stryj	Stryj
Łowce	Jarosław	Radymno
Łowcza	Cieszanów	Cieszanów
Łowczów	Tarnów	Tuchów
Łowczowek	Tarnów	Tuchów
Łowczyce	Rudki	Komarno
Łowczyce	Żydaczów	Żurawno
Łowisko	Nisko	Rudnik
Łozina	Gródek	Janów
Łozowa	Tarnopol	Tarnopol
Łozówka	Trembowla	Trembowla
Luasz	Dąbrowa	Szczucin
Lubaczów	Cieszanów	Lubaczów
Lubanowa	Tarnów	Tuchów
Lubatowa	Krosno	Dukla
Lubatówka	Krosno	Dukla

Lubcza	Pilzno	Pilzno
Lubcza	Tarnów	Tarnów
Lubella	Żółkiew	Żółkiew
Lubenia	Rzeszów	Tyczyn
Lubeszka	Bóbrka	Strzeliska Nowe
Lubiana	Lemberg	Szczerzec
Lubianka	Lemberg	Szczerzec
Lubień	Myślenice	Jordanów
Lubień Mały	Gródek	Gródek
Lubień Wielki	Gródek	Gródek
Lubieńce	Stryj	Stryj
Lubienie	Jaworów	Krakówiec
Lubinka	Tarnów	Tarnów
Lubkowce	Śniatyn	Zabłotów
Lubla	Jasło	Frysztak
Lublica	Jasło	Frysztak
Lublinec Nowy	Cieszanów	Cieszanów
Lublinec Stary	Cieszanów	Cieszanów
Łubne	Lisko	Baligród
Łubno	Brzozów	Dynów
Lubomierz	Bochnia	Wiśnicz Nowy
Lubomierz	Limanowa	Mszana dolna
Łubów	Sokal	Warez
Lubsza	Rohatyń	Rohatyń
Lubsza	Żydaczów	Żurawno
Lubycza	Rawa Ruska	Lubycza
Lubycza Kniazie	Rawa Ruska	Lubycza
Lubzina	Ropczyce	Ropczyce
Luczany	Bóbrka	Strzeliska Nowe
Lucze	Kołomea	Jabłonów
Łuczka	Tarnopol	Mikulińce
Łuczki	Kołomea	Jabłonów
Lucznikowice	Biała	Oświęcim
Luczyce	Przemyśl	Przemyśl
Luczyńce	Rohatyń	Rohatyń
Ludwikówka	Dolina	Dolina
Ludwikówka	Rohatyń	Bursztyn
Ludwikówka	Tarnopol	Mikulińce
Ludwinów	Wieliczka	Podgórze
Ludzimierz	Nowy Targ	Nowy Targ
Ług	Gorlice	Gorlice

Łuh	Lisko	Baligród
Łuh	Nadwórna	Delatyn
Łuhy	Dolina	Rożniatów
Łuka	Horodenka	Obertyn
Łuka	Kalusz	Wojnilów
Łuka	Tłumacz	Uście Zielone
Łuka	Złoczów	Złoczów
Łuka Mała	Skałat	Tarnoruda
Łukanowice	Brzesko	Wojnicz
Łukawica	Cieszanów	Lipsko
Łukawica	Limanowa	Limanowa
Łukawica	Lisko	Lisko
Łukawica Niżna	Stryj	Stryj
Łukawica Wyżna	Stryj	Stryj
Łukawice	Brody	Podkamień
Łukawice	Cieszanów	Lubaczów
Łukowa	Nisko	Rudnik
Łukowa	Tarnów	Zabno
Łukowe	Lisko	Lisko
Łukówka	Brzesko	Czchów
Łupków	Lisko	Wola Michowa
Lupuszna	Bóbrka	Bóbrka
Lusina	Wieliczka	Podgórze
Lusławice	Brzesko	Czchów
Lusławiczki	Brzesko	Czchów
Luszowice	Chrzanów	Chrzanów
Luszowice	Dąbrowa	Dąbrowa
Lutcza	Brzozów	Jasienica
Lutera	Rzeszów	Strzyżów
Lutków	Jarosław	Radymno
Lutków	Mościska	Hussaków
Lutoryż	Rzeszów	Tyczyn
Lutowiska	Lisko	Lutowiska
Lutowiska	Sambor	Sambor
Lużek Górny	Staremiasto	Staremiasto
Lużki	Dolina	Bolechów
Lużna	Gorlice	Gorlice
Lyczana	Nowy Sącz	Nowy Sącz
Lyczanka	Nowy Sącz	Nowy Sącz
Łysa	Podhajce	Podhajce
Łysa Góra	Brzesko	Wojnicz

Łysa Góra	Krosno	Dukla
Łysaków	Mielec	Radomyśl Wiel.
Łysakowek	Mielec	Radomyśl Wiel.
Łysiec	Bohordczany	Lysiec
Łysiec Stary	Bohordczany	Lysiec
Łysina	Żywiec	Zabłocie
Łysków	Żydaczów	Żurawno
Łysokanie	Bochnia	Bochnia
Łyszanka	Wieliczka	Klasno
Machlinice	Stryj	Stryj
Machnów	Rawa Ruska	Uhnów
Machnowek	Sokal	Bełż
Machnówka	Krosno	Dukla
Machów	Tarnobrzeg	Tarnobrzeg
Machowa	Pilzno	Pilzno
Maciejowa	Nowy Sącz	Łabowa
Macoszyn	Żółkiew	Żółkiew
Mądrzelówka	Podhajce	Podhajce
Madziarki	Sokal	Krystynopol
Magdalówka	Tarnopol	Tarnopol
Magierów	Rawa Ruska	Magierów
Majdan	Drohobycz	Borysław
Majdan	Gródek	Janów
Majdan	Husiatyn	Kopyczyńce
Majdan	Kalusz	Kalusz
Majdan	Kolbuszowa	Majdan
Majdan	Złoczów	Sassów
Majdan	Żółkiew	Żółkiew
Majdan Gołogórski	Złoczów	Gologory
Majdan Górny	Nadwórna	Nadwórna
Majdan Jarosinki	Nisko	Ulanów
Majdan Lipowiecki	Przemyślany	Gliniany
Majdan Nowy	Kam. Strumiłowa	Radziechów
Majdan Pieniacki	Brody	Podkamień
Majdan Sienawski	Jarosław	Sienawa
Majdan Stary	Kam. Strumiłowa	Radziechów
Majdan Zbytniowski	Tarnobrzeg	Rozwadów
Majkowice	Bochnia	Bochnia
Majnicz	Sambor	Sambor
Majscowa	Jasło	Jasło
Maków	Myślenice	Maków

Makowa Kolonia	Bircza	Rybotycze
Makowa Nat.	Bircza	Rybotycze
Makowica	Limanowa	Limanowa
Maksymówka	Dolina	Dolina
Makuniów	Mościska	Sądowa Wisznia
Makwiska	Krosno	Dukla
Makwisko	Jarosław	Jarosław
Mała Niedźwiada	Ropczyce	Ropczyce
Mała Wieś	Nowy Sącz	Nowy Sącz
Mała Wieś	Wieliczka	Klasno
Małastów	Gorlice	Gorlice
Małaszowce	Tarnopol	Tarnopol
Małavva	Bircza	Bircza
Małavva	Rzeszów	Rzeszów
Małavvka	Rzeszów	Niebylec
Malce	Biała	Kęty
Malczkowice	Lemberg	Nawarya
Malczyce	Gródek	Janów
Malechów	Lemberg	Zniesienie
Malechów	Żydaczów	Rozdól
Malejowa	Myślenice	Jordanów
Maleniska	Brody	Podkamień
Malhowice	Przemyśl	Niżankowice
Malinie	Mielec	Mielec
Malinówka	Brzozów	Jasienica
Malinowska	Lemberg	Nawarya
Małkowice	Gródek	Gródek
Małkowice	Przemyśl	Przemyśl
Malonowy	Podhajce	Podhajce
Maloszowice	Lemberg	Nawarya
Małów	Trembowla	Trembowla
Małpa	Rudki	Komarno
Małyrówka	Rzeszów	Tyczyn
Manajów	Złoczów	Zborów
Manaster Derczycki	Drohobycz	Drohobycz
Manaster Liszniański	Drohobycz	Drohobycz
Manasterce	Żydaczów	Żurawno
Manasterczany	Borhodczany	Sołotwina
Manasterek	Kam. Strumiłowa	Radziechów
Manasterek	Rawa Ruska	Magierów

Manasterek	Zaleszczyki	Korolówka
Manastersko	Kossów	Kossów
Manasterz	Lancut	Kanczuga
Manasterz	Jarosław	Sienawa
Manasterzec	Lisko	Lisko
Manasterzec	Sambor	Sambor
Manasterzec	Stryj	Stryj
Manastyrek	Brody	Stanisławczyk
Maniawa	Borhodczany	Sołotwina
Maniów	Dąbrowa	Szczucin
Maniów	Lisko	Wola Michowa
Maniowy	Nowy Targ	Nowy Targ
Marcinkowice	Brzesko	Radłów
Marcinkowice	Nowy Sącz	Nowy Sącz
Marcówka	Wadowice	Wadowice
Marcyporęba	Wadowice	Zator
Marjanka	Tarnopol	Tarnopol
Marjnka	Żydaczów	Żurawno
Marki	Tarnobrzeg	Baranów
Markopol	Brody	Podkamień
Markowa	Borhodczany	Sołotwina
Markowa	Kołomea	Peczeniżyn
Markowa	Łańcut	Łańcut
Markowa	Podhajce	Zawałów
Markowce	Sanok	Sanok
Markowce	Tłumacz	Tyśmienica
Markowizna	Kolbuszowa	Sokołów
Markuszowa	Limanowa	Limanowa
Marnszyna	Nowy Targ	Nowy Targ
Marszowice	Wieliczka	Klasno
Martynów Nowy	Rohatyń	Bursztyn
Martynów Stary	Rohatyń	Bursztyn
Maruszowa	Jasło	Frysztak
Maryampol	Stanisławów	Maryampol
Maszkienice	Brzesko	Brzesko
Maszkowice	Nowy Sącz	Łącko
Matejowce	Kołomea	Kołomea
Mateuszówka	Buczacz	Buczacz
Maxymowice	Sambor	Sambor
Maziarnia	Kam. Strumiłowa	Busk
Maziarnia	Nisko	Nisko

Mazurówka	Skałat	Grzymałów
Mazurówka	Żydaczów	Żurawno
Mazury	Kolbuszowa	Sokołów
Mchawa	Lisko	Baligród
Mechowiec	Kolbuszowa	Kolbuszowa
Męcina Mała	Gorlice	Gorlice
Męcina Wielka	Gorlice	Gorlice
Męcinka	Krosno	Dukla
Medenice	Drohobycz	Drohobycz
Medewa	Brzeżany	Kozowa
Mędrzechów	Dąbrowa	Dąbrowa
Meducha	Rohatyń	Bursztyn
Medwedowce	Buczacz	Buczacz
Medyka	Przemyśl	Przemyśl
Medyń	Zbaraz	Zbaraz
Medynia	Kalusz	Wojnilów
Medynia	Rzeszów	Głogów
Medynia Głogówska	Łańcut	Łańcut
Medynia Łańcucka	Łańcut	Łańcut
Mełna	Rohatyń	Rohatyń
Melsztyn	Brzesko	Czchów
Mertawa	Borszczów	Borszczów
Meszna	Biała	Lipnik
Meszna Opacka	Tarnów	Tuchów
Meszna Szlachecka	Tarnów	Tuchów
Meteniów	Złoczów	Zborów
Mętków Mały	Chrzanów	Chrzanów
Mętków Wielki	Chrzanów	Chrzanów
Mianowice	Sokal	Warez
Michalcze	Horodenka	Horodenka
Michalczowa	Nowy Sącz	Nowy Sącz
Michalewica	Mościska	Sądowa Wisznia
Michalewice	Rudki	Rudki
Michałków	Borszczów	Mielnica
Michałków	Kołomea	Kołomea
Michałowice	Drohobycz	Drohobycz
Michałówka	Borszczów	Mielnica
Michałówka	Podhajce	Podhajce
Michałówka	Rawa Ruska	Uhnów
Michowa	Bircza	Dobromil
Mickinia	Chrzanów	Trzebina

Miechocin	Tarnobrzeg	Tarnobrzeg
Międzybrody	Stryj	Skole
Międzybrodzie	Sanok	Sanok
Międzybrodzie	Żywiec	Zabłocie
Międzybrodzie Kob.	Biała	Kęty
Międzybrodzie Lipnickie	Biała	Lipnik
Międzyczerwone	Nowy Targ	Nowy Targ
Międzygorze	Tłumacz	Uście Zielone
Międzyhorce	Rohatyń	Bursztyn
Międzyrzyce	Żydaczów	Żydaczów
Miejsce	Krosno	Dukla
Miejsce	Wadowice	Zator
Miękisz Nowy	Jarosław	Radymno
Miękisz Stary	Jarosław	Radymno
Mielec	Mielec	Mielec
Mielnica	Borszczów	Mielnica
Mielnicz	Żydaczów	Żurawno
Mielnów	Przemyśl	Krzywcza
Mielnów	Przemyśl	Przemyśl
Mierów	Kam. Strumiłowa	Chołojów
Mierzasichle	Nowy Targ	Nowy Targ
Mierzeń	Wieliczka	Klasno
Mierzwica	Żółkiew	Żółkiew
Mieszyszczów	Brzeżany	Brzeżany
Miętniów	Wieliczka	Klasno
Mikałajów	Bóbrka	Mikalajów
Mikałajów	Brody	Szczurowice
Mikałajów	Żydaczów	Rozdól
Mikałajówice	Tarnów	Zabno
Mikłaszów	Lemberg	Winniki
Mikłuszowice	Bochnia	Bochnia
Mików	Sanok	Bukowsko
Mikulice	Łańcut	Kańczuga
Mikuliczyn	Nadwórna	Delatyn
Mikulińce	Śniatyn	Śniatyn
Mikulińce	Tarnopol	Mikulińce
Mikuszowice	Biała	Lipnik
Milatycze	Lemberg	Nawarya
Milatyń	Gródek	Gródek
Milatyń	Mościska	Sądowa Wisznia

Milatyń Nowy	Kam. Strumiłowa	Busk
Milatyń Stary	Kam. Strumiłowa	Busk
Milcza	Sanok	Rymanów
Milczyce	Mościska	Sądowa Wisznia
Milik	Nowy Sącz	Muszyna
Milków	Cieszanów	Oleszyce
Miłkowa	Nowy Sącz	Nowy Sącz
Milno	Brody	Zalocze
Miłocin	Rzeszów	Rzeszów
Miłowanie	Tłumacz	Tyśmienica
Milowce	Zaleszczyki	Tłuste
Milówka	Brzesko	Wojnicz
Milówka	Żywiec	Zabłocie
Mirocin	Łańcut	Przewórsk
Mirów	Chrzanów	Trzebina
Mistkowice	Sambor	Sambor
Mistyce	Mościska	Sądowa Wisznia
Mizerna	Nowy Targ	Nowy Targ
Mizuń Nowy	Dolina	Dolina
Mizuń Stary	Dolina	Dolina
Młodochów	Mielec	Mielec
Młodów	Cieszanów	Lubaczów
Młodów	Nowy Sącz	Piwniczna
Młodowice	Przemyśl	Niżankowice
Młodzatyń	Kołomea	Peczeniżyn
Młoszowa	Chrzanów	Trzebina
Młyńczyska	Limanowa	Limanowa
Młyniska	Trembowla	Janów
Młyniska	Żydaczów	Żurawno
Młynne	Limanowa	Limanowa
Młynowce	Złoczów	Zborów
Młynówka	Borszczów	Mielnica
Młyny	Jaworów	Krakówiec
Mochnaczka Niżna	Grybów	Grybów
Mochnaczka Wyżna	Grybów	Grybów
Mockowice	Przemyśl	Przemyśl
Moczary	Lisko	Ustrzyki Dolne
Moczerady	Mościska	Hussaków
Moderówka	Krosno	Dukla
Modrycz	Drohobycz	Drohobycz
Mogielnica	Trembowla	Trembowla

Mogilany	Wieliczka	Podgórze
Mogilno	Grybów	Grybów
Mohylany	Żółkiew	Kulików
Mokra Strona	Łańcut	Przeworsk
Mokra Wieś	Nowy Sącz	Stary Sącz
Mokre	Sanok	Bukowsko
Mokrotyn	Żółkiew	Żółkiew
Mokrotyn Kolonia	Żółkiew	Żółkiew
Mokrzany	Sambor	Sambor
Mokrzany Małe	Mościska	Sądowa Wisznia
Mokrzany Wielkie	Mościska	Sądowa Wisznia
Mokrzec	Pilzno	Pilzno
Mokrzyska	Brzesko	Brzesko
Mokrzyszów	Tarnobrzeg	Tarnobrzeg
Molczanówka	Skałat	Skałat
Mołdycz	Jarosław	Sieniawa
Mołodylów	Nadwórna	Lanczyn
Mołodyńcze	Bóbrka	Chodorów
Mołoszkowice	Jaworów	Jaworów
Mołotków	Borhodczany	Sołotwina
Mołotów	Bóbrka	Chodorów
Monasterzec	Rudki	Komarno
Monasterzyska	Buczacz	Monasterzyska
Moniłowska	Złoczów	Zborów
Monowice	Biała	Oświęcim
Moosberg	Jaworów	Jaworów
Morańce	Jaworów	Krakowiec
Morawsko	Jarosław	Jarosław
Mordarka	Limanowa	Limanowa
Morszyn	Stryj	Stryj
Morwczyna	Nowy Targ	Nowy Targ
Mościska	Kalusz	Kalusz
Mościska	Mościska	Mościska
Moskale	Tarnobrzeg	Rozwadów
Moskalówka	Kossów	Kossów
Mostki	Lemberg	Nawarya
Mostki	Nisko	Ulanów
Mostki	Nowy Sącz	Stary Sącz
Mosty	Rudki	Komarno
Mosty Małe	Rawa Ruska	Lubycza
Moszczanica	Cieszanów	Cieszanów

Moszczanica	Żywiec	Zabłocie
Moszczaniec	Sanok	Bukowsko
Moszczenica	Bochnia	Bochnia
Moszczenica	Gorlice	Gorlice
Moszczenica niżna	Nowy Sącz	Stary Sącz
Moszczenica wyżna	Nowy Sącz	Stary Sącz
Moszków	Sokal	Warez
Moszkowce	Kalusz	Wojnilów
Motycze Poduchowne	Tarnobrzeg	Rozwadów
Motycze Szlacheckie	Tarnobrzeg	Rozwadów
Mraźnica	Drohobycz	Borysław
Mrowla	Rzeszów	Rzeszów
Mrozowice	Sambor	Sambor
Mrzygłód	Sanok	Sanok
Mszalnica	Grybów	Grybów
Mszana	Gródek	Janów
Mszana	Krosno	Dukla
Mszana	Złoczów	Zborów
Mszana Dolna	Limanowa	Mszana dolna
Mszana Górna	Limanowa	Mszana dolna
Mszanice	Husiatyn	Chorostków
Mszanice	Staremiasto	Staremiasto
Mszanice	Tarnopol	Tarnopol
Mszanka	Gorlice	Gorlice
Mucharz	Wadowice	Wadowice
Muchawka	Czortków	Jagielnica
Muhlbach	Bóbrka	Bóbrka
Mukanie	Kam. Strumiłowa	Radziechów
Mulne	Żywiec	Zabłocie
Munina	Jarosław	Jarosław
Musikowe	Tarnobrzeg	Rozwadów
Muszkarów	Zaleszczyki	Korolówka
Muszkatówka	Borszczów	Borszczów
Muszyłowice	Jaworów	Jaworów
Muszyłowice Czarn.	Jaworów	Jaworów
Muszyłowice Narodowe	Jaworów	Jaworów
Muszyna	Nowy Sącz	Muszyna
Muszynka	Nowy Sącz	Krynica

Mutulin	Złoczów	Gologory
Muzylów	Podhajce	Podhajce
Myców	Sokal	Bełż
Myczków	Lisko	Baligród
Myczkowce	Lisko	Lisko
Mykietyńce	Kossów	Pistyn
Mykietyńce	Stanisławów	Stanisławów
Mymoń	Sanok	Rymanów
Myscowa	Krosno	Dukla
Myślachowice	Chrzanów	Trzebina
Myślatycze	Mościska	Mościska
Myślec	Nowy Sącz	Stary Sącz
Myślenice	Myślenice	Myślenice
Myślów	Kalusz	Kalusz
Mysłowa	Skałat	Podwołoczyska
Myszków	Zaleszczyki	Korolówka
Myszkowce	Husiatyn	Kopyczyńce
Myszkowice	Tarnopol	Mikulińce
Myszyn	Kołomea	Jabłonów
Mytarka	Krosno	Żmigród
Naciszowa	Nowy Sącz	Nowy Sącz
Nadbrzeże	Tarnobrzeg	Tarnobrzeg
Nadiatycze	Żydaczów	Rozdól
Nadolany	Sanok	Nowtanice
Nadole	Krosno	Dukla
Nadorożna	Tłumacz	Tłumacz
Nadorożniów	Brzeżany	Brzeżany
Nadwórna	Nadwórna	Nadwórna
Nadyby	Sambor	Sambor
Nadycze	Żólkiew	Kulików
Nadziejów	Dolina	Dolina
Nagawczyna	Pilzno	Dębica
Nagnajów	Tarnobrzeg	Baranów
Nagórzanka	Buczacz	Buczacz
Nagórzanka	Czortków	Jagielnica
Nagórzany	Lemberg	Nawarya
Nagórzany	Sanok	Nowtanice
Nagórzany	Zaleszczyki	Uścieczko
Nahaczów	Jaworów	Jaworów
Nahorce	Żólkiew	Kulików
Nahorce Małe	Kam. Strumiłowa	Kam. Strumiłowa

Nahujowice	Drohobycz	Drohobycz
Nakło	Przemyśl	Sosnica
Nakwasza	Brody	Podkamień
Nalepy	Nisko	Ulanów
Nałuże	Trembowla	Strusów
Nanczułka Mała	Staremiasto	Staremiasto
Nanczułka Wielka	Staremiasto	Staremiasto
Nanowa	Lisko	Ustrzyki Dolne
Napowce	Przemyśl	Przemyśl
Naprawa	Myślenice	Jordanów
Naradna	Sokal	Krystynopol
Narajów	Brzeżany	Narajów
Narol	Cieszanów	Narol
Nart Nowy	Kolbuszowa	Ranizów
Nart Stary	Kolbuszowa	Ranizów
Nasiężna	Lisko	Lutowiska
Nastasów	Tarnopol	Mikulińce
Nastaszczyn	Rohatyń	Bursztyn
Naszasowice	Nowy Sącz	Stary Sącz
Nawarya	Lemberg	Nawarya
Nawojówka	Nowy Sącz	Nowy Sącz
Nawsie	Ropczyce	Wielopole
Nawsie Brzosteckie	Pilzno	Brzostek
Nawsie Kolaczyckie	Pilzno	Brzostek
Nazawirów	Nadwórna	Nadwórna
Nazurna	Kołomea	Gwozdźiec
Nehrybka	Przemyśl	Przemyśl
Nesów	Podhajce	Zawałów
Nesterowce	Złoczów	Jezierna
Neu-Kalusz	Kalusz	Kalusz
Neudorf	Drohobycz	Drohobycz
Neudorf	Nadwórna	Lanczyn
Neudorf	Sambor	Sambor
Neuhof	Gródek	Gródek
Niagryn	Dolina	Dolina
Nidek	Wadowice	Andrychów
Niebieszczany	Sanok	Bukowsko
Niebocko	Brzozów	Brzozów
Niebylec	Rzeszów	Niebylec
Niebyłów	Kalusz	Kalusz
Niecew	Nowy Sącz	Nowy Sącz

Niechobrz	Rzeszów	Rzeszów
Nieciecza	Tarnów	Zabno
Nieczajna	Dąbrowa	Dąbrowa
Niedary	Bochnia	Bochnia
Niedomice	Tarnów	Zabno
Niedzieliska	Chrzanów	Chrzanów
Niedzielisko	Brzesko	Szczurowa
Niedzielna	Staremiasto	Staremiasto
Niedźwiedź	Limanowa	Mszana dolna
Niedźwiedza	Brzesko	Wojnicz
Niedźwiedza	Drohobycz	Drohobycz
Niegłowice	Jasło	Jasło
Niegoszowice	Chrzanów	Trzebina
Niegowce	Kalusz	Wojnilów
Niegowie	Wieliczka	Klasno
Nieledwia	Żywiec	Zabłocie
Nielepice	Chrzanów	Trzebina
Nielipkowice	Jarosław	Sienawa
Niemerów	Rawa Ruska	Niemerów
Niemiacz	Brody	Podkamień
Niemiłów	Kam. Strumiłowa	Radziechów
Niemstów	Cieszanów	Cieszanów
Niemszyn	Rohatyń	Bursztyn
Niemszyn	Stanisławów	Hałicz
Nienadowa	Przemyśl	Dubiecko
Nienadówka	Kolbuszowa	Sokołów
Nienaszów	Krosno	Dukla
Nienowice	Jarosław	Radymno
Niepla	Jasło	Jasło
Niepołomice	Bochnia	Bochnia
Nieporaz	Chrzanów	Chrzanów
Nieprześnia	Bochnia	Wiśnicz Nowy
Niesłuchów	Kam. Strumiłowa	Busk
Niestanice	Kam. Strumiłowa	Chołojów
Nieszkowice	Bochnia	Wiśnicz Nowy
Niewdzieliska	Przemyślany	Świrz
Niewiarów	Wieliczka	Klasno
Niewistki	Brzozów	Dynów
Niewoczyn	Bohordczany	Bohordczany
Niewodna	Jasło	Frysztak
Niewodna	Ropczyce	Wielopole

Niezdów	Wieliczka	Klasno
Nieznajowa	Gorlice	Gorlice
Nieznanów	Kam. Strumiłowa	Chołojów
Nieznanowice	Wieliczka	Klasno
Nieżuchów	Stryj	Stryj
Nieżwiska	Horodenka	Obertyn
Niklowice	Mościska	Sądowa Wisznia
Nikonkowice	Lemberg	Szczerzec
Nikowice	Rudki	Rudki
Niniów Dolny	Dolina	Bolechów
Niniów Górny	Dolina	Bolechów
Nisko	Nisko	Nisko
Niskołyzy	Buczacz	Monasterzyska
Niwa	Nowy Targ	Nowy Targ
Niwice	Kam. Strumiłowa	Radziechów
Niwiska	Kolbuszowa	Kolbuszowa
Niwka	Brzesko	Radłów
Niwra	Borszczów	Mielnica
Niżankowice	Przemyśl	Niżankowice
Niżankowice	Przemyśl	Niżankowice
Niżatycze	Łańcut	Kańczuga
Niżbork Nowy	Husiatyn	Kopyczyńce
Niżbork Stary	Husiatyn	Kopyczyńce
Niżna Łąka	Krosno	Dukla
Niżniów	Tłumacz	Niźniów
Nizowa	Wieliczka	Klasno
Nizyce	Mościska	Hussaków
Nizynice	Przemyśl	Niżankowice
Nockowa	Ropczyce	Sędziszów
Nosata	Sokal	Krystynopol
Nosowce	Tarnopol	Tarnopol
Nosówka	Rzeszów	Rzeszów
Nowa Góra	Chrzanów	Trzebina
Nowa Grobla	Jarosław	Radymno
Nowa Lodyna	Kam. Strumiłowa	Kam. Strumiłowa
Nowa Wieś	Biała	Kęty
Nowa Wieś	Bircza	Bircza
Nowa Wieś	Brzesko	Brzesko
Nowa Wieś	Kolbuszowa	Kolbuszowa
Nowa Wieś	Nowy Sącz	Łabowa
Nowa Wieś	Rudki	Komarno

Nowa Wieś	Rzeszów	Czudec
Nowa Wieś	Rzeszów	Głogów
Nowa Wieś	Wieliczka	Klasno
Nowe Dwory	Wadowice	Zator
Nowe Miasto	Bircza	Nowemiasto
Nowe Siolo	Cieszanów	Cieszanów
Nowe Siolo	Żółkiew	Kulików
Nowemiasto	Bircza	Nowemiasto
Nowica	Gorlice	Gorlice
Nowica	Kalusz	Kalusz
Nowiny	Cieszanów	Cieszanów
Nowiny	Tarnobrzeg	Radomyśl
Nowodworze	Tarnów	Tarnów
Nowojowa Góra	Chrzanów	Chrzanów
Nowościólki	Jaworów	Jaworów
Nowosielce	Bircza	Rybotycze
Nowosielce	Bóbrka	Chodorów
Nowosielce	Łańcut	Przeworsk
Nowosielce Gniewosz	Sanok	Sanok
Nowosielec	Nisko	Rudnik
Nowosielica	Dolina	Dolina
Nowosielica	Mościska	Sądowa Wisznia
Nowosielica	Śniatyn	Zabłotów
Nowosiołka	Borszczów	Mielnica
Nowosiołka	Buczacz	Potok
Nowosiołka	Lemberg	Szczerzec
Nowosiołka	Podhajce	Podhajce
Nowosiołka	Przemyślany	Dunajowce
Nowosiołka	Tłumacz	Uście Zielone
Nowosiołka Grzym.	Skałat	Touste
Nowosiołka Jazłowiecka	Buczacz	Jazłowice
Nowosiołka Skalacka	Skałat	Skałat
Nowosiołki	Bircza	Rybotycze
Nowosiołki	Kam. Strumiłowa	Busk
Nowosiołki	Lisko	Baligród
Nowosiołki	Mościska	Hussaków
Nowosiołki	Przemyśl	Przemyśl
Nowosiołki	Złoczów	Gologory

Nowosiołki Gościnne	Rudki	Rudki
Nowosiołki Kostk	Zaleszczyki	Korolówka
Nowosiołki Oparskie	Rudki	Komarno
Nowosioło	Żydaczów	Żydaczów
Nowostawce	Buczacz	Buczacz
Nowoszny	Rohatyń	Bursztyn
Nowoszyce	Sambor	Sambor
Nowoszyn	Dolina	Dolina
Nowotanice	Sanok	Nowtanice
Nowsiołki Kardyn.	Rawa Ruska	Uhnów
Nowsiołki Przednie	Rawa Ruska	Uhnów
Nowy Babilon	Dolina	Bolechów
Nowy Dwór	Sokal	Krystynopol
Nowy Sącz	Nowy Sącz	Nowy Sącz
Nowy Targ	Nowy Targ	Nowy Targ
Nowy Tyczyn	Trembowla	Strusów
Nozdrzec	Brzozów	Dynów
Nuśmice	Sokal	Warez
Nyrków	Zaleszczyki	Uścieczko
Obarzance	Tarnopol	Tarnopol
Obarzym	Brzozów	Dynów
Obelnica	Rohatyń	Bursztyn
Obersdorf	Lisko	Ustrzyki Dolne
Obertyn	Horodenka	Obertyn
Obidowa	Nowy Targ	Nowy Targ
Obidza	Nowy Sącz	Szczawnica
Obladów	Kam. Strumiłowa	Radziechów
Obłażnica	Żydaczów	Żurawno
Obłazy	Nowy Sącz	Piwniczna
Obodówka	Zbaraz	Zbaraz
Obojna	Tarnobrzeg	Rozwadów
Obroszyn	Gródek	Gródek
Obrotów	Kam. Strumiłowa	Witków Nowy
Obydów	Kam. Strumiłowa	Kam. Strumiłowa
Ochmanów	Wieliczka	Klasno
Ochmanów	Wieliczka	Klasno
Ochodza	Wadowice	Zator
Ochojno	Wieliczka	Klasno
Ochotnica	Nowy Targ	Krościenko
Ocice	Tarnobrzeg	Tarnobrzeg

Ocieka	Ropczyce	Ropczyce
Oczków	Żywiec	Zabłocie
Odaje ad Słobódka	Tłumacz	Tyśmienica
Odment	Dąbrowa	Szczucin
Odrowąż	Nowy Targ	Nowy Targ
Odrzechowa	Sanok	Rymanów
Odrzykoń	Krosno	Dukla
Okleśna	Chrzanów	Trzebina
Okniany	Tłumacz	Tłumacz
Okno	Horodenka	Horodenka
Okno	Skałat	Grzymałów
Okocim	Brzesko	Brzesko
Okoń	Kam. Strumiłowa	Kam. Strumiłowa
Okonin	Ropczyce	Ropczyce
Okopy	Borszczów	Mielnica
Okopy	Rawa Ruska	Magierów
Okrajnik	Żywiec	Zabłocie
Olchawa	Bochnia	Wiśnicz Nowy
Olchowa	Lisko	Lisko
Olchowa	Ropczyce	Sędziszów
Olchowa Lwibrat	Lisko	Lutowiska
Olchowce	Sanok	Sanok
Olchowczyk	Husiatyn	Husiatyn
Olchowice	Bóbrka	Bóbrka
Olchowice	Borszczów	Mielnica
Olchowice	Brzeżany	Brzeżany
Olchowice	Horodenka	Czernelica
Olchowice	Krosno	Dukla
Olchówka	Dolina	Rożniatów
Olejów	Złoczów	Zborów
Olejowa Korniów	Horodenka	Czernelica
Olejowa Korolówka	Horodenka	Czernelica
Oleksice Nowe	Stryj	Stryj
Oleksice Stare	Stryj	Stryj
Oleksińce	Zaleszczyki	Tłuste
Olendry	Trembowla	Strusów
Olesin	Brzeżany	Kozowa
Olesko	Złoczów	Olesko
Oleśnica	Dąbrowa	Dąbrowa
Oleśno	Dąbrowa	Dąbrowa
Olesza	Buczacz	Monasterzyska

Olesza	Tłumacz	Tłumacz
Oleszków	Śniatyn	Zabłotów
Oleszów	Tłumacz	Niźniów
Oleszyce	Cieszanów	Oleszyce
Oleszyce Stare	Cieszanów	Oleszyce
Olpiny	Jasło	Olpiny
Olsawica	Sanok	Bukowsko
Olszanica	Lisko	Lisko
Olszanica	Tłumacz	Tyśmienica
Olszanica	Złoczów	Gologory
Olszanik	Sambor	Sambor
Olszanka	Nowy Sącz	Stary Sącz
Olszanka	Rawa Ruska	Rawa Ruska
Olszany	Przemyśl	Przemyśl
Olszowa	Brzesko	Czchów
Olszowice	Wieliczka	Klasno
Olszówka	Limanowa	Mszana dolna
Olszyny	Brzesko	Wojnicz
Olszyny	Chrzanów	Chrzanów
Onyszkowce	Bóbrka	Strzeliska Nowe
Opacie	Jasło	Jasło
Opacionka	Pilzno	Brzostek
Opaka	Cieszanów	Lubaczów
Opaka	Drohobycz	Drohobycz
Opaki	Złoczów	Sassów
Opaleniska	Łańcut	Leżajsk
Oparówka	Jasło	Frysztak
Opary	Drohobycz	Drohobycz
Opatkowice	Wieliczka	Podgórze
Oplucko	Kam. Strumiłowa	Radziechów
Oporzec	Stryj	Skole
Oprynowce	Stanisławów	Stanisławów
Opulsko	Sokal	Sokal
Orawa	Stryj	Skole
Orawczyk	Stryj	Skole
Orchowice	Mościska	Sądowa Wisznia
Ordów	Kam. Strumiłowa	Witków Nowy
Orelce	Śniatyn	Śniatyn
Orelec	Lisko	Lisko
Orliska	Tarnobrzeg	Rozwadów
Orów	Drohobycz	Drohobycz

Ortynice	Sambor	Sambor
Oryszkowce	Husiatyn	Kopyczyńce
Orzechów	Tarnobrzeg	Radomyśl
Orzechowce	Skałat	Skałat
Orzechowczyk	Brody	Podkamień
Orzechowice	Przemyśl	Przemyśl
Orzechówka	Brzozów	Jasienica
Oserdów	Sokal	Bełż
Osieczany	Myślenice	Myślenice
Osiek	Biała	Kęty
Osielec	Myślenice	Maków
Oskrzesińce	Kołomea	Kołomea
Oskrzesińce	Rohatyń	Rohatyń
Osławy Biale	Nadwórna	Delatyn
Osławy Czarne	Nadwórna	Delatyn
Osmolna	Złoczów	Złoczów
Osobnica	Jasło	Jasło
Osowce	Buczacz	Buczacz
Ostalce	Tarnopol	Mikulińce
Ostapie	Skałat	Grzymałów
Ostapkowce	Kołomea	Gwozdźiec
Ostaszowce	Złoczów	Jezierna
Ostobusz	Rawa Ruska	Uhnów
Ostra	Buczacz	Potok
Ostre	Żywiec	Zabłocie
Ostropole	Chrzanów	Chrzanów
Ostrów	Bóbrka	Brzozdowiec
Ostrów	Jarosław	Radymno
Ostrów	Kam. Strumiłowa	Busk
Ostrów	Łańcut	Kańczuga
Ostrów	Lemberg	Szczerzec
Ostrów	Przemyśl	Przemyśl
Ostrów	Rohatyń	Rohatyń
Ostrów	Ropczyce	Ropczyce
Ostrów	Rudki	Rudki
Ostrów	Sokal	Krystynopol
Ostrów	Stanisławów	Hałicz
Ostrów	Tarnopol	Tarnopol
Ostrów	Tarnów	Zabno
Ostrów Królewski	Bochnia	Bochnia
Ostrów Pohorecki	Rudki	Komarno

Ostrów Szlachecki	Bochnia	Bochnia
Ostrowczyk	Trembowla	Strusów
Ostrowczyk Polny	Złoczów	Białykamień
Ostrówek	Mielec	Radomyśl Wiel.
Ostrówek	Tarnobrzeg	Tarnobrzeg
Ostrowice	Cieszanów	Lubaczów
Ostrowice	Kołomea	Gwoździec
Ostrowsko	Nowy Targ	Nowy Targ
Ostrowy Baranowskie	Kolbuszowa	Majdan
Ostrowy Ruszowskie	Kolbuszowa	Majdan
Ostrożce	Mościska	Mościska
Ostrusza	Grybów	Bobowa
Ostrynia	Tłumacz	Niźniów
Ostrznica	Chrzanów	Trzebina
Oświęcim	Biała	Oświęcim
Oszanica	Jaworów	Jaworów
Otalez	Mielec	Radomyśl Wiel.
Otfinów	Dąbrowa	Dąbrowa
Ottenhausen	Gródek	Janów
Ottynia	Tłumacz	Ottynia
Ottyniowice	Bóbrka	Chodorów
Owieczka	Limanowa	Limanowa
Ożanna	Łańcut	Leżajsk
Ożańsko	Jarosław	Jarosław
Ożarowce	Złoczów	Złoczów
Ożenna	Krosno	Dukla
Ozimina	Sambor	Sambor
Ożomla	Jaworów	Jaworów
Ożydów	Brody	Sokołówka
Ożydów	Złoczów	Olesko
Packowice	Mościska	Hussaków
Packowice	Przemyśl	Niżankowice
Pacław	Bircza	Dobromil
Pacyków	Dolina	Dolina
Paczek Gorzycki	Tarnobrzeg	Tarnobrzeg
Paczołtowice	Chrzanów	Trzebina
Padew	Mielec	Mielec
Padew Narodowa	Mielec	Mielec
Pagorzyna	Gorlice	Gorlice
Pajówka	Skałat	Grzymałów

Pakość	Mościska	Mościska
Pakoszówka	Sanok	Sanok
Palcza	Wadowice	Kalwarya
Palen	Tarnobrzeg	Rozwadów
Paleśnica	Brzesko	Czchów
Palikrowy	Brody	Podkamień
Palszowice	Wadowice	Zator
Panasówka	Brody	Załoźce
Panasówka	Skałat	Skałat
Paniczna	Stanisławów	Stanisławów
Paniowce	Borszczów	Mielnica
Paniszczów	Lisko	Lutowiska
Pankowce	Brody	Podkamień
Panowice	Podhajce	Zawałów
Pantalicha	Trembowla	Strusów
Pantalowice	Łańcut	Kańczuga
Papiernia	Trembowla	Janów
Papnortno	Bircza	Dobromil
Parchacz	Sokal	Krystynopol
Parkosz	Pilzno	Pilzno
Partyń	Tarnów	Zabno
Partynia	Mielec	Radomyśl Wiel.
Parypsy	Rawa Ruska	Niemerów
Paryszeże	Nadwórna	Nadwórna
Pasicka	Dąbrowa	Dąbrowa
Pasicki Zubrzyckie	Lemberg	Winniki
Pasieczna	Nadwórna	Nadwórna
Pasierbice	Bochnia	Wiśnicz Nowy
Paszczyna	Ropczyce	Ropczyce
Paszkówka	Wadowice	Zator
Paszowa	Lisko	Lisko
Paszyn	Nowy Sącz	Nowy Sącz
Pauszówka	Czortków	Jagielnica
Pawełcza	Stanisławów	Stanisławów
Pawęzów	Tarnów	Zabno
Pawlikowice	Wieliczka	Klasno
Pawłokoma	Brzozów	Dynów
Pawłosiów	Jarosław	Jarosław
Pawłów	Dąbrowa	Dąbrowa
Pawłów	Kam. Strumiłowa	Chołojów
Paździmirz	Sokal	Krystynopol

Peczenia	Przemyślany	Gliniany
Peczeniżyn	Kołomea	Peczeniżyn
Peim	Myślenice	Myślenice
Pełkinie	Jarosław	Jarosław
Pełnatycze	Jarosław	Jarosław
Peratyń	Kam. Strumiłowa	Radziechów
Perechrestne	Kossów	Żabie
Perehinsko	Dolina	Rozniatow
Perekosy	Kalusz	Wojnilow
Peremilów	Husiatyn	Chorostkó
Perenówka	Rohatyń	Rohatyń
Perepelniki	Złoczów	Zborów
Pererów	Kołomea	Kołomea
Perespa	Sokal	Tartaków
Peretoki	Sokal	Sokal
Perla	Brzesko	Brzesko
Perłowce	Stanisławów	Hałicz
Persenkówka	Lemberg	Zniesienie
Perwiatycze	Sokal	Tartaków
Petlikowce	Buczacz	Buczacz
Petlikowce Nowe	Buczacz	Buczacz
Petlikowce Stare	Buczacz	Buczacz
Pętna	Gorlice	Gorlice
Petranka	Kalusz	Kalusz
Petryków	Tarnopol	Tarnopol
Petryków	Tłumacz	Uście Zielone
Pewel	Żywiec	Zabłocie
Pewel Mała	Żywiec	Zabłocie
Pewel Wielka	Żywiec	Zabłocie
Pewlka	Żywiec	Zabłocie
Piadyki	Kołomea	Kołomea
Pianowice	Sambor	Sambor
Piaseczna	Żydaczów	Rozdól
Piaski	Brody	Leszniów
Piaski	Brzesko	Czchów
Piaski	Lemberg	Szczerzec
Piaski	Mościska	Sądowa Wisznia
Piaski	Rudki	Komarno
Piaski	Wieliczka	Podgórze
Piątkowa	Bircza	Bircza

Piątkowa	Nowy Sącz	Nowy Sącz
Piątkowa	Rzeszów	Błazowa
Piątkowice	Mielec	Radomyśl Wiel.
Piechoty	Mielec	Mielec
Pieczarna	Zaleszczyki	Zaleszczyki
Pieczychwosty	Żółkiew	Kulików
Pieczygory	Sokal	Warez
Piekiełko	Limanowa	Limanowa
Pielawa	Buczacz	Buczacz
Pielnia	Sanok	Nowtanice
Pień	Mielec	Radomyśl Wiel.
Pieniaki	Brody	Podkamień
Pieniążkowice	Nowy Targ	Nowy Targ
Pierszyce	Dąbrowa	Dąbrowa
Pierzchów	Wieliczka	Klasno
Pierzchowice	Wieliczka	Klasno
Pietbuce	Bircza	Dobromil
Pietniczany	Bóbrka	Bóbrka
Pietniczany	Stryj	Stryj
Pietrusza Wola	Jasło	Frysztak
Pietrycze	Złoczów	Białykamień
Pietrzejowa	Ropczyce	Ropczyce
Pietrzykowice	Żywiec	Zabłocie
Pikarówka	Rzeszów	Czudec
Pikorowice	Jarosław	Sienawa
Pikulice	Przemyśl	Przemyśl
Pikułowice	Lemberg	Jaryczów
Piła	Chrzanów	Chrzanów
Piłatkowce	Borszczów	Borszczów
Pilichów	Tarnobrzeg	Rozwadów
Pilipy	Kołomea	Kołomea
Piły	Żółkiew	Żółkiew
Pilznionek	Pilzno	Pilzno
Pilzno	Pilzno	Pilzno
Piniany	Sambor	Sambor
Piotrkowice	Tarnów	Tuchów
Piotrów	Horodenka	Obertyn
Piotrówka	Krosno	Dukla
Pisarowce	Sanok	Sanok
Pisary	Chrzanów	Trzebina
Pisarzowa	Limanowa	Limanowa

Pisarzowice	Biała	Kęty
Pistyn	Kossów	Pistyn
Piszczatynce	Borszczów	Borszczów
Pitrycz	Stanisławów	Hałicz
Piwniczna	Nowy Sącz	Piwniczna
Piwoda	Jarosław	Sienawa
Piwowszczyzna	Sokal	Bełż
Piżany	Żydaczów	Żydaczów
Płaszów	Wieliczka	Podgórze
Płaucza Mała	Brzeżany	Kozłów
Płaucza Wielka	Brzeżany	Kozłów
Pławie	Stryj	Skole
Pławna	Grybów	Bobowa
Pławo	Mielec	Radomyśl Wiel.
Pławy	Biała	Oświęcim
Płaza	Chrzanów	Chrzanów
Płazów	Cieszanów	Narol
Płazówka	Kolbuszowa	Majdan
Plebanówka	Trembowla	Trembowla
Pleników	Przemyślany	Dunajowce
Pleskowce	Tarnopol	Tarnopol
Pleśna	Tarnów	Tarnów
Pleśniany	Złoczów	Zborów
Pleśniany	Złoczów	Złoczów
Pleśników	Złoczów	Gologory
Pleszowice	Mościska	Hussaków
Pleszowice	Przemyśl	Przemyśl
Pletenice	Przemyślany	Przemyślany
Plichów	Brzeżany	Brzeżany
Płoki	Chrzanów	Chrzanów
Płonne	Sanok	Bukowsko
Płoskie	Staremiasto	Staremiasto
Płotycz	Tarnopol	Tarnopol
Płotycza	Brzeżany	Kozowa
Płowe	Kam. Strumiłowa	Witków Nowy
Płowie	Sanok	Sanok
Płozówka	Rzeszów	Głogów
Płuchów	Złoczów	Złoczów
Pluty	Mielec	Mielec
Pniatyn	Przemyślany	Przemyślany
Pnikut	Mościska	Mościska

Pniów	Nadwórna	Nadwórna
Pniów	Tarnobrzeg	Radomyśl
Pobereże	Stanisławów	Jezupol
Pobidno	Sanok	Sanok
Pobiedz	Wadowice	Zator
Pobitno	Rzeszów	Rzeszów
Pobocz	Złoczów	Sassów
Pobreczyn	Limanowa	Limanowa
Pobuk	Stryj	Skole
Pobuzany	Kam. Strumiłowa	Busk
Pochówka	Bohordczany	Bohordczany
Poczajowice	Drohobycz	Drohobycz
Poczapińce	Tarnopol	Tarnopol
Podberesec	Lemberg	Winniki
Podbereż	Dolina	Bolechów
Podbereżce	Brody	Załoźce
Podbereżec	Brody	Brody
Podborce	Lemberg	Winniki
Podborze	Dąbrowa	Dąbrowa
Podborze	Mielec	Radomyśl Wiel.
Podborze	Wieliczka	Klasno
Podbrzezie	Brzesko	Czchów
Podbuz	Drohobycz	Drohobycz
Podbuże	Rohatyń	Rohatyń
Podciemne	Lemberg	Nawarya
Podczerwone	Nowy Targ	Nowy Targ
Podegrodzie	Nowy Sącz	Stary Sącz
Podemszczyzna	Cieszanów	Cieszanów
Podfilipie	Borszczów	Skała
Podgać	Mościska	Mościska
Podgórzany	Trembowla	Trembowla
Podgórze	Wieliczka	Podgórze
Podgórze	Wieliczka	Podgórze
Podgrodzie	Pilzno	Dębica
Podgrodzie	Rohatyń	Rohatyń
Podgrodzie	Stanisławów	Hałicz
Podhajce	Podhajce	Podhajce
Podhajczyki	Kołomea	Gwoździec
Podhajczyki	Przemyślany	Gliniany
Podhajczyki	Rudki	Rudki
Podhajczyki	Trembowla	Janów

Podhajczyki	Złoczów	Zborów
Podhorce	Bóbrka	Brzozdowiec
Podhorce	Rudki	Komarno
Podhorce	Stryj	Stryj
Podhorce	Stryj	Stryj
Podhorki	Kalusz	Kalusz
Podhorodce	Stryj	Skole
Podhorodyszcze	Bóbrka	Mikalajów
Podhybie	Wadowice	Kalwarya
Podjarków	Bóbrka	Mikalajów
Podkamień	Brody	Podkamień
Podkamień	Rohatyń	Rohatyń
Podkościele	Dąbrowa	Dąbrowa
Podlankowina	Przemyśl	Dubiecko
Podlesie	Buczacz	Buczacz
Podlesie	Skałat	Grzymałów
Podlesie	Złoczów	Olesko
Podlesie Dębowe	Tarnów	Zabno
Podleszany	Mielec	Mielec
Podłęże	Bochnia	Bochnia
Podłęże	Tarnobrzeg	Tarnobrzeg
Podlipce	Złoczów	Złoczów
Podlipie	Dąbrowa	Dąbrowa
Podliski	Bóbrka	Chodorów
Podliski	Mościska	Sądowa Wisznia
Podliski Małe	Lemberg	Jaryczów
Podliski Wielkie	Lemberg	Jaryczów
Podłopień	Limanowa	Limanowa
Podluby Wielki	Jaworów	Jaworów
Podłuby Małe	Jaworów	Jaworów
Podmajerz	Nowy Sącz	Stary Sącz
Podmanasterek	Sambor	Sambor
Podmanastereż	Bóbrka	Bóbrka
Podmichale	Kalusz	Kalusz
Podmichałowce	Rohatyń	Rohatyń
Podmoszce	Przemyśl	Niżankowice
Podniebyłe	Krosno	Dukla
Podniestrzany	Bóbrka	Brzozdowiec
Podobin	Limanowa	Mszana dolna
Podolany	Wadowice	Kalwarya
Podolany	Wieliczka	Klasno

Podolce	Rudki	Komarno
Podole	Mielec	Radomyśl Wiel.
Podole	Nowy Sącz	Nowy Sącz
Podolsze	Wadowice	Zator
Podpieczary	Tłumacz	Tyśmienica
Podrudne	Kam. Strumiłowa	Dobrotwor
Podrzyce	Nowy Sącz	Nowy Sącz
Podsadki	Lemberg	Nawarya
Podsmykowce	Tarnopol	Tarnopol
Podsosnów	Bóbrka	Mikalajów
Podstolice	Wieliczka	Klasno
Podsuchy	Dolina	Rożniatów
Podszumlańce	Rohatyń	Bursztyn
Podubce	Rawa Ruska	Uhnów
Podusilna	Przemyślany	Przemyślany
Podusów	Przemyślany	Przemyślany
Podwale	Brzesko	Radlów
Podwerbce	Horodenka	Obertyn
Podwinie	Rohatyń	Rohatyń
Podwołoczyska	Skałat	Podwołoczyska
Podwysoka	Śniatyn	Śniatyn
Podwysokie	Brzeżany	Brzeżany
Podwysokie	Rudki	Komarno
Podzamcze	Kam. Strumiłowa	Kam. Strumiłowa
Podzamczek	Buczacz	Buczacz
Podziacz	Przemyśl	Przemyśl
Podzwierzynice	Łańcut	Łańcut
Podzwierzynice	Rudki	Komarno
Pogórska Wola	Tarnów	Tarnów
Pogorzałka	Nisko	Nisko
Pogorzany	Limanowa	Limanowa
Pogorzeliska	Rawa Ruska	Magierów
Pogorzyce	Chrzanów	Chrzanów
Pogwizdów	Bochnia	Wiśnicz Nowy
Pogwizdów	Kolbuszowa	Ranizów
Pogwizdów	Łańcut	Łańcut
Pogwizdów	Rzeszów	Głogów
Pohar	Stryj	Skole
Poherbce	Złoczów	Zborów
Pohonia	Tłumacz	Tyśmienica
Pohorylec	Dolina	Rożniatów

Pohorylec	Przemyślany	Gliniany
Pojawce	Brzesko	Szczurowa
Pojło	Kalusz	Kalusz
Pokrepiwna	Brzeżany	Kozłów
Pokrowce	Żydaczów	Żydaczów
Polana	Bircza	Dobromil
Polana	Lemberg	Szczerzec
Polana	Lisko	Lutowiska
Polana	Staremiasto	Chyrów
Polańczyk	Lisko	Baligród
Polanica	Dolina	Bolechów
Polanka	Krosno	Dukla
Polanka	Lemberg	Nawarya
Polanka	Myślenice	Myślenice
Polanka	Wadowice	Zator
Polanka Wielka	Biała	Oświęcim
Polanki	Kossów	Żabie
Polanki	Lisko	Baligród
Polany	Grybów	Grybów
Polany	Krosno	Dukla
Polany	Żółkiew	Żółkiew
Polany Surowiczne	Sanok	Rymanów
Poleśniki	Buczacz	Buczacz
Polna	Grybów	Grybów
Połom Mały	Brzesko	Czchów
Połomeja	Pilzno	Pilzno
Połonice	Przemyślany	Gliniany
Połoniczna	Kam. Strumiłowa	Chołojów
Połowce	Czortków	Jagielnica
Połowe	Kam. Strumiłowa	Kam. Strumiłowa
Połrzecki	Limanowa	Mszana dolna
Połtew	Przemyślany	Gliniany
Poluchów Mały	Przemyślany	Przemyślany
Poluchów Wielki	Przemyślany	Gliniany
Polupanówka	Skałat	Skałat
Połwieś	Wadowice	Zator
Pomianowa	Brzesko	Brzesko
Pomonieta	Rohatyń	Rohatyń
Pomorce	Buczacz	Jazłowice
Pomorzany	Złoczów	Pomorzany
Ponice	Myślenice	Jordanów

Ponikew	Wadowice	Wadowice
Ponikowica Mała	Brody	Brody
Ponikwa	Brody	Brody
Ponikwa Wielka	Złoczów	Olesko
Popardowa	Nowy Sącz	Łabowa
Popędzyna	Bochnia	Bochnia
Popielany	Lemberg	Szczerzec
Popiele	Drohobycz	Drohobycz
Popielniki	Śniatyn	Zabłotów
Popławniki	Rohatyń	Bursztyn
Popowce	Brody	Podkamień
Popowce	Zaleszczyki	Tłuste
Popowice	Mościska	Hussaków
Popowice	Nowy Sącz	Stary Sącz
Popowice	Przemyśl	Przemyśl
Popowice	Tarnobrzeg	Radomyśl
Poraba	Brzozów	Dynów
Porąbka	Biała	Kęty
Porąbka	Limanowa	Limanowa
Porąbka Mała	Brzesko	Czchów
Porąbka Uszewska	Brzesko	Brzesko
Poraj	Krosno	Dukla
Poraż	Lisko	Lisko
Porchowa	Buczacz	Barysz
Poręba	Myślenice	Myślenice
Poręba Wielka	Biała	Oświęcim
Poręba Wielka	Limanowa	Mszana dolna
Poręba Wolna	Tarnów	Tarnów
Poręba Żegoty	Chrzanów	Chrzanów
Poręby	Ropczyce	Ropczyce
Poręby	Sanok	Rymanów
Poręby Dębskie	Tarnobrzeg	Tarnobrzeg
Poręby Dymarskie	Kolbuszowa	Kolbuszowa
Poręby Furmanskie	Tarnobrzeg	Tarnobrzeg
Poręby Kupińskie	Kolbuszowa	Kolbuszowa
Poręby Kupińskie	Rzeszów	Głogów
Poremba	Bochnia	Wiśnicz Nowy
Pornczyn	Brzeżany	Narajów
Porohy	Borhodczany	Sołotwina
Porohy	Borhodczany	Sołotwina
Poronin	Nowy Targ	Nowy Targ

Porszna	Lemberg	Nawarya
Poruby	Jaworów	Jaworów
Porudenko	Jaworów	Jaworów
Porudno	Jaworów	Jaworów
Porzecze Grunt	Rudki	Komarno
Porzecze Nadwórne	Rudki	Komarno
Porzycze Janowskie	Gródek	Janów
Porzycze Lubieńkie	Gródek	Gródek
Posada Chyrowska	Staremiasto	Chyrów
Posada Dolna	Sanok	Rymanów
Posada Felsztyńska	Staremiasto	Felszytn
Posada Górna	Sanok	Rymanów
Posada Jacmierska	Sanok	Rymanów
Posada Jasliska	Sanok	Rymanów
Posada Liska	Lisko	Lisko
Posada Nowomiejska	Bircza	Nowemiasto
Posada Olchowska	Sanok	Sanok
Posada Rybotycka	Bircza	Rybotycze
Posada Sanocka	Sanok	Sanok
Posada Zarszyńska	Sanok	Rymanów
Posadowa	Grybów	Grybów
Posagowa	Nowy Sącz	Nowy Sącz
Posiecz	Bohordczany	Lysiec
Postołów	Lisko	Lisko
Postołówka	Husiatyn	Chorostków
Posuchów	Brzeżany	Brzeżany
Poswierz	Rohatyń	Bursztyn
Potakówka	Jasło	Jasło
Potoczany	Przemyślany	Dunajowce
Potoczek	Śniatyn	Śniatyn
Potoczyska	Horodenka	Horodenka
Potok	Brzeżany	Brzeżany
Potok	Buczacz	Potok
Potok	Krosno	Dukla
Potok	Rawa Ruska	Lubycza
Potok	Rohatyń	Rohatyń
Potok Czarny	Nadwórna	Delatyn
Potok Wielki	Staremiasto	Staremiasto
Potom	Bochnia	Wiśnicz Nowy
Potorzyca	Sokal	Sokal

Potutory	Brzeżany	Brzeżany
Potylicz	Rawa Ruska	Rawa Ruska
Potylicze	Tłumacz	Tłumacz
Powerchów	Rudki	Komarno
Powitno	Gródek	Janów
Powrożnik	Nowy Sącz	Muszyna
Poznachowice Dolne	Wieliczka	Klasno
Poznachowice Górne	Wieliczka	Klasno
Poznanka Gniła	Skałat	Skałat
Poznanka Hetmańska	Skałat	Grzymałów
Pozowice	Wadowice	Zator
Pralkowce	Przemyśl	Przemyśl
Prehinsko	Dolina	Rożniatów
Prelukie	Sanok	Bukowsko
Prinzenthal	Staremiasto	Chyrów
Probabin	Horodenka	Horodenka
Probużna	Husiatyn	Probużna
Prochowce	Przemyśl	Przemyśl
Procisne	Lisko	Lutowiska
Prokocim	Wieliczka	Podgórze
Prokurowa	Kossów	Pistyn
Proniatyn	Tarnopol	Tarnopol
Proszowa	Tarnopol	Mikulińce
Proszowki	Bochnia	Bochnia
Protesy	Żydaczów	Żurawno
Prowala	Żółkiew	Żółkiew
Pruchnik	Jarosław	Pruchnik
Prunka	Grybów	Grybów
Prusie	Rawa Ruska	Rawa Ruska
Prusinów	Sokal	Bełż
Prusy	Lemberg	Zniesienie
Prusy	Sambor	Sambor
Prybyń	Przemyślany	Świrz
Prysowce	Złoczów	Zborów
Przebieczany	Wieliczka	Klasno
Przecieszyn	Biała	Oświęcim
Przeciszów	Wadowice	Zator
Przecław	Mielec	Radomyśl Wiel.

Przeczyca	Pilzno	Jodłowa
Przedbórz	Kolbuszowa	Kolbuszowa
Przedbórze	Jaworów	Krakówiec
Przedmieście Strzyz.	Rzeszów	Stryżów
Przedmieście	Buczacz	Jazłowice
Przedmieście	Łańcut	Łańcut
Przedmieście	Przemyśl	Dubiecko
Przedmieście	Rawa Ruska	Niemerów
Przedmieście	Ropczyce	Sędziszów
Przedmieście Czudeckie	Rzeszów	Czudec
Przedmieście Dynowskie	Brzozów	Dynów
Przedrzymichy Małe	Żólkiew	Kulików
Przedrzymichy Wielkie	Żólkiew	Kulików
Przędzel	Nisko	Rudnik
Przędzielnica	Bircza	Dobromil
Przegnojów	Przemyślany	Gliniany
Przegonina	Gorlice	Gorlice
Przekopana	Przemyśl	Przemyśl
Przemiwółki	Żólkiew	Kulików
Przemoziec	Buczacz	Jazłowice
Przemyśl	Przemyśl	Przemyśl
Przemyślany	Przemyślany	Przemyślany
Przemyślów	Sokal	Bełż
Przeniczniki	Tłumacz	Tyśmienica
Przenosza	Limanowa	Limanowa
Przerośl	Nadwórna	Nadwórna
Przestanie	Żólkiew	Gross-Mosty
Przewłoczna	Brody	Toporów
Przewodów	Sokal	Bełż
Przewołka	Buczacz	Buczacz
Przeworsk	Łańcut	Przeworsk
Przewóz	Tarnobrzeg	Baranów
Przewóz	Wieliczka	Podgórze
Przewoziec	Kalusz	Wojnilów
Przewrotne	Kolbuszowa	Ranizów
Przewrotne	Rzeszów	Głogów
Przyborów	Brzesko	Brzesko

Przyborów	Żywiec	Zabłocie
Przybówka	Jasło	Frysztak
Przybrodz	Wadowice	Zator
Przybyłów	Grybów	Bobowa
Przybyłów	Tłumacz	Chocimirz
Przybysławice	Brzesko	Radlów
Przybyszów	Sanok	Bukowsko
Przybyszówka	Rzeszów	Rzeszów
Przychojce	Łańcut	Leżajsk
Przycorów	Pilzno	Dębica
Przydonica	Nowy Sącz	Nowy Sącz
Przykop	Mielec	Mielec
Przyłbice	Jaworów	Jaworów
Przylek	Mielec	Mielec
Przyleków	Żywiec	Zabłocie
Przyłkowice	Wadowice	Kalwarya
Przysicki	Jasło	Jasło
Przysietnica	Brzozów	Brzozów
Przysietnica	Nowy Sącz	Piwniczna
Przyslup	Gorlice	Gorlice
Przyslup	Lisko	Baligród
Przysłup	Kalusz	Kalusz
Przyszów Kameralny	Nisko	Nisko
Przyszów Szlachecki	Nisko	Nisko
Przyszów Szlachecki	Tarnobrzeg	Rozwadów
Przyszowa	Limanowa	Limanowa
Psary	Chrzanów	Trzebina
Psary	Rohatyń	Rohatyń
Pstrągowa	Ropczyce	Wielopole
Pstrążne	Gorlice	Gorlice
Pstręgówka	Jasło	Frysztak
Ptaszkowa	Grybów	Grybów
Ptaszniki	Kam. Strumiłowa	Dobrotwor
Ptonus	Tarnobrzeg	Rozwadów
Pukaczów	Kam. Strumiłowa	Radziechów
Pukarowce	Stanisławów	Hałicz
Pukienicze	Stryj	Stryj
Puklaki	Borszczów	Skała
Puków	Rohatyń	Rohatyń
Pułanki	Jasło	Frysztak
Puławy	Sanok	Rymanów

Pustawola	Jasło	Jasło
Pustomyty	Lemberg	Nawarya
Pustynia	Pilzno	Dębica
Putiatycze	Gródek	Gródek
Putiatycze	Mościska	Sądowa Wisznia
Putiatynce	Rohatyń	Rohatyń
Putków	Ropczyce	Ropczyce
Puźniki	Buczacz	Barysz
Puźniki	Tłumacz	Chocimirz
Pychowice	Wieliczka	Podgórze
Pyszkowce	Buczacz	Jazłowice
Pysznica	Nisko	Ulanów
Pyzówka	Nowy Targ	Nowy Targ
Raba Niżna	Limanowa	Mszana dolna
Raba Wyżna	Myślenice	Jordanów
Rabczyce	Drohobycz	Drohobycz
Rabe	Lisko	Ustrzyki Dolne
Rabka	Myślenice	Jordanów
Rąbkowa	Nowy Sącz	Nowy Sącz
Raby	Lisko	Baligród
Rachin	Dolina	Dolina
Raciborsko	Wieliczka	Klasno
Raciborzany	Limanowa	Limanowa
Raciechowice	Wieliczka	Klasno
Racławice	Gorlice	Gorlice
Racławice	Nisko	Nisko
Racławoka	Rzeszów	Rzeszów
Raczyna	Jarosław	Pruchnik
Radajowice	Nowy Sącz	Nowy Sącz
Radawa	Jarosław	Sienawa
Radcza	Bohordczany	Lysiec
Radelicz	Drohobycz	Drohobycz
Radenice	Mościska	Mościska
Radlna	Tarnów	Tarnów
Radłów	Brzesko	Radłów
Radłówice	Sambor	Sambor
Radochońce	Mościska	Hussaków
Radocza	Wadowice	Wadowice
Radoczyna	Gorlice	Gorlice
Radomyśl	Tarnobrzeg	Radomyśl
Radomyśl Wielkie	Mielec	Radomyśl Wiel.

Radoszcz	Dąbrowa	Dąbrowa
Radoszyce	Sanok	Bukowsko
Radruz	Rawa Ruska	Niemerów
Radwan	Dąbrowa	Dąbrowa
Radwańce	Sokal	Krystynopol
Radwanowice	Chrzanów	Trzebina
Radymno	Jarosław	Radymno
Radymno	Jarosław	Radymno
Radzichów	Żywiec	Zabłocie
Radziechów	Kam. Strumiłowa	Radziechów
Radziejowa	Lisko	Baligród
Radziszów	Myślenice	Myślenice
Rajsko	Biała	Oświęcim
Rajsko	Brzesko	Szczurowa
Rajsko	Lisko	Baligród
Rajsko	Wieliczka	Klasno
Rajtarowice	Mościska	Hussaków
Rakobuty	Kam. Strumiłowa	Busk
Raków	Dolina	Dolina
Rakowa	Sambor	Sambor
Rakowa	Sanok	Tyrawa woloska
Rakowężyk	Kołomea	Peczeniżyn
Rakowice	Horodenka	Czernelica
Rakowice	Lemberg	Szczerzec
Rakowice	Podhajce	Złotniki
Rakszawa	Łańcut	Żolynia
Raniowice	Drohobycz	Drohobycz
Ranisów	Rzeszów	Głogów
Ranizów	Kolbuszowa	Ranizów
Raniżów Kolonie	Rzeszów	Głogów
Raniżowska Wola	Kolbuszowa	Ranizów
Raszków	Horodenka	Horodenka
Rasztowce	Skałat	Touste
Ratawica	Sanok	Bukowsko
Ratnawy	Brzesko	Wojnicz
Ratulów	Nowy Targ	Nowy Targ
Ratyszcze	Brody	Zołożce
Rawa Ruska	Rawa Ruska	Rawa Ruska
Ray	Brzeżany	Brzeżany
Raybrot	Bochnia	Wiśnicz Nowy
Raycza	Żywiec	Zabłocie

Rażniów	Brody	Sokołówka
Rdzawa	Bochnia	Wiśnicz Nowy
Rdzawka	Myślenice	Jordanów
Rdziostów	Nowy Sącz	Nowy Sącz
Rechtberg	Jaworów	Krakówiec
Reczpol	Przemyśl	Krzywcza
Regetów Niżny	Gorlice	Gorlice
Regetów Wyżny	Gorlice	Gorlice
Regulice	Chrzanów	Chrzanów
Rehberg	Mościska	Mościska
Rehfeld	Bóbrka	Bóbrka
Reichau	Cieszanów	Lubaczów
Reichenbach	Lemberg	Szczerzec
Reichsheim	Mielec	Mielec
Rekszyn	Przemyślany	Dunajowce
Remenów	Lemberg	Jaryczów
Reniów	Brody	Zołożce
Repechów	Bóbrka	Strzeliska Nowe
Repużyńce	Horodenka	Czernelica
Reszniate	Dolina	Rożniatów
Rochynie	Kołomea	Gwozdziec
Rocmirowa	Nowy Sącz	Nowy Sącz
Roczyny	Wadowice	Andrychów
Rodatycze	Gródek	Gródek
Rodze	Wadowice	Zator
Rogi	Krosno	Dukla
Rogi	Nowy Sącz	Stary Sącz
Rogoźnica	Rzeszów	Głogów
Rogoźnik	Nowy Targ	Nowy Targ
Rogoźno	Łańcut	Przeworsk
Roguźno	Jaworów	Jaworów
Roguźno	Sambor	Sambor
Roguźno	Żydaczów	Żydaczów
Rohaczyn	Brzeżany	Narajów
Rohatyń	Rohatyń	Rohatyń
Rojatyń	Sokal	Sokal
Rojówka	Nowy Sącz	Nowy Sącz
Rokieciny	Myślenice	Jordanów
Rokietnica	Jarosław	Pruchnik
Rokitno	Gródek	Janów
Roków	Wadowice	Wadowice

Rokówkat	Husiatyn	Chorostków
Rokszyce	Przemyśl	Przemyśl
Rolikówka	Sokal	Sokal
Rolów	Drohobycz	Drohobycz
Romanów	Bóbrka	Mikalajów
Romanówka	Brody	Szczurowice
Romanówka	Kam. Strumiłowa	Stajanów
Romanówka	Rudki	Komarno
Romanówka	Tarnopol	Tarnopol
Romanówka	Trembowla	Janów
Romaszówka	Czortków	Budzanów
Ropa	Gorlice	Gorlice
Ropczyce	Ropczyce	Ropczyce
Ropea Polska	Gorlice	Gorlice
Ropianka	Krosno	Dukla
Ropica Ruska	Gorlice	Gorlice
Ropienka	Lisko	Lisko
Ropki	Gorlice	Gorlice
Ropki	Nisko	Rudnik
Rosechy	Staremiasto	Chyrów
Rosenberg	Lemberg	Szczerzec
Rosochacz	Czortków	Ulaszkowce
Rosochate	Lisko	Lutowiska
Rosochowaciec	Podhajce	Złotniki
Rosochowaciec	Skałat	Skałat
Rosolin	Lisko	Lutowiska
Rostoka	Bircza	Bircza
Rostoki Dolne	Lisko	Baligród
Roszniów	Tłumacz	Uście Zielone
Rottenhan	Gródek	Janów
Równe	Krosno	Dukla
Równia	Kalusz	Kalusz
Równia	Lisko	Ustrzyki Dolne
Rozalin	Tarnobrzeg	Tarnobrzeg
Rozalówka	Sokal	Sokal
Rożanka	Jasło	Frysztak
Rożanka	Ropczyce	Wielopole
Rożanka	Żółkiew	Gross-Mosty
Rożanka Niżna	Stryj	Skole
Rożanka Wyżna	Stryj	Skole
Rożanówka	Zaleszczyki	Tłuste

Rozbórz	Łańcut	Przewórsk
Rozbórz Długi	Jarosław	Pruchnik
Rozbórz Okrągły	Jarosław	Pruchnik
Rozdół	Żydaczów	Rozdól
Rożdżałów	Sokal	Tartaków
Rozdziałowice	Rudki	Rudki
Rozdziele	Bochnia	Wiśnicz Nowy
Rozdziele	Gorlice	Gorlice
Rozdziele	Nowy Sącz	Nowy Sącz
Rozembark	Gorlice	Gorlice
Rozeń Mały	Kossów	Kuty
Rozeń Wielki	Kossów	Kuty
Rozenburg	Bircza	Dobromil
Rozhadów	Złoczów	Pomorzany
Rozhurcze	Stryj	Stryj
Rozkochów	Chrzanów	Chrzanów
Rozkowice	Nowy Sącz	Nowy Sącz
Rożniatów	Dolina	Rożniatów
Rożniatów	Jarosław	Jarosław
Rożniaty	Mielec	Mielec
Rożnów	Śniatyn	Zabłotów
Rożnowa	Wieliczka	Klasno
Rozpucie	Bircza	Bircza
Rozsochacz	Kołomea	Gwoździec
Rozstajne	Krosno	Dukla
Roztocki	Jasło	Jasło
Roztoczki	Dolina	Bolechów
Roztoka	Brzesko	Wojnicz
Roztoka	Limanowa	Limanowa
Roztoka	Nowy Sącz	Nowy Sącz
Roztoka Mała	Nowy Sącz	Łabowa
Roztoka Wielka	Nowy Sącz	Łabowa
Roztoka Zyterska	Nowy Sącz	Piwniczna
Roztoki	Kossów	Kuty
Rożubowice	Przemyśl	Przemyśl
Rozulna	Borhodczany	Sołotwina
Rozwadów	Tarnobrzeg	Rozwadów
Rozwadów	Tarnobrzeg	Rozwadów
Rozwadów	Żydaczów	Rozdól
Rozważ	Złoczów	Białykamień
Rozwienica	Jarosław	Jarosław

Rozworzany	Przemyślany	Gliniany
Rożyska	Skałat	Tarnoruda
Ruchniszcze	Kołomea	Gwozdźiec
Ruda	Bóbrka	Brzozdowiec
Ruda	Brzesko	Radlów
Ruda	Nisko	Rudnik
Ruda	Rawa Ruska	Magierów
Ruda	Rohatyń	Rohatyń
Ruda	Ropczyce	Sędziszów
Ruda	Żydaczów	Żydaczów
Ruda Justkowska	Tarnobrzeg	Rozwadów
Ruda Kameralna	Brzesko	Czchów
Ruda Kochanowska	Jaworów	Krakówiec
Ruda Kołtowska	Złoczów	Sassów
Ruda Krakowiecka	Jaworów	Krakówiec
Ruda Krechowska	Żółkiew	Żółkiew
Ruda Lasowa	Rawa Ruska	Magierów
Ruda Rożaniecka	Cieszanów	Narol
Ruda Sielecka	Kam. Strumiłowa	Kam. Strumiłowa
Ruda Zazamcze	Dąbrowa	Dąbrowa
Rudance	Lemberg	Jaryczów
Rudawa	Chrzanów	Trzebina
Rudawka	Bircza	Bircza
Rudawka	Lisko	Ustrzyki Dolne
Rudawka Jaśliska	Sanok	Rymanów
Rudawka Rymanowska	Sanok	Rymanów
Rudec	Brody	Sokołówka
Rudenka	Lisko	Lisko
Rudenko Lackie	Brody	Szczurowice
Rudenko Ruskie	Brody	Szczurowice
Rudka	Brzesko	Wojnicz
Rudka	Cieszanów	Narol
Rudka	Jarosław	Pruchnik
Rudka	Tarnów	Zabno
Rudki	Rudki	Rudki
Rudna	Tarnów	Zabno
Rudna Mała	Rzeszów	Głogów
Rudna Wielka	Rzeszów	Głogów
Rudnik	Myślenice	Myślenice
Rudnik	Nisko	Rudnik

Rudnik	Wieliczka	Klasno
Rudniki	Mościska	Mościska
Rudniki	Podhajce	Podhajce
Rudniki	Śniatyn	Zabłotów
Rudniki	Żydaczów	Rozdół
Rudno	Chrzanów	Trzebina
Rudno	Lemberg	Zniesienie
Rudolowice	Jarosław	Jarosław
Rudy Rysie	Brzesko	Szczurowa
Rukomysz	Buczacz	Buczacz
Rumno	Rudki	Komarno
Rumosz	Sokal	Sokal
Rungury	Kołomea	Peczeniżyn
Rupniów	Limanowa	Limanowa
Rusianówka	Tarnopol	Tarnopol
Rusiłów	Buczacz	Potok
Rusiłów	Kam. Strumiłowa	Busk
Rusin	Sokal	Warez
Rusinów	Kolbuszowa	Majdan
Rusinówska Wola	Kolbuszowa	Majdan
Ruska Wieś	Przemyśl	Dubiecko
Ruska Wieś	Rzeszów	Rzeszów
Ruskie	Lisko	Lutowiska
Russów	Śniatyn	Śniatyn
Rustweczko	Mościska	Hussaków
Ruszelczyce	Przemyśl	Krzywcza
Ruzdwiany	Rohatyń	Bursztyn
Ruzdwiany	Stanisławów	Hałicz
Ruzdwiany	Trembowla	Strusów
Rybaki	Wieliczka	Podgórze
Rybarzowice	Biała	Lipnik
Rybe Nowe	Limanowa	Limanowa
Rybe Stare	Limanowa	Limanowa
Rybień	Nowy Sącz	Łabowa
Rybitwy	Wieliczka	Podgórze
Rybne	Lisko	Baligród
Rybnik	Drohobycz	Borysław
Rybniki	Brzeżany	Brzeżany
Rybno	Kossów	Kuty
Rybno	Stanisławów	Stanisławów
Rybotycze	Bircza	Rybotycze

Rybów	Złoczów	Złoczów
Rycerka Dolna	Żywiec	Zabłocie
Rycerka Górna	Żywiec	Zabłocie
Rychcice	Drohobycz	Drohobycz
Rychwald	Gorlice	Gorlice
Rychwald	Tarnów	Tuchów
Rychwald	Żywiec	Zabłocie
Rychwaldek	Żywiec	Zabłocie
Ryczka	Kossów	Kossów
Ryczów	Wadowice	Zator
Ryczychów	Rudki	Komarno
Rydoduby	Czortków	Czortków
Rydzów	Mielec	Radomyśl Wiel.
Ryglice	Tarnów	Ryglice
Ryhów	Stryj	Skole
Ryje	Limanowa	Limanowa
Rylowa	Brzesko	Szczurowa
Rymanów	Sanok	Rymanów
Rymizowce	Złoczów	Złoczów
Rypianka	Kalusz	Kalusz
Rypne	Dolina	Rożniatów
Ryszkowa Wola	Jarosław	Jarosław
Ryszyce	Wieliczka	Klasno
Rytro	Nowy Sącz	Piwniczna
Rząchowa	Brzesko	Szczurowa
Rząka	Wieliczka	Klasno
Rzatkowice	Mościska	Mościska
Rzeczyca Długa	Tarnobrzeg	Rozwadów
Rzeczyca Okragla	Tarnobrzeg	Rozwadów
Rzędzianowice	Mielec	Mielec
Rzędzin	Tarnów	Tarnów
Rzędzińska Wola	Tarnów	Tarnów
Rzegocin	Ropczyce	Wielopole
Rzegocina	Bochnia	Wiśnicz Nowy
Rzeki	Limanowa	Limanowa
Rzeklińce	Żółkiew	Gross-Mosty
Rzemień	Mielec	Mielec
Rzepedź	Sanok	Bukowsko
Rzepienik Strżyż.	Gorlice	Rzepienik Strzyz.
Rzepiennik Biskupi	Gorlice	Rzepienik Strzyz.
Rzepińce	Buczacz	Jazłowice

Rzeplin	Jarosław	Pruchnik
Rzepnik	Jasło	Frysztak
Rzepnik	Krosno	Korczyna
Rzepniów	Kam. Strumiłowa	Busk
Rzęsna Polska	Lemberg	Zniesienie
Rzęsna Ruska	Lemberg	Zniesienie
Rzeszotary	Wieliczka	Klasno
Rzeszów	Rzeszów	Rzeszów
Rzeszyca	Rawa Ruska	Uhnów
Rzezawa	Bochnia	Bochnia
Rzochów	Mielec	Mielec
Rzozów	Wieliczka	Podgórze
Rzuchów	Łańcut	Leżajsk
Rzuchowa	Tarnów	Tarnów
Rzyczki	Rawa Ruska	Rawa Ruska
Rzyki	Wadowice	Andrychów
Sabinówka	Kam. Strumiłowa	Stajanów
Sadek	Limanowa	Limanowa
Sadki	Zaleszczyki	Uścieczko
Sadkowa	Jasło	Jasło
Sadkowa Góra	Mielec	Radomyśl Wiel.
Sadkowice	Mościska	Hussaków
Sądowa Wisznia	Mościska	Sądowa Wiśnia
Sadzawa	Bohordczany	Bohordczany
Sadzawki	Skałat	Grzymałów
Sakowczyk	Lisko	Baligród
Salamonowa Górka	Dolina	Bolechów
Salasze	Rawa Ruska	Uhnów
Salmopol	Biała	Lipnik
Salówka	Czortków	Jagielnica
Sambor	Sambor	Sambor
Samborek	Wieliczka	Podgórze
Samborówka	Tarnopol	Tarnopol
Samocice	Dąbrowa	Dąbrowa
Samołuskowce	Husiatyn	Husiatyn
Sanka Północna	Chrzanów	Trzebina
Sanka Południowa	Chrzanów	Trzebina
Sanniki	Mościska	Sądowa Wisznia
Sanoczany	Przemyśl	Niżankowice
Sanok	Sanok	Sanok
Sanoka	Tarnów	Żabno

Sapahów	Stanisławów	Halicz
Sapieżanka	Kam. Strumiłowa	Kam. Strumiłowa
Sapohów	Borszczów	Mielnica
Sapowa	Buczacz	Buczacz
Saranczuki	Brzeżany	Brzeżany
Sarnki	Bóbrka	Bóbrka
Sarnki Dolne	Rohatyń	Bursztyn
Sarnki Górne	Rohatyń	Bursztyn
Sarnki Średnie	Rohatyń	Bursztyn
Sarny	Jaworów	Krakówiec
Sarny	Mościska	Mościska
Sarysz	Limanowa	Limanowa
Sarzyna	Nisko	Rudnik
Sąsiadowice	Sambor	Sambor
Saska	Rudki	Komarno
Saska Kameralna	Drohobycz	Drohobycz
Sassów	Złoczów	Sassów
Sawa	Wieliczka	Klasno
Sawaluski	Buczacz	Monasterzyska
Sawczyn	Sokal	Sokal
Schodnica	Drohobycz	Borysław
Schönanger	Mielec	Radomyśl Wiel.
Schönthal	Gródek	Janów
Scianka	Złoczów	Gologory
Ścianka	Buczacz	Potok
Sędziszów	Ropczyce	Sędziszów
Sędziszowa	Grybów	Bobowa
Sękowa	Gorlice	Gorlice
Sękowa Wola	Sanok	Nowtanice
Semenów z Zieleńcem	Trembowla	Trembowla
Semenówka	Horodenka	Czernelica
Semerówka	Jaworów	Jaworów
Seneczów	Dolina	Dolina
Sępnica	Ropczyce	Ropczyce
Serafince	Horodenka	Horodenka
Serdyca	Lemberg	Szczerzec
Seredce	Brody	Załoźce
Seredne	Kalusz	Wojniłów
Seredne	Podhajce	Zawałów
Serednica	Lisko	Ustrzyki Dolne

Serednie Małe	Lisko	Lutowiska
Serednie Wielkie	Lisko	Lisko
Seredyńce	Tarnopol	Tarnopol
Serwiry	Złoczów	Jezierna
Siarczana Góra	Wieliczka	Podgórze
Siary	Gorlice	Gorlice
Sichów	Lemberg	Zniesienie
Sidorów	Husiatyn	Husiatyn
Sidzina	Myślenice	Jordanów
Sidzina	Wieliczka	Podgórze
Siebieczów	Sokal	Bełż
Siechów	Stryj	Stryj
Siechowce	Tarnów	Tarnów
Sieciechów	Lemberg	Jaryczów
Siedlanka	Kolbuszowa	Kolbuszowa
Siedlanka	Łańcut	Kańczuga
Siedlanka	Łańcut	Leżajsk
Siedlce	Nowy Sącz	Nowy Sącz
Siedlec	Bochnia	Bochnia
Siedlec	Chrzanów	Trzebina
Siedlec	Tarnów	Zabno
Siedliska	Bóbrka	Mikalajów
Siedliska	Brzozów	Dynów
Siedliska	Grybów	Bobowa
Siedliska	Jasło	Jasło
Siedliska	Jaworów	Jaworów
Siedliska	Krosno	Dukla
Siedliska	Lemberg	Nawarya
Siedliska	Przemyśl	Przemyśl
Siedliska	Rawa Ruska	Rawa Ruska
Siedliska	Rzeszów	Tyczyn
Siedliska	Stanisławów	Hałicz
Siedliska	Tarnów	Tuchów
Siedliszczany	Tarnobrzeg	Baranów
Siegenthal	Lisko	Ustrzyki Dolne
Siekierczyce	Sambor	Sambor
Siekierczyn	Horodenka	Obertyn
Siekierczyna	Grybów	Bobowa
Siekierzyńce	Husiatyn	Husiatyn
Sieklerczyna	Limanowa	Limanowa
Sieklówka Dolna	Jasło	Frysztak

Sieklówka Górna	Jasło	Frysztak
Sielce	Stanisławów	Jezupol
Sielec	Kam. Strumiłowa	Kam. Strumiłowa
Sielec	Przemyśl	Przemyśl
Sielec	Ropczyce	Sędziszów
Sielec	Sambor	Sambor
Sielec	Sokal	Krystynopol
Sielec	Tarnobrzeg	Tarnobrzeg
Sielnica	Przemyśl	Dubiecko
Siemakowce	Horodenka	Horodenka
Siemakowce	Kołomea	Gwozdźiec
Siemiakowce	Czortków	Czortków
Siemianówka	Lemberg	Szczerzec
Siemiechów	Tarnów	Tuchów
Siemień	Żywiec	Zabłocie
Siemiginów	Stryj	Stryj
Siemikowce	Rohatyń	Bursztyn
Siemuszowa	Sanok	Sanok
Sieniawa	Jarosław	Sienawa
Sieniawa	Myślenice	Jordanów
Sieniawa	Sanok	Rymanów
Sieniawka	Cieszanów	Lubaczów
Sienikowice	Podhajce	Złotniki
Sieńków	Kam. Strumiłowa	Radziechów
Sienna	Nowy Sącz	Nowy Sącz
Sienna	Żywiec	Zabłocie
Siennów	Łańcut	Kańczuga
Siepietnica	Jasło	Jasło
Sierakosce	Przemyśl	Niżankowice
Sieraków	Wieliczka	Klasno
Siercza	Wieliczka	Klasno
Siersza	Chrzanów	Chrzanów
Sietesz	Łańcut	Kańczuga
Sietnica	Gorlice	Rzepienik Strzyzewski
Signiówka	Lemberg	Zniesienie
Sikorzyce	Dąbrowa	Dąbrowa
Sikorzynice	Wieliczka	Klasno
Sińków	Zaleszczyki	Korolówka
Siołko	Kalusz	Wojnilów
Siołko	Podhajce	Podhajce

Siołkowa	Grybów	Grybów
Siwka Kałuska	Kalusz	Kalusz
Siwka Wojniłowska	Kalusz	Wojnilów
Skała	Borszczów	Skała
Skałat	Skałat	Skałat
Skalnik	Krosno	Dukla
Skawa	Myślenice	Jordanów
Skawce	Wadowice	Wadowice
Skawica	Myślenice	Maków
Skawina	Wieliczka	Podgórze
Skawinki	Wadowice	Kalwarya
Skidzin	Biała	Oświęcim
Skład Solny	Przemyśl	Sosnica
Składziste	Nowy Sącz	Łabowa
Skole	Stryj	Skole
Skolin	Jaworów	Wielkie Oczy
Skołyszyn	Jasło	Jasło
Skomielna Biała	Myślenice	Jordanów
Skomielna Czarna	Myślenice	Jordanów
Skomierzyn	Tarnobrzeg	Rozwadów
Skomorochy	Buczacz	Potok
Skomorochy	Sokal	Sokal
Skomorochy	Tarnopol	Mikulińce
Skomorochy Nowe	Rohatyń	Bursztyn
Skomorochy Stare	Rohatyń	Bursztyn
Skomorosze	Czortków	Budzanów
Skopańce	Tarnobrzeg	Baranów
Skopów	Przemyśl	Krzywcza
Skopówka	Nadwórna	Lanczyn
Skorodne	Lisko	Lutowiska
Skorodyńce	Czortków	Czortków
Skotniki	Wieliczka	Podgórze
Skowiatyń	Zaleszczyki	Korolówka
Skretka	Nowy Sącz	Nowy Sącz
Skrudzina	Nowy Sącz	Stary Sącz
Skrzydlna	Limanowa	Limanowa
Skrzynka	Dąbrowa	Szczucin
Skrzynka	Wieliczka	Klasno
Skrypne	Nowy Targ	Nowy Targ
Skrzyszów	Ropczyce	Ropczyce
Skurowa	Pilzno	Jodłowa

Skwarzawa	Złoczów	Białykamień
Skwarzawa Nowa	Żółkiew	Żółkiew
Skwarzawa Stara	Żółkiew	Żółkiew
Skwirtne	Gorlice	Gorlice
Skyrsów	Tarnów	Tarnów
Słabasz	Mościska	Sądowa Wisznia
Sławencin	Jasło	Jasło
Sławentyn	Podhajce	Zawałów
Sławki	Gródek	Janów
Sławna	Złoczów	Zborów
Sławna	Złoczów	Złoczów
Śleszowice	Wadowice	Wadowice
Ślęzaki	Tarnobrzeg	Baranów
Śliwki	Kalusz	Kalusz
Śliwnica	Przemyśl	Dubiecko
Śliwnica	Przemyśl	Krzywcza
Śliwnica	Staremiasto	Chyrów
Słoboda	Jarosław	Pruchnik
Słoboda Bolechowska	Dolina	Bolechów
Słoboda Dolińska	Dolina	Dolina
Słoboda Niebyłowska	Kalusz	Kalusz
Słoboda Równiańska	Kalusz	Kalusz
Słoboda Rungurska	Kołomea	Peczeniżyn
Słoboda Złota	Brzeżany	Kozowa
Słobódka	Brzeżany	Kozłów
Słobódka	Kalusz	Wojnilów
Słobódka	Kossów	Kuty
Słobódka	Stanisławów	Hałicz
Słobódka	Zaleszczyki	Tłuste
Słobódka ad Odaje	Tłumacz	Tłumacz
Słobódka ad Tłumacz	Tłumacz	Tłumacz
Słobódka Bolszowiecka	Rohatyń	Bursztyn
Słobódka Bukacz.	Rohatyń	Bursztyn
Słobódka Dolna	Buczacz	Monasterzyska
Słobódka Dżuryńska	Czortków	Czortków
Słobódka Górna	Buczacz	Monasterzyska

Słobódka Janowska	Trembowla	Janów
Słobódka Konkelnicka	Rohatyń	Bursztyn
Słobódka Leśna	Kołomea	Kołomea
Słobódka Muszkat	Borszczów	Borszczów
Słobódka Polna	Kołomea	Gwoździec
Słobódka Strusowska	Trembowla	Strusów
Słobódka Turylecka	Borszczów	Skała
Słocina	Rzeszów	Tyczyn
Słomianka	Mościska	Sądowa Wisznia
Słomiróg	Wieliczka	Klasno
Słomka	Bochnia	Bochnia
Słomka	Limanowa	Mszana Dolna
Słona	Brzesko	Czchów
Słone	Zaleszczyki	Uścieczko
Słonne	Myślenice	Jordanów
Słońsko	Drohobycz	Drohobycz
Słopnice Królewskie	Limanowa	Limanowa
Słopnice Szlacheckie	Limanowa	Limanowa
Słotwina	Brzesko	Brzesko
Słotwina	Żywiec	Zabłocie
Słotwiny	Nowy Sącz	Krynica
Słowikowa	Nowy Sącz	Nowy Sącz
Słowita	Przemyślany	Gliniany
Słupice	Dąbrowa	Szczucin
Słupie	Limanowa	Limanowa
Słupki	Tarnopol	Tarnopol
Smarzów	Brody	Szczurowice
Smarzowa	Pilzno	Dębica
Smęgorzów	Dąbrowa	Dąbrowa
Smereczna	Staremiasto	Chyrów
Smereczne	Krosno	Dukla
Smerek	Lisko	Baligród
Smereków	Żółkiew	Żółkiew
Smerekowiec	Gorlice	Gorlice
Śmichów	Żydaczów	Żurawno
Śmietana	Brzesko	Radłów
Śmigno	Tarnów	Żabno
Smodna	Kossów	Kossów

Smolanka	Tarnopol	Mikulińce
Smolarzyny	Łańcut	Żolynia
Smolice	Wadowice	Zator
Smolin	Rawa Ruska	Niemerów
Smolnica	Lisko	Ustrzyki Dolne
Smolnik	Lisko	Lutowiska
Smolnik	Lisko	Wola Michowa
Smolno	Brody	Brody
Smolno	Drohobycz	Drohobycz
Smorze Dolne	Stryj	Skole
Smorze Górne	Stryj	Skole
Smorze Kolonia	Stryj	Skole
Smykan	Limanowa	Limanowa
Smyków Mały	Dąbrowa	Dąbrowa
Smyków Wielki	Dąbrowa	Dąbrowa
Smykowce	Tarnopol	Tarnopol
Śniatyn	Śniatyn	Śniatyn
Śniatynka	Drohobycz	Drohobycz
Śnietnica	Grybów	Grybów
Snowicz	Złoczów	Złoczów
Snówidów	Buczacz	Potok
Sobin	Kam. Strumiłowa	Radziechów
Sobjecin	Jarosław	Jarosław
Sobniów	Jasło	Jasło
Sobolów	Bochnia	Wiśnicz Nowy
Sobolówka	Złoczów	Białykamień
Soboniewice	Wieliczka	Klasno
Sobotów	Stanisławów	Hałicz
Sobów	Tarnobrzeg	Tarnobrzeg
Sochnia	Limanowa	Limanowa
Sochy	Tarnobrzeg	Rozwadów
Sojkowa	Nisko	Rudnik
Sokal	Sokal	Sokal
Sokloszów	Jarosław	Radymno
Sokół	Gorlice	Gorlice
Sokole	Kam. Strumiłowa	Kam. Strumiłowa
Sokole	Lisko	Ustrzyki Dolne
Sokole	Mościska	Mościska
Sokolki	Brzesko	Szczurowa
Sokolniki	Lemberg	Nawarya
Sokolniki	Podhajce	Złotniki

Sokolniki	Tarnobrzeg	Tarnobrzeg
Sokołoska Wulka	Kolbuszowa	Sokołów
Sokołów	Buczacz	Potok
Sokołów	Kam. Strumiłowa	Busk
Sokołów	Kolbuszowa	Sokołów
Sokołów	Podhajce	Złotniki
Sokołów	Stryj	Stryj
Sokołówa Wola	Lisko	Ustrzyki Dolne
Sokołówka	Bóbrka	Bóbrka
Sokołówka	Brody	Sokołówka
Sokołówka	Kossów	Kossów
Sokulec	Buczacz	Potok
Sólca	Przemyśl	Niżankowice
Solce	Drohobycz	Drohobycz
Solina	Lisko	Ustrzyki Dolne
Solinka	Lisko	Wola Michowa
Solinka	Lisko	Wola Michowa
Solonice	Rohatyń	Rohatyń
Solonka	Rzeszów	Tyczyn
Solonka Mała	Lemberg	Nawarya
Solonka Wielka	Lemberg	Nawarya
Sołotwina	Borhodczany	Sołotwina
Solowa	Przemyślany	Gliniany
Sonina	Łańcut	Łańcut
Soposzyn	Żólkiew	Żólkiew
Sopotnia Mała	Żywiec	Zabłocie
Sopotnia Wielka	Żywiec	Zabłocie
Sopotnik	Bircza	Dobromil
Sopów	Kołomea	Kołomea
Soput	Stryj	Skole
Sorocko	Skałat	Skałat
Soroka	Skałat	Touste
Soroki	Buczacz	Buczacz
Soroki	Horodenka	Horodenka
Sośnica	Przemyśl	Sosnica
Sosnice	Ropczyce	Wielopole
Sosnów	Podhajce	Złotniki
Sosnowice	Wadowice	Zator
Sosolówka	Czortków	Ulaszkowce
Sowina	Pilzno	Brzostek
Sowliny	Limanowa	Limanowa

Sozań	Staremiasto	Staremiasto
Spas	Dolina	Rożniatów
Spas	Kam. Strumiłowa	Kam. Strumiłowa
Spas	Staremiasto	Staremiasto
Spasków	Sokal	Tartaków
Sporysz	Żywiec	Zabłocie
Spytkowice	Myślenice	Jordanów
Spytkowice	Wadowice	Zator
Średni	Kalusz	Kalusz
Średnia	Przemyśl	Krzywcza
Średnia Wieś	Lisko	Lisko
Środopolce	Kam. Strumiłowa	Radziechów
Srogów Dolny	Sanok	Sanok
Srogów Górny	Sanok	Sanok
Sroki Lwowskie	Lemberg	Zniesienie
Sroki Szcz.	Lemberg	Szczerzec
Srołmienice	Rudki	Rudki
Sromowce Niżne	Nowy Targ	Nowy Targ
Sromowce Wyżne	Nowy Targ	Nowy Targ
St. Johannesberg	Limanowa	Limanowa
St. Stanisław	Stanisławów	Hałicz
Stadło	Nowy Sącz	Stary Sącz
Stadniki	Wieliczka	Klasno
Staje	Rawa Ruska	Uhnów
Stałe	Tarnobrzeg	Tarnobrzeg
Staniątki	Wieliczka	Klasno
Stanila	Drohobycz	Drohobycz
Stanimirz	Przemyślany	Gliniany
Stanin	Kam. Strumiłowa	Radziechów
Stanisław Dolny	Wadowice	Kalwarya
Stanisław Górny	Wadowice	Kalwarya
Stanisławczyk	Brody	Stanisławczyk
Stanisławczyk	Przemyśl	Przemyśl
Stanisławice	Bochnia	Bochnia
Stanisławów	Stanisławów	Stanisławów
Stanislówka	Żółkiew	Gross-Mosty
Staniszewskie	Kolbuszowa	Ranizów
Stańków	Stryj	Stryj
Stańkowa	Lisko	Lisko
Stańkowa	Nowy Sącz	Nowy Sącz
Stańkowa	Żydaczów	Żurawno

Stańkowce	Bóbrka	Brzozdowiec
Stańkowce	Dolina	Bolechów
Stany	Nisko	Nisko
Stara Wieś	Brzozów	Brzozów
Stara Wieś	Drohobycz	Drohobycz
Stara Wieś	Grybów	Grybów
Stara Wieś	Limanowa	Limanowa
Stararopa	Staremiasto	Starasól
Starasól	Staremiasto	Starasól
Starawieś Dolna	Biała	Kęty
Starawieś Górna	Biała	Kęty
Stare Stawy	Biała	Oświęcim
Starebystre	Nowy Targ	Nowy Targ
Staremiasto	Łańcut	Leżajsk
Staremiasto	Podhajce	Podhajce
Staremiasto	Staremiasto	Staremiasto
Staresioło	Bóbrka	Bóbrka
Staresioło	Cieszanów	Oleszyce
Starogród	Sokal	Warez
Staromiejszczyzna	Skałat	Podwołoczyska
Staromieście	Rzeszów	Rzeszów
Staroniwa	Rzeszów	Rzeszów
Starunia	Borhodczany	Sołotwina
Stary Sącz	Nowy Sącz	Stary Sącz
Stary Skałat	Skałat	Skałat
Starzawa	Bircza	Dobromil
Starzawa	Mościska	Mościska
Starzyska	Jaworów	Jaworów
Stasiowa Wola	Rohatyń	Bursztyn
Stasiówka	Pilzno	Dębica
Staszkówka	Gorlice	Rzepienik Strzyzewski
Stawczany	Gródek	Gródek
Stawiska	Grybow	Grybow
Stawki Kraśnieńskie	Skałat	Touste
Stawkowice	Wieliczka	Klasno
Stawsko	Stryj	Skole
Stebne	Kossów	Żabie
Stebnik	Bohordczany	Lysiec
Stebnik	Drohobycz	Drohobycz
Stebnik	Lisko	Ustrzyki Dolne

Stechnikowce	Tarnopol	Tarnopol
Stecowa	Śniatyn	Śniatyn
Stefkowa	Lisko	Ustrzyki Dolne
Steinau	Nisko	Rudnik
Steinfeld	Lisko	Ustrzyki Dolne
Steniatyn	Sokal	Sokal
Stepina z Chytrówka	Jasło	Frysztak
Sterkowiec	Brzesko	Brzesko
Stężnica	Lisko	Baligród
Stobierna	Pilzno	Dębica
Stochynia	Staremiasto	Felszytn
Stodółki	Gródek	Gródek
Stojance	Mościska	Mościska
Stojanów	Kam. Strumiłowa	Stajanów
Stoki	Bóbrka	Bóbrka
Stołowa	Pilzno	Pilzno
Stołpin	Brody	Toporów
Stopczatów	Kołomea	Jabłonów
Strachocina	Sanok	Sanok
Straconka	Biała	Lipnik
Stradcz	Gródek	Janów
Stradomka	Bochnia	Wiśnicz Nowy
Straszęcin	Pilzno	Dębica
Straszewice	Staremiasto	Staremiasto
Stratyń Wieś	Rohatyń	Rohatyń
Strażów	Łańcut	Łańcut
Strażydle	Rzeszów	Baligród
Stregocice	Pilzno	Pilzno
Streptów	Kam. Strumiłowa	Kam. Strumiłowa
Strojców	Dąbrowa	Dąbrowa
Stroniatyn	Lemberg	Jaryczów
Stronie	Limanowa	Limanowa
Stronie	Wadowice	Kalwarya
Stroniowice	Mościska	Hussaków
Stronna	Gródek	Janów
Stronowice	Przemyśl	Niżankowice
Strosówka	Czortków	Czortków
Stróża	Limanowa	Limanowa
Stróża	Myślenice	Myślenice
Stróże	Brzesko	Czchów
Stróże	Nisko	Rudnik

Stróże Małe	Sanok	Sanok
Stróże Niżne	Grybów	Grybów
Stróże Wielkie	Sanok	Sanok
Stróże Wyżne	Grybów	Grybów
Stróżna	Grybów	Bobowa
Stróżówka	Gorlice	Gorlice
Strubowiska Kalnica	Lisko	Baligród
Struga	Nowy Sącz	Nowy Sącz
Strumiany	Wieliczka	Klasno
Strupków	Nadwórna	Lanczyn
Strusów	Trembowla	Strusów
Strusówka	Trembowla	Strusów
Strutyń	Złoczów	Złoczów
Strutyń Niżny	Dolina	Rożniatów
Strutyń Wyżny	Dolina	Rożniatów
Strwiążyk	Lisko	Ustrzyki Dolne
Stryhańce	Przemyślany	Dunajowce
Stryhańce	Stryj	Stryj
Stryhańce	Tłumacz	Uście Zielone
Stryhanka	Kam. Strumiłowa	Dobrotwór
Stryj	Stryj	Stryj
Strymba	Nadwórna	Nadwórna
Stryszawa	Żywiec	Zabłocie
Stryszów	Wadowice	Kalwarya
Stryszowa	Wieliczka	Klasno
Strzałki Lany	Bóbrka	Bóbrka
Strzałków	Stryj	Stryj
Strzałkowce	Borszczów	Borszczów
Strzałkowice	Sambor	Sambor
Strzelbice	Staremiasto	Staremiasto
Strzelczyska	Mościska	Mościska
Strzelec Małe	Brzesko	Szczurowa
Strzelec Wielkie	Brzesko	Szczurowa
Strzeliska Nowe	Bóbrka	Strzeliska Nowe
Strzeliska Stare	Bóbrka	Strzeliska Nowe
Strzemien	Żółkiew	Gross-Mosty
Strzemilcze	Brody	Szczurowice
Strzeszyce	Limanowa	Limanowa
Strzeszyn	Gorlice	Gorlice
Strzylawka	Grybów	Grybów
Strzylcze	Horodenka	Horodenka

Strzyżów	Rzeszów	Strzyżów
Stubienko	Przemyśl	Sosnica
Stubno	Przemyśl	Sosnica
Studenne	Lisko	Baligród
Studzianka	Kalusz	Kalusz
Studziany	Łańcut	Przeworsk
Studzienne	Nisko	Ulanów
Stulsko	Żydaczów	Rozdół
Stupnica	Sambor	Sambor
Stuposiany	Lisko	Lutowiska
Styberówka	Brody	Podkamień
Styków	Rzeszów	Głogów
Stynawa Niżna	Stryj	Skole
Stynawa Wyżna	Stryj	Skole
Sucha	Żywiec	Zabłocie
Sucha Struga	Nowy Sącz	Piwniczna
Suchawola	Cieszanów	Oleszyce
Suchodół	Bóbrka	Bóbrka
Suchodół	Dolina	Dolina
Suchodół	Husiatyn	Husiatyn
Suchodół	Krosno	Dukla
Suchodoły	Brody	Brody
Suchoraba	Wieliczka	Klasno
Suchorów	Bóbrka	Chodorów
Suchorzów	Tarnobrzeg	Baranów
Suchostaw	Husiatyn	Kopyczyńce
Suchowola	Brody	Brody
Suchowola	Gródek	Janów
Suchy Grunt	Dąbrowa	Szczucin
Suczyca Rykowa	Staremiasto	Staremiasto
Sudkowice	Rudki	Rudki
Sufczyn	Brzesko	Wojnicz
Sufczyna	Bircza	Bircza
Sukmanie	Brzesko	Wojnicz
Sukowate	Lisko	Baligród
Sulichów	Tarnobrzeg	Rozwadów
Sulimów	Sokal	Warez
Sulimów	Żółkiew	Kulików
Sulistrowa	Krosno	Dukla
Sułków	Wieliczka	Klasno
Sułkowice	Myślenice	Myślenice

Sułkowice	Wadowice	Andrychów
Sułkowszczyzna	Mościska	Mościska
Sułów	Wieliczka	Klasno
Sułuków	Dolina	Dolina
Supranówka	Skałat	Skałat
Surmaczówka	Jarosław	Pruchnik
Surochów	Jarosław	Jarosław
Surowa	Mielec	Radomyśl Wiel.
Surowica	Sanok	Bukowsko
Surowki	Wieliczka	Klasno
Susułów	Rudki	Komarno
Suszczyn	Tarnopol	Mikulińce
Suszno	Kam. Strumiłowa	Witków Nowy
Suszyca Mała	Staremiasto	Chyrów
Suszyca Wielka	Staremiasto	Chyrów
Swaryczów	Dolina	Rożniatów
Swarzów	Dąbrowa	Dąbrowa
Swerzowa Polska	Krosno	Dukla
Świątkowa Mała	Krosno	Żmigród
Świątkowa Wielka	Krosno	Żmigród
Świątniki Dolne	Wieliczka	Klasno
Świątniki Górne	Wieliczka	Podgórze
Świątoniowa	Łańcut	Przeworsk
Świdnica	Jaworów	Wielkie Oczy
Świdnik	Limanowa	Limanowa
Świdnik	Nowy Sącz	Nowy Sącz
Świdowa	Czortków	Jagielnica
Świdówka	Wieliczka	Klasno
Świdrówka	Dąbrowa	Szczucin
Świebodna	Jarosław	Pruchnik
Świebodzin	Dąbrowa	Dąbrowa
Świebodzin	Tarnów	Tarnów
Święcany	Jasło	Jasło
Świerczów	Kolbuszowa	Kolbuszowa
Świerdzków	Tarnów	Tarnów
Świerkla	Nowy Sącz	Stary Sącz
Świerzkowce	Zaleszczyki	Uścieczko
Świerzowa	Krosno	Dukla
Święte	Przemyśl	Sosnica
Świlcza	Rzeszów	Rzeszów
Świniarsko	Nowy Sącz	Nowy Sącz

Świnna Poręba	Wadowice	Wadowice
Świnna Sól	Żywiec	Zabłocie
Świrż	Przemyślany	Świrż
Świstelniki	Rohatyń	Bursztyn
Świtarzów	Sokal	Sokal
Swoszowa	Jasło	Olpiny
Swoszowice	Wieliczka	Podgórze
Sygneczów	Wieliczka	Klasno
Synowódzko	Stryj	Skole
Synowódzko Dolne	Stryj	Skole
Synowódzko Niżne	Stryj	Skole
Synowódzko Wyżne	Stryj	Skole
Szade	Sambor	Sambor
Szaflary	Nowy Targ	Nowy Targ
Szafranów	Mielec	Radomyśl Wiel.
Szalowa	Gorlice	Gorlice
Szare	Żywiec	Zabłocie
Szarów	Wieliczka	Klasno
Szarpance	Sokal	Tartaków
Szarwark	Dąbrowa	Dąbrowa
Szczakowa	Chrzanów	Chrzanów
Szczawa	Limanowa	Limanowa
Szczawne	Sanok	Bukowsko
Szczawnica	Nowy Sącz	Szczawnica
Szczawnica Niżna	Nowy Sącz	Szczawnica
Szczawnica Wyżna	Nowy Sącz	Szczawnica
Szczawnik	Nowy Sącz	Muszyna
Szczepańcowa	Krosno	Korczyna
Szczepanów	Brzesko	Brzesko
Szczepanów	Podhajce	Podhajce
Szczepanowice	Tarnów	Tarnów
Szczepiatyń	Rawa Ruska	Uhnów
Szczepłoty	Jaworów	Wielkie Oczy
Szczerbanówka	Lisko	Wola Michowa
Szczereż	Nowy Sącz	Łącko
Szczerzec	Lemberg	Szczerzec
Szczerzyce	Rawa Ruska	Niemerów
Szczucin	Dąbrowa	Szczucin
Szczurowa	Brzesko	Szczurowa
Szczurowice	Brody	Szczurowice
Szczutków	Cieszanów	Lubaczów

Szczygłów	Wieliczka	Klasno
Szczyrk	Biała	Lipnik
Szczyrzyce	Limanowa	Limanowa
Szczytna	Jarosław	Jarosław
Szczytniki	Wieliczka	Klasno
Szebnic	Jasło	Jasło
Szechynie	Przemyśl	Przemyśl
Szeczygelówka	Kam. Strumiłowa	Stajanów
Szeparowce	Kołomea	Peczeniżyn
Szeptyce	Rudki	Rudki
Szerszeniowce	Zaleszczyki	Tłuste
Szertowce	Zaleszczyki	Gródek
Szerzyny	Jasło	Olpiny
Szeszerowice	Mościska	Sądowa Wisznia
Szeszory	Kossów	Pistyn
Szklary	Rzeszów	Tyczyn
Szklary	Sanok	Rymanów
Szkło	Jaworów	Jaworów
Szkodna	Ropczyce	Ropczyce
Szlachtowa	Nowy Sącz	Szczawnica
Szlacińce	Tarnopol	Tarnopol
Szlembarg	Nowy Targ	Nowy Targ
Szmańkowce	Czortków	Czortków
Szmańkowczyki	Czortków	Czortków
Szmitków	Sokal	Warez
Sznyrów	Brody	Brody
Szołomyja	Bóbrka	Mikalajów
Szówsko	Jarosław	Jarosław
Szpiklosy	Złoczów	Złoczów
Szufnarowa	Jasło	Frysztak
Szufnarowa	Ropczyce	Wielopole
Szulhanówka	Czortków	Jagielnica
Szumina	Staremiasto	Starasól
Szumlan	Jaworów	Jaworów
Szumlany	Podhajce	Zawałów
Szumlany Małe	Brzeżany	Brzeżany
Szuparka	Zaleszczyki	Korolówka
Szutromińce	Zaleszczyki	Uścieczko
Szwajkowce	Czortków	Czortków
Szwedy	Tarnobrzeg	Rozwadów
Szwejków	Podhajce	Podhajce

Szwiniarów	Bochnia	Bochnia
Szybalin	Brzeżany	Brzeżany
Szychtory	Sokal	Warez
Szydłowce	Husiatyn	Husiatyn
Szydłowiec	Mielec	Mielec
Szyk	Limanowa	Limanowa
Szymanowice	Nowy Sącz	Stary Sącz
Szymbark	Gorlice	Gorlice
Szynwald	Tarnów	Tarnów
Szyperki	Nisko	Ulanów
Szypowce	Zaleszczyki	Tłuste
Szyszkowce	Brody	Podkamień
Szyszkowce	Zaleszczyki	Korolówka
Tabaszowa	Nowy Sącz	Nowy Sącz
Tadanie	Kam. Strumiłowa	Kam. Strumiłowa
Tamanowice	Mościska	Hussaków
Taniawa	Dolina	Bolechów
Tapin	Przemyśl	Sosnica
Targanica	Wadowice	Andrychów
Targoszyna	Wieliczka	Klasno
Targowica	Horodenka	Horodenka
Targowica	Tłumacz	Ottynia
Targowiska	Krosno	Dukla
Targowisko	Bochnia	Bochnia
Targowisko	Tarnów	Zabno
Tarnawa	Bircza	Dobromil
Tarnawa	Bochnia	Wiśnicz Nowy
Tarnawa	Żywiec	Zabłocie
Tarnawa Dolna	Lisko	Lisko
Tarnawa Górna	Lisko	Lisko
Tarnawce	Przemyśl	Przemyśl
Tarnawica Polna	Tłumacz	Tłumacz
Tarnawka	Bircza	Bircza
Tarnawka	Borszczów	Borszczów
Tarnawka	Łańcut	Kańczuga
Tarnawka	Sanok	Rymanów
Tarnawka	Staremiasto	Starasól
Tarnawka	Stryj	Skole
Tarnawka	Żydaczów	Żurawno
Tarnobrzeg	Tarnobrzeg	Tarnobrzeg
Tarnogóra	Nisko	Rudnik

Tarnopol	Tarnopol	Tarnopol
Tarnoruda	Skałat	Tarnoruda
Tarnoszyn	Rawa Ruska	Uhnów
Tarnów	Tarnów	Tarnów
Tarnowica Leśna	Nadwórna	Nadwórna
Tarnowica Zielona	Nadwórna	Nadwórna
Tarnowice	Jasło	Jasło
Tarnowice	Tarnów	Tarnów
Tarnowska Wola	Tarnobrzeg	Tarnobrzeg
Tartaków	Sokal	Tartaków
Tartaków	Sokal	Tartaków
Tartakowice	Sokal	Tartaków
Tartarów	Nadwórna	Delatyn
Taszezówka	Skałat	Tarnoruda
Taszyce	Wieliczka	Klasno
Tatarsko	Stryj	Stryj
Tatary	Sambor	Sambor
Tatarynów	Rudki	Komarno
Tatowce	Kołomea	Gwozdziec
Taurów	Brzeżany	Kozłów
Tęczynek	Chrzanów	Chrzanów
Tęgoborze	Nowy Sącz	Nowy Sącz
Tęhlów	Rawa Ruska	Uhnów
Tejsarów	Żydaczów	Żydaczów
Teklówka	Zaleszczyki	Uścieczko
Tekucze	Kołomea	Jabłonów
Telacze	Podhajce	Podhajce
Teleśnica Oszwar.	Lisko	Ustrzyki Dolne
Teleśnica Sanna	Lisko	Ustrzyki Dolne
Temerowce	Stanisławów	Hałicz
Temeszów	Brzozów	Brzozów
Tenczyn	Myślenice	Jordanów
Tenetniki	Rohatyń	Bursztyn
Teodorówka	Krosno	Dukla
Teodorshof	Żółkiew	Żółkiew
Teofipolka	Brzeżany	Kozowa
Teresia	Kam. Strumiłowa	Chołojów
Tereskuła	Kossów	Żabie
Teresówka	Dolina	Dolina
Terka	Lisko	Baligród
Terlo	Staremiasto	Chyrów

Terszaków	Rudki	Komarno
Terszów	Staremiasto	Staremiasto
Tetewczyce	Kam. Strumiłowa	Stajanów
Tetylkowce	Brody	Podkamień
Tiapeze	Dolina	Bolechów
Tiutków	Trembowla	Strusów
Tłuczan Dolna	Wadowice	Zator
Tłuczan Górna	Wadowice	Zator
Tłumacz	Tłumacz	Tłumacz
Tłumaczyk	Kołomea	Peczeniżyn
Tłuste	Zaleszczyki	Tłuste
Tłustenkie	Husiatyn	Probużna
Tobolów	Kam. Strumiłowa	Witków Nowy
Tokarnia	Sanok	Bukowsko
Toki	Krosno	Dukla
Tołszczów	Lemberg	Nawarya
Tomaszkowice	Wieliczka	Klasno
Tomaszowce	Kalusz	Wojnilów
Tomice	Wadowice	Wadowice
Tonie	Dąbrowa	Dąbrowa
Topolnica	Staremiasto	Staremiasto
Topolsko	Kalusz	Kalusz
Toporów	Brody	Toporów
Toporów	Mielec	Mielec
Toporówce	Horodenka	Horodenka
Toporzysko	Myślenice	Jordanów
Torczynowice	Sambor	Sambor
Torhanowice	Sambor	Sambor
Torhów	Złoczów	Pomorzany
Torkarnia	Myślenice	Jordanów
Torki	Przemyśl	Przemyśl
Torki	Sokal	Tartaków
Toroszówka	Krosno	Dukla
Torskie	Zaleszczyki	Uścieczko
Touste	Skałat	Touste
Toustogłowy	Złoczów	Zborów
Toustoług	Tarnopol	Tarnopol
Toutobaby	Podhajce	Zawałów
Towarnia	Sambor	Sambor
Trąbki	Wieliczka	Klasno
Tracz	Kołomea	Kołomea

Trawniki	Bochnia	Bochnia
Trawotłoki	Złoczów	Zborów
Trędowacz	Złoczów	Gologory
Trembowla	Trembowla	Trembowla
Trepeza	Sanok	Sanok
Tresna	Żywiec	Zabłocie
Trofanówka	Kołomea	Gwoździec
Trójca	Bircza	Rybotycze
Trójca	Borszczów	Skała
Trójca	Brody	Toporów
Trójca	Śniatyn	Zabłotów
Trójczyce	Przemyśl	Sosnica
Tropie	Nowy Sącz	Nowy Sącz
Trościaniec	Brzeżany	Brzeżany
Trościaniec	Dolina	Dolina
Trościaniec	Jaworów	Jaworów
Trościaniec	Śniatyn	Zabłotów
Trościaniec	Tłumacz	Uście Zielone
Trościaniec	Żydaczów	Rozdół
Trościaniec Mały	Złoczów	Złoczów
Trościaniec Wielkie	Brody	Zołożce
Trubczyn	Borszczów	Mielnica
Truchanów	Stryj	Skole
Truskawice	Drohobycz	Drohobycz
Truszowice	Bircza	Dobromil
Trybuchowce	Bóbrka	Strzeliska Nowe
Trybuchowce	Buczacz	Jazłowice
Trybuchowce	Husiatyn	Husiatyn
Tryńcza	Łańcut	Przewórsk
Trynitatis	Bochnia	Bochnia
Trzciana	Krosno	Dukla
Trzciana	Mielec	Radomyśl Wiel.
Trzciana	Rzeszów	Rzeszów
Trzcianice	Bircza	Rybotycze
Trzcienice	Mościska	Mościska
Trzcinica	Jasło	Jasło
Trzebienczyce	Wadowice	Zator
Trzebina	Chrzanów	Trzebina
Trzebinia	Żywiec	Zabłocie
Trzebionka	Chrzanów	Trzebina
Trzebos	Kolbuszowa	Sokołów

Trzebownisko	Rzeszów	Głogów
Trzebunia	Myślenice	Myślenice
Trzebuska	Kolbuszowa	Sokołów
Trzeiana	Bochnia	Wiśnicz Nowy
Trzemeśnia	Myślenice	Myślenice
Trzemeśnia	Tarnów	Tarnów
Trześń	Kolbuszowa	Kolbuszowa
Trześń	Tarnobrzeg	Tarnobrzeg
Trześnia	Mielec	Mielec
Trześniów	Brzozów	Brzozów
Trzęsówka	Kolbuszowa	Kolbuszowa
Trzetrzewina	Nowy Sącz	Nowy Sącz
Tuchla	Jarosław	Radymno
Tuchla	Stryj	Skole
Tucholka	Stryj	Skole
Tuchów	Tarnów	Tuchów
Tuczapy	Jaworów	Jaworów
Tuczapy	Śniatyn	Zabłotów
Tuczepy	Jarosław	Jarosław
Tuczna	Przemyślany	Świrż
Tudiów	Kossów	Kuty
Tudorkowice	Sokal	Warez
Tudorów	Husiatyn	Kopyczyńce
Tuława	Śniatyn	Śniatyn
Tuligłowy	Jarosław	Pruchnik
Tuligłowy	Mościska	Sądowa Wisznia
Tuligłowy	Rudki	Komarno
Tułkowice	Jasło	Frysztak
Tułkowice	Mościska	Hussaków
Tułuków	Śniatyn	Zabłotów
Tumierz	Stanisławów	Maryampol
Turady	Żydaczów	Żydaczów
Turbia	Tarnobrzeg	Rozwadów
Turka	Kam. Strumiłowa	Kam. Strumiłowa
Turka	Kołomea	Gwoździec
Turka	Turka	Turka
Turkocin	Przemyślany	Gliniany
Turkowa	Tłumacz	Tyśmienica
Turówka	Skałat	Tarnoruda
Tursko	Grybów	Bobowa
Turylcze	Borszczów	Skała

Turynka	Żólkiew	Żólkiew
Turza	Gorlice	Rzepienik Strzyzewski
Turza	Kolbuszowa	Sokołów
Turza Gnila	Dolina	Dolina
Turza Wielka	Dolina	Dolina
Turzanowce	Bóbrka	Brzozdowiec
Turzansk	Sanok	Bukowsko
Turze	Brody	Toporów
Turze	Staremiasto	Staremiasto
Turzepole	Brzozów	Brzozów
Tustań	Stanisławów	Hałicz
Tustanowice	Drohobycz	Borysław
Tuszków	Sokal	Bełż
Tuszów	Mielec	Mielec
Tuszów Narodowy	Mielec	Mielec
Tuszyma	Ropczyce	Ropczyce
Tutkowice	Ropczyce	Wielopole
Tużłów	Kalusz	Kalusz
Twierdza	Jasło	Frysztak
Twierdza	Mościska	Mościska
Tworkowa	Brzesko	Czchów
Tworylne	Lisko	Baligród
Tycha	Staremiasto	Staremiasto
Tyczyn	Rzeszów	Tyczyn
Tylawa	Krosno	Dukla
Tylicz	Nowy Sącz	Krynica
Tylka	Nowy Targ	Krościenko
Tylmanowa	Nowy Sącz	Łącko
Tymbark	Limanowa	Limanowa
Tymowa Wesolów	Brzesko	Czchów
Tyniatyska	Rawa Ruska	Lubycza
Tynice	Wieliczka	Podgórze
Tyniowice	Jarosław	Pruchnik
Tynów	Drohobycz	Drohobycz
Tyrawa Solna	Sanok	Sanok
Tyrawa Wołoska	Sanok	Tyrawa woloska
Tyskowa	Lisko	Baligród
Tyśmienica	Tłumacz	Tyśmienica
Tysowica	Staremiasto	Staremiasto
Tysowjec	Stryj	Skole

Tyszawice	Przemyśl	Przemyśl
Tyszkowce	Horodenka	Horodenka
Tyszkowice	Mościska	Hussaków
Tyszownica	Stryj	Skole
Tyszyca	Sokal	Krystynopol
Tywonia	Jarosław	Jarosław
Ubieszyn	Łańcut	Przeworsk
Ubinie	Kam. Strumiłowa	Busk
Ubrzeż	Bochnia	Wiśnicz Nowy
Udnów	Żółkiew	Kulików
Ugartsberg	Drohobycz	Drohobycz
Ugartsthal	Kalusz	Kalusz
Uhełna	Stryj	Stryj
Uherce	Lisko	Lisko
Uherce Niezabitowskie	Gródek	Gródek
Uherce Wieniawskie	Rudki	Rudki
Uherce Zapłatyńskie	Sambor	Sambor
Uhersko	Stryj	Stryj
Uhnów	Rawa Ruska	Uhnów
Uhorce	Złoczów	Pomorzany
Uhorniki	Tłumacz	Ottynia
Uhryń	Czortków	Czortków
Uhryń Dolny	Stanisławów	Stanisławów
Uhryniów Górny	Stanisławów	Stanisławów
Uhryńkowce	Zaleszczyki	Uścieczko
Uhrynów	Podhajce	Podhajce
Uhrynów	Sokal	Warez
Uhrynów Średni	Kalusz	Kalusz
Uhrynów Stary	Kalusz	Kalusz
Ujanowice	Limanowa	Limanowa
Ujazd	Bochnia	Wiśnicz Nowy
Ujazd	Brzesko	Czchów
Ujazd	Pilzno	Jodłowa
Ujazd	Rohatyń	Rohatyń
Ujezna	Łańcut	Przeworsk
Ujkowice	Przemyśl	Przemyśl
Ujsol	Żywiec	Zabłocie
Uka Wielka	Tarnopol	Mikulińce
Ulanica	Brzozów	Dynów
Ulanów	Nisko	Ulanów

Ułaszkowce	Czortków	Ulaszkowce
Ulazów	Cieszanów	Cieszanów
Ulicko Seredkiewicz	Rawa Ruska	Magierów
Ulicko Zarębane	Rawa Ruska	Magierów
Ulryn	Nowy Sącz	Łabowa
Ulucz	Bircza	Bircza
Ulwówek	Sokal	Sokal
Ulyczno	Drohobycz	Drohobycz
Umieszcz	Jasło	Jasło
Uniatycze	Drohobycz	Drohobycz
Uniów	Przemyślany	Gliniany
Uniszowa	Tarnów	Ryglice
Uniż	Horodenka	Czernelica
Unterbergen	Lemberg	Winniki
Unterwalden	Przemyślany	Gliniany
Urlów	Złoczów	Zborów
Urman	Brzeżany	Brzeżany
Uroż	Sambor	Sambor
Urycz	Stryj	Skole
Urzejowice	Łańcut	Przeworsk
Uście	Żydaczów	Rozdól
Uście Biskupie	Borszczów	Mielnica
Uście nad Prutem	Śniatyn	Śniatyn
Uście Ruskie	Gorlice	Gorlice
Uście Solne	Bochnia	Bochnia
Uście Zielone	Tłumacz	Uście Zielone
Uścieczko	Zaleszczyki	Uścieczko
Uścierzyki	Kossów	Żabie
Ustrobna	Krosno	Dukla
Ustrzyki Dolne	Lisko	Ustrzyki Dolne
Ustrzyki Górne	Lisko	Lutowiska
Ustyanowa	Lisko	Ustrzyki Dolne
Uszew	Brzesko	Brzesko
Uszkowice	Przemyślany	Przemyślany
Usznia	Złoczów	Sassów
Uszwica	Bochnia	Wiśnicz Nowy
Uthowek	Rawa Ruska	Uhnów
Utoropy	Kossów	Pistyn
Uwin	Brody	Szczurowice
Uwisla	Husiatyn	Chorostków
Uwsie	Podhajce	Podhajce

Uzin	Stanisławów	Jezupol
Vorderberg	Gródek	Gródek
Wacowice	Drohobycz	Drohobycz
Wadowice	Wadowice	Wadowice
Wadowice Dolne	Mielec	Radomyśl Wiel.
Wadowice Górne	Mielec	Radomyśl Wiel.
Waksmund	Nowy Targ	Nowy Targ
Wał Ruda	Brzesko	Radłów
Walawa	Przemyśl	Przemyśl
Walddorf	Gródek	Janów
Walki	Tarnów	Tarnów
Wałowa Góra	Limanowa	Limanowa
Wałówka	Sokal	Sokal
Wampierzów	Mielec	Radomyśl Wiel.
Waniów	Sokal	Bełż
Waniowice	Sambor	Sambor
Wańkowa	Lisko	Lisko
Wańkowice	Rudki	Rudki
Wapienne	Gorlice	Gorlice
Wara	Brzozów	Dynów
Warez	Sokal	Warez
Warwaryńce	Trembowla	Strusów
Warys	Brzesko	Brzesko
Warys	Brzesko	Radłów
Wasiuczyn	Rohatyń	Rohatyń
Wasyłków	Husiatyn	Probużna
Wasylkowce	Husiatyn	Husiatyn
Wasylów Wielkie	Rawa Ruska	Uhnów
Waszyce	Jasło	Jasło
Wawrzka	Grybów	Grybów
Wawrzkowa	Kam. Strumiłowa	Busk
Węcina	Limanowa	Limanowa
Węgerka	Jarosław	Pruchnik
Węglarzyska	Lemberg	Nawarya
Węgliska	Łańcut	Łańcut
Węgliska	Rzeszów	Głogów
Węglówka	Krosno	Korczyna
Węglówka	Wieliczka	Klasno
Węgrzyce Wielkie	Wieliczka	Klasno
Weinbergen	Lemberg	Winniki
Weisenberg	Gródek	Janów

Wełdzirz	Dolina	Dolina
Weleśnica	Nadwórna	Nadwórna
Wełykie	Bircza	Dobromil
Werbiąż Niżny	Kołomea	Kołomea
Werbiąż Wyżny	Kołomea	Kołomea
Werbie	Rudki	Komarno
Werchrata	Rawa Ruska	Rawa Ruska
Weremien	Lisko	Lisko
Wereszyce	Gródek	Janów
Werhobuz	Złoczów	Sassów
Wertelka	Brody	Zołożce
Weryń	Żydaczów	Rozdól
Werynia	Kolbuszowa	Kolbuszowa
Werynia	Rzeszów	Głogów
Wesoła	Brzozów	Dynów
Wetlina	Lisko	Baligród
Wiątowice	Wieliczka	Klasno
Wiątrowice	Nowy Sącz	Nowy Sącz
Wiązowa	Żólkiew	Żólkiew
Wiązownica	Jarosław	Pruchnik
Wiciów	Staremiasto	Staremiasto
Wicza	Sanok	Rymanów
Widacz	Jasło	Frysztak
Widaczów	Łańcut	Przeworsk
Widełka	Kolbuszowa	Kolbuszowa
Widełka	Rzeszów	Głogów
Widynów	Śniatyn	Śniatyn
Wieciorka	Myślenice	Myślenice
Wieckowice	Brzesko	Wojnicz
Wieckowice	Mościska	Hussaków
Wieczerza	Myślenice	Jordanów
Wieczorki	Żólkiew	Gross-Mosty
Wieleśniów	Buczacz	Barysz
Wielha	Jarosław	Radymno
Wieliczka	Wieliczka	Klasno
Wielkawieś	Brzesko	Wojnicz
Wielkie Drogi	Wadowice	Zator
Wielkie Oczy	Jaworów	Wielkie Oczy
Wielkopole	Gródek	Janów
Wielogłowy	Nowy Sącz	Nowy Sącz
Wielopole	Dąbrówa	Dąbrowa

Wielopole	Nowy Sącz	Nowy Sącz
Wielopole	Ropczyce	Wielopole
Wielopole	Sanok	Sanok
Wielowieś	Tarnobrzeg	Tarnobrzeg
Wielunice	Przemyśl	Niżankowice
Wieniawa	Lemberg	Nawarya
Wienice	Bochnia	Wiśnicznówy
Wieprz	Wadówice	Andrychów
Wieprz ad Żywiec	Żywiec	Zabłocie
Wieprzce	Myślenice	Maków
Wiercany	Ropczyce	Sędziszów
Wierchomla Mała	Nowy Sącz	Piwniczna
Wierchomla Wielka	Nowy Sącz	Piwniczna
Wierczany	Stryj	Stryj
Wieruszyce	Bochnia	Wiśnicznówy
Wierzawice	Łańcut	Leżajsk
Wierzbanówa	Wieliczka	Klasno
Wierzbiałyn	Buczacz	Barysz
Wierzbiany	Jaworów	Jaworów
Wierzbiaz	Sokal	Bełż
Wierzbica	Bóbrka	Chodorów
Wierzbica	Rawa Ruska	Uhnów
Wierzblany	Kam. Strumiłowa	Busk
Wierzblany	Żółkiew	Kulików
Wierzbna	Jarosław	Jarosław
Wierzbolowce	Rohatyń	Rohatyń
Wierzbów	Brzeżany	Narajów
Wierzbów	Podhajce	Podhajce
Wierzbowce	Horodenka	Horodenka
Wierzbowce	Kossów	Kossów
Wierzbowczyk	Brody	Podkamień
Wierzbowiec	Czortków	Budzanów
Wierzbówka	Borszczów	Skała
Wierzchniakowce	Borszczów	Borszczów
Wierzchosławice	Tarnów	Zabno
Wierzchowce	Husiatyn	Chorostków
Wierznica	Nowy Sącz	Łącko
Wiesenberg	Żółkiew	Kulików
Wietrzno	Krosno	Dukla
Wieza	Wieliczka	Klasno
Wiktorów	Stanisławów	Hałicz

Wiktorówka	Brzeżany	Kozowa
Wilamowice	Biała	Kęty
Wilcza	Przemyśl	Przemyśl
Wilcza Góra	Jaworów	Wielkie Oczy
Wilcza Wola	Kolbuszowa	Ranizów
Wilczkowice	Biała	Oświęcim
Wilczyce	Limanowa	Limanowa
Wilczyska	Grybów	Bobowa
Wildenthal	Kolbuszowa	Ranizów
Wildenthal	Rzeszów	Głogów
Wilkonosza	Nowy Sącz	Nowy Sącz
Wilkowice	Biała	Lipnik
Wilkowisko	Limanowa	Limanowa
Wilsznia	Krosno	Dukla
Wincentówka	Kam. Strumiłowa	Chołojów
Winiary	Wieliczka	Klasno
Winiatyńce	Zaleszczyki	Korolówka
Winniczki	Lemberg	Winniki
Winniki	Lemberg	Winniki
Winniki	Sambor	Sambor
Winograd	Tłumacz	Ottynia
Winogród	Kołomea	Gwozdźiec
Wirchne	Gorlice	Gorlice
Wisłoboki	Lemberg	Jaryczów
Wisłoczek	Sanok	Rymanów
Wisłok Wielki	Sanok	Bukowsko
Wiśnicz	Bochnia	Wiśnicz Nowy
Wiśnicz Mały	Bochnia	Wiśnicz Nowy
Wiśnicz Nowy	Bochnia	Wiśnicz Nowy
Wiśnicz Stary	Bochnia	Wiśnicz Nowy
Wiśniowa	Jasło	Frysztak
Wiśniowa	Ropczyce	Sędziszów
Wiśniowa	Ropczyce	Wielopole
Wiśniowa	Wieliczka	Klasno
Wiśniowczyk	Podhajce	Złotniki
Wiśniowczyk	Przemyślany	Dunajowce
Wiśniowczyk	Złoczów	Gologory
Wistowa	Kalusz	Kalusz
Wistowice	Rudki	Rudki
Wiszenka	Jaworów	Jaworów
Wiszenka	Mościska	Sądowa Wisznia

Wiszniów	Rohatyń	Bursztyn
Witanowice	Wadowice	Wadowice
Witków	Sokal	Bełż
Witków Nowy	Kam. Strumiłowa	Witków Nowy
Witków stary	Kam. Strumiłowa	Witków Nowy
Witkowice	Biała	Kęty
Witkowice	Ropczyce	Ropczyce
Witkowice	Tarnobrzeg	Radomyśl
Witkówka	Nowy Sącz	Nowy Sącz
Witów	Limanowa	Mszana dolna
Witów	Nowy Targ	Nowy Targ
Witowice Dolne	Nowy Sącz	Nowy Sącz
Witowice Górne	Nowy Sącz	Nowy Sącz
Witryłów	Brzozów	Brzozów
Wituszyńce	Przemyśl	Przemyśl
Witwica	Dolina	Bolechów
Władypol	Mościska	Hussaków
Władypole	Sokal	Bełż
Włonowice	Nowy Sącz	Nowy Sącz
Włosań	Wieliczka	Podgórze
Włosienica	Biała	Oświęcim
Włostówka	Limanowa	Limanowa
Woczuchy	Mościska	Sądowa Wisznia
Wodna	Chrzanów	Chrzanów
Wodniki	Bóbrka	Bóbrka
Wodniki	Sokal	Warez
Wodniki	Stanisławów	Maryampol
Wodniki	Stanisławów	Stanisławów
Wojaczówka	Jasło	Frysztak
Wojakowa	Brzesko	Czchów
Wojciechowice	Przemyślany	Przemyślany
Wojcina	Dąbrowa	Szczucin
Wojków	Mielec	Mielec
Wojkowa	Nowy Sącz	Muszyna
Wojkowice	Mościska	Sądowa Wisznia
Wojkówka	Bircza	Rybotycze
Wojkówka	Jasło	Frysztak
Wojkówka	Krosno	Korczyna
Wojnarowa	Grybów	Bobowa
Wojnicz	Brzesko	Wojnicz
Wojnilów	Kalusz	Wojnilów

Wojsław	Mielec	Mielec
Wojsławice	Sokal	Sokal
Wojtkowa	Bircza	Rybotycze
Wojtostwo	Bochnia	Bochnia
Wojtowa	Gorlice	Gorlice
Wojutycze	Sambor	Sambor
Wokowice	Brzesko	Brzesko
Wola	Brzozów	Dynów
Wola	Pilzno	Dębica
Wola Antoniowska	Tarnobrzeg	Radomyśl
Wola Baraniecka	Mościska	Hussaków
Wola Batorska	Bochnia	Bochnia
Wola Blazowska	Sambor	Sambor
Wola Blizsza	Łańcut	Łańcut
Wola Brzosterka	Pilzno	Brzostek
Wola Buchowska	Jarosław	Pruchnik
Wola Chlipelska	Rudki	Rudki
Wola Chorzelowska	Mielec	Mielec
Wola Cicha	Rzeszów	Głogów
Wola Czerwona	Jarosław	Pruchnik
Wola Dalsza	Łańcut	Łańcut
Wola Dębińska	Brzesko	Brzesko
Wola Dębowiecka	Jasło	Jasło
Wola Dobrostańska	Gródek	Janów
Wola Dolholucka	Stryj	Stryj
Wola Drwińska	Bochnia	Bochnia
Wola Duchacka	Wieliczka	Podgórze
Wola Filipowska	Chrzanów	Chrzanów
Wola Gnojnicka	Jaworów	Krakówiec
Wola Gołego	Tarnobrzeg	Baranów
Wola Gorzańska	Lisko	Baligród
Wola Jakubowa	Drohobycz	Drohobycz
Wola Jasienicka	Brzozów	Jasienica
Wola Koblańska	Staremiasto	Staremiasto
Wola Komborska	Krosno	Dukla
Wola Korzeniecka	Bircza	Bircza
Wola Kosnowa	Nowy Sącz	Łącko
Wola Kręcowska	Sanok	Tyrawa woloska
Wola Krogulecka	Nowy Sącz	Piwniczna
Wola Kurowska	Nowy Sącz	Nowy Sącz
Wola Lubecka	Pilzno	Pilzno

Wola Luźniańska	Gorlice	Gorlice
Wola Mała	Żydaczów	Rozdól
Wola Matyaszowa	Lisko	Baligród
Wola Mazowiecka	Tarnopol	Mikulińce
Wola Michowa	Lisko	Wola Michowa
Wola Mielecka	Mielec	Mielec
Wola Mieszkowska	Bochnia	Wiśnicz Nowy
Wola Niżnia	Sanok	Rymanów
Wola Ostregowska	Tarnów	Tarnów
Wola Otalezka	Mielec	Radomyśl Wiel.
Wola Pelkińska	Jarosław	Jarosław
Wola Piotrowa	Sanok	Bukowsko
Wola Piskulina	Nowy Sącz	Łącko
Wola Pławska	Mielec	Radomyśl Wiel.
Wola Podłażanska	Wieliczka	Klasno
Wola Postołów	Lisko	Lisko
Wola Przemykowska	Brzesko	Szczurowa
Wola Radłowska	Brzesko	Radłów
Wola Radziszowska	Myślenice	Myślenice
Wola Rafałowska	Rzeszów	Tyczyn
Wola Rajnowa	Sambor	Sambor
Wola Romanowa	Lisko	Ustrzyki Dolne
Wola Rzeszycka	Tarnobrzeg	Radomyśl
Wola Skrzydlańska	Limanowa	Limanowa
Wola Starzyska	Jaworów	Jaworów
Wola Stróżka	Brzesko	Czchów
Wola Szeżucińska	Dąbrowa	Szczucin
Wola Wadowska	Mielec	Radomyśl Wiel.
Wola Węgierska	Jarosław	Pruchnik
Wola Wielka	Cieszanów	Lipsko
Wola Wielka	Żydaczów	Rozdól
Wola Wieruszycka	Bochnia	Wiśnicz Nowy
Wola Wysocka	Żółkiew	Żółkiew
Wola Wyżnia	Sanok	Rymanów
Wola Zabierzowska	Bochnia	Bochnia
Wola Zaderewacka	Dolina	Bolechów
Wola Zakrzowska	Brzesko	Wojnicz
Wola Zaleska	Jarosław	Radymno
Wola Zarczycka	Nisko	Rudnik
Wola Zdaków	Mielec	Mielec
Wola Zerekowska	Pilzno	Dębica

Wola Zglobieńska	Rzeszów	Czudec
Wola Zoltaniecka	Żółkiew	Kulików
Wolanka	Drohobycz	Borystaw
Wolczatycze	Bóbrka	Chodorów
Wolczków	Stanisławów	Maryampol
Wolczkowce	Śniatyn	Zabłotów
Wolczuchy	Gródek	Gródek
Wolczyniec	Stanisławów	Stanisławów
Wolczyszczowice	Mościska	Sądowa Wisznia
Woldzimierce	Żydaczów	Żurawno
Wolerbowce	Złoczów	Zborów
Wolica	Bochnia	Wiśnicz Nowy
Wolica	Brzeżany	Brzeżany
Wolica	Jasło	Jasło
Wolica	Lemberg	Nawarya
Wolica	Limanowa	Limanowa
Wolica	Lisko	Ustrzyki Dolne
Wolica	Pilzno	Dębica
Wolica	Podhajce	Podhajce
Wolica	Sanok	Bukowsko
Wolica	Skałat	Touste
Wolica	Stryj	Stryj
Wolica	Trembowla	Trembowla
Wolica	Żółkiew	Gross-Mosty
Wolica Baryłowa	Kam. Strumiłowa	Radziechów
Wolica Derewlanska	Kam. Strumiłowa	Busk
Wolica Hnizdyczowska	Żydaczów	Żydaczów
Wolica Komarowa	Sokal	Tartaków
Wolica Lugowa	Ropczyce	Sędziszów
Wolica Piaskowa	Ropczyce	Sędziszów
Wolina	Nisko	Rudnik
Wolka Gradzka	Dąbrowa	Dąbrowa
Wolkiew	Lemberg	Nawarya
Wołków	Lemberg	Nawarya
Wołków	Przemyślany	Przemyślany
Wołków	Przemyślany	Przemyślany
Wołkowce	Borszczów	Mielnica
Wołkowce ad Perejmy	Borszczów	Borszczów

Wołkowce ad Borszczów	Borszczów	Borszczów
Wołkowyja	Lisko	Baligród
Wołochy	Brody	Brody
Wołodzia	Brzozów	Dynów
Wołopcza	Sambor	Sambor
Wołosate	Lisko	Lutowiska
Wołosianka	Stryj	Skole
Wołoska Wieś	Dolina	Bolechów
Wołosów	Nadwórna	Nadwórna
Wołosówka	Złoczów	Zborów
Wołostków	Mościska	Sądowa Wisznia
Wołoszczyzna	Podhajce	Podhajce
Wołoszynowa	Staremiasto	Starasól
Wołoszyny	Tarnobrzeg	Rozwadów
Wołowa	Kołomea	Kołomea
Wołowe Laszki	Bóbrka	Bóbrka
Wołowice	Gorlice	Gorlice
Wołowszczyzna	Bóbrka	Bóbrka
Wołśniów	Żydaczów	Rozdól
Wołświń	Sokal	Krystynopol
Wołtuszowa	Sanok	Rymanów
Worobiówka	Tarnopol	Tarnopol
Worochta	Nadwórna	Delatyn
Worochta	Sokal	Bełż
Worochta	Sokal	Bełż
Worona	Tłumacz	Ottynia
Woroniaki	Złoczów	Złoczów
Woronów	Rawa Ruska	Uhnów
Worwolińce	Zaleszczyki	Tłuste
Woszczeńce	Rudki	Rudki
Wownia	Stryj	Stryj
Wożiłów	Buczacz	Potok
Wożniczna	Tarnów	Tarnów
Wożniki	Wadowice	Zator
Wróblaczyn	Rawa Ruska	Niemerów
Wróblik Królewski	Krosno	Dukla
Wróblik Szlachecki	Sanok	Rymanów
Wróblowa	Jasło	Jasło
Wróblowice	Drohobycz	Drohobycz

Wróblowice	Tarnów	Tuchów
Wróblowice	Wieliczka	Podgórze
Wróblówka	Nowy Targ	Nowy Targ
Wrocanka	Jasło	Jasło
Wrocanka	Krosno	Dukla
Wroców	Gródek	Janów
Wrzasowice	Wieliczka	Podgórze
Wrzawy	Tarnobrzeg	Rozwadów
Wrzepia	Bochnia	Bochnia
Wujskie	Sanok	Sanok
Wulka	Brzeżany	Brzeżany
Wulka	Lemberg	Zniesienie
Wulka	Sanok	Rymanów
Wulka	Sokal	Sokal
Wulka beim Walde	Łańcut	Łańcut
Wulka Bielinska	Nisko	Ulanów
Wulka Dulecka	Mielec	Radomyśl Wiel.
Wulka Grodziska	Łańcut	Leżajsk
Wulka Horyniecka	Cieszanów	Cieszanów
Wulka Kuninska	Żółkiew	Żółkiew
Wulka Laneuska	Nisko	Ulanów
Wulka Letowska	Nisko	Rudnik
Wulka Malkowa	Łańcut	Przeworsk
Wulka Mazowiecka	Rawa Ruska	Rawa Ruska
Wulka Mędrzechowska	Dąbrowa	Dąbrowa
Wulka Niedźwiedzka	Łańcut	Leżajsk
Wulka Ogryzkowa	Łańcut	Przeworsk
Wulka pod Lasem	Rzeszów	Głogów
Wulka Rosnowska	Jaworów	Krakówiec
Wulka Suszanska	Kam. Strumiłowa	Radziechów
Wulka Turebska	Tarnobrzeg	Rozwadów
Wulka Zapałowska	Cieszanów	Oleszyce
Wulka Zmijowska	Jaworów	Wielkie Oczy
Wybranówka	Bóbrka	Bóbrka
Wybranówka	Trembowla	Janów
Wybudów	Brzeżany	Kozowa
Wychwatyńce	Skałat	Touste
Wyczółki	Buczacz	Monasterzyska
Wydma	Brzozów	Brzozów

Wydra	Sokal	Krystynopol
Wydreń	Lisko	Lutowiska
Wydrze	Łańcut	Żolynia
Wydrze	Tarnobrzeg	Rozwadów
Wygiełzów	Chrzanów	Chrzanów
Wyglanowice	Nowy Sącz	Nowy Sącz
Wygnanka	Czortków	Czortków
Wygoda	Borszczów	Mielnica
Wykoty	Sambor	Sambor
Wylewa	Jarosław	Pruchnik
Wyłkowyja	Rzeszów	Rzeszów
Wyłów	Mielec	Radomyśl Wiel.
Wymsłówka	Brzeżany	Kozłów
Wypyski	Przemyślany	Przemyślany
Wyrów	Kam. Strumiłowa	Kam. Strumiłowa
Wyrzne	Rzeszów	Czudec
Wyskitna	Grybów	Grybów
Wysocko	Brody	Brody
Wysocko	Jarosław	Radymno
Wysocko	Złoczów	Olesko
Wysoczany	Sanok	Bukowsko
Wysoka	Jasło	Frysztak
Wysoka	Łańcut	Łańcut
Wysoka	Myślenice	Jordanów
Wysoka	Rzeszów	Głogów
Wysoka	Wadowice	Kalwarya
Wysokie	Limanowa	Limanowa
Wyspa	Rohatyń	Rohatyń
Wysuczka	Borszczów	Borszczów
Wyszatyce	Przemyśl	Przemyśl
Wyszowa	Gorlice	Gorlice
Wyszowadka	Krosno	Dukla
Wytrzyszczka	Brzesko	Czchów
Wywczanka	Stanisławów	Hałicz
Wyzków	Dolina	Dolina
Wyżłów	Sokal	Bełż
Wyżłów	Stryj	Skole
Wyżniany	Przemyślany	Gliniany
Wyżyce	Bochnia	Bochnia
Wzary	Wieliczka	Klasno
Wzdów	Brzozów	Brzozów

Zabawa	Brzesko	Radłów
Zabawa	Kam. Strumiłowa	Witków Nowy
Zabawa	Wieliczka	Klasno
Żabcze Murowane	Sokal	Bełż
Zabełcze	Nowy Sącz	Nowy Sącz
Żabie	Kossów	Żabie
Zabierzów	Bochnia	Bochnia
Zabierzów	Rzeszów	Rzeszów
Żabińce	Husiatyn	Probużna
Zabledna	Tarnów	Tuchów
Zabłocie	Wieliczka	Klasno
Zabłocie	Żywiec	Zabłocie
Zabłotce	Brody	Sokołówka
Zabłotce	Jarosław	Radymno
Zabłotce	Przemyśl	Niżankowice
Zabłotce	Sanok	Sanok
Zabłotów	Śniatyn	Zabłotów
Zabłotowce	Żydaczów	Żurawno
Zabłotówka	Czortków	Ulaszkowce
Żabnica	Żywiec	Zabłocie
Żabno	Tarnobrzeg	Radomyśl
Żabno	Tarnów	Zabno
Żabojki	Tarnopol	Tarnopol
Żabokruki	Bóbrka	Strzeliska Nowe
Żabokruki	Horodenka	Obertyn
Zaborów	Brzesko	Szczurowa
Zaborów	Rzeszów	Czudec
Zaborze	Biała	Oświęcim
Zaborze	Rawa Ruska	Rawa Ruska
Zabratów	Rzeszów	Tyczyn
Zabrnie	Dąbrowa	Szczucin
Zabrnie	Tarnobrzeg	Rozwadów
Zabrodzie	Lisko	Lisko
Zabrzez	Nowy Sącz	Łącko
Zabrzydowice	Wadowice	Kalwarya
Zaburze	Sokal	Sokal
Zabutyń	Sanok	Sanok
Zachwiejów	Mielec	Mielec
Zaczarnice	Tarnów	Tarnów
Zaczernie	Rzeszów	Rzeszów
Zadąbrowie	Przemyśl	Sosnica

Zadarów	Buczacz	Monasterzyska
Zaderewacz	Dolina	Bolechów
Zadubrowce	Śniatyn	Zabłotów
Zaduszniki	Mielec	Mielec
Zadwórze	Lisko	Ustrzyki Dolne
Zadwórze	Przemyślany	Gliniany
Zadziele	Żywiec	Zabłocie
Zadziszówka	Skałat	Podwołoczyska
Zagoczyce	Ropczyce	Sędziszów
Zagoreczko	Bóbrka	Chodorów
Zagórnik	Wadowice	Andrychów
Zagorów	Limanowa	Limanowa
Zagórz	Sanok	Sanok
Zagórzany	Gorlice	Gorlice
Zagórzany	Wieliczka	Klasno
Zagórze	Brody	Zołożce
Zagórze	Chrzanów	Chrzanów
Zagórze	Kalusz	Kalusz
Zagórze	Łańcut	Kańczuga
Zagórze	Lemberg	Nawarya
Zagórze	Nowy Sącz	Nowy Sącz
Zagórze	Pilzno	Jodłowa
Zagórze	Rudki	Rudki
Zagórze	Wieliczka	Klasno
Zagórze Knihynickie	Rohatyń	Rohatyń
Zagórze Konkolnickie	Rohatyń	Bursztyn
Zagórzyn	Nowy Sącz	Łącko
Zagrobela	Tarnopol	Tarnopol
Zagródki	Lemberg	Szczerzec
Zagrody	Mościska	Sądowa Wisznia
Zagwóźdź	Stanisławów	Stanisławów
Zahajce	Podhajce	Podhajce
Zahajpol	Kołomea	Gwoździec
Zahelmno	Wadowice	Kalwarya
Zahoczewie	Lisko	Baligród
Zahorce	Złoczów	Olesko
Zakliczyn	Brzesko	Czchów
Zakliczyn	Wieliczka	Klasno
Zakomarze	Złoczów	Olesko
Zakopane	Nowy Targ	Nowy Targ

Zakościele	Mościska	Mościska
Zakowice Nowe	Tarnów	Zabno
Zakowice stare	Tarnów	Zabno
Zakrzewie	Tłumacz	Ottynia
Zakrzów	Brzesko	Wojnicz
Zakrzów	Tarnobrzeg	Tarnobrzeg
Zakrzów	Wadowice	Kalwarya
Zakrzów	Wieliczka	Klasno
Zakrzówek	Wieliczka	Podgórze
Zalanów	Rohatyń	Rohatyń
Zalas	Chrzanów	Chrzanów
Zalasowa	Tarnów	Ryglice
Zalawie	Gorlice	Gorlice
Zalcze	Jasło	Jasło
Zalęna	Wadowice	Kalwarya
Zaleśce	Bóbrka	Brzozdowiec
Zalesiany	Wieliczka	Klasno
Zalesie	Buczacz	Barysz
Zalesie	Czortków	Czortków
Zalesie	Gródek	Janów
Zalesie	Łańcut	Żołynia
Zalesie	Limanowa	Limanowa
Zalesie	Nisko	Rudnik
Zalesie	Rzeszów	Tyczyn
Zalesie	Złoczów	Złoczów
Zalesie Antoniowskie	Tarnobrzeg	Radomyśl
Zalesie Biskupie	Borszczów	Mielnica
Zalesie Gorzyckie	Tarnobrzeg	Tarnobrzeg
Zaleszany	Tarnobrzeg	Rozwadów
Zaleszczyki	Zaleszczyki	Zaleszczyki
Zaleszczyki Małe	Buczacz	Jazłowice
Zaleszczyki Stare	Zaleszczyki	Zaleszczyki
Zalęże	Rzeszów	Rzeszów
Zalipie	Rohatyń	Rohatyń
Załokieć	Drohobycz	Drohobycz
Załóźce	Brody	Załóźce
Załubińcze	Nowy Sącz	Nowy Sącz
Załucze	Borszczów	Skała
Załucze nad Prutem	Kołomea	Kołomea
Załucze nad Czer.	Śniatyn	Śniatyn

Załuczne	Nowy Targ	Nowy Targ
Załukiew	Stanisławów	Hałicz
Załuż	Sanok	Sanok
Załuże	Cieszanów	Lubaczów
Załuże	Dąbrowa	Szczucin
Załuże	Gródek	Janów
Załuże	Jaworów	Jaworów
Załuże	Rohatyń	Rohatyń
Zamarstynów	Lemberg	Zniesienie
Zameczek	Żólkiew	Żólkiew
Zamek	Rawa Ruska	Magierów
Zamiechów	Jarosław	Radymno
Zamieście	Limanowa	Limanowa
Zamłynowe	Lisko	Ustrzyki Dolne
Zamojsce	Jarosław	Radymno
Zamoście	Brzesko	Wojnicz
Zamoście	Przemyślany	Gliniany
Zamowa	Rzeszów	Strzyżów
Zamulińce	Kołomea	Gwozdźiec
Zany	Stanisławów	Maryampol
Zapałów	Cieszanów	Oleszyce
Zapole	Ropczyce	Ropczyce
Zapolednik	Tarnobrzeg	Rozwadów
Zapytów	Lemberg	Jaryczów
Zarajsko	Sambor	Sambor
Zarawce	Rawa Ruska	Lubycza
Zarębki	Kolbuszowa	Kolbuszowa
Zarki	Chrzanów	Chrzanów
Żarków	Złoczów	Olesko
Żarnowiec	Krosno	Dukla
Żarnówka	Myślenice	Maków
Żarównie	Mielec	Mielec
Żarszyn	Sanok	Rymanów
Zarubińce	Skałat	Grzymałów
Zarudec	Lemberg	Zniesienie
Zarudka	Złoczów	Zborów
Zarudzie	Tarnopol	Tarnopol
Zarudzie	Złoczów	Zborów
Zarwanica	Podhajce	Złotniki
Zarwanica	Złoczów	Złoczów
Żary	Chrzanów	Trzebina

Zaryte	Myślenice	Jordanów
Zarzecze	Mościska	Sądowa Wisznia
Zarzecze	Żywiec	Zabłocie
Zarzekowice	Tarnobrzeg	Tarnobrzeg
Zarzyce	Nisko	Ulanów
Zarzyce	Rzeszów	Czudec
Zarzyce Małe	Wadowice	Kalwarya
Zarzyce Wielkie	Wadowice	Kalwarya
Zarzycze	Jarosław	Jarosław
Zarzycze	Nadwórna	Delatyn
Zarzycze	Nowy Sącz	Łącko
Zasadne	Limanowa	Mszana Dolna
Zasań	Wieliczka	Klasno
Zaścianka	Tarnopol	Tarnopol
Zaścinocze	Trembowla	Trembowla
Zaskale	Nowy Targ	Nowy Targ
Zasław	Sanok	Sanok
Zastawcze	Podhajce	Podhajce
Zastawcze	Podhajce	Zawałów
Zastawie	Rawa Ruska	Uhnów
Zastawie	Tarnopol	Mikulińce
Zasulince	Zaleszczyki	Korolówka
Zaszków	Lemberg	Zniesienie
Zaszków	Złoczów	Gologory
Zaszkowice	Gródek	Gródek
Zatawie	Trembowla	Janów
Zatoka	Bochnia	Bochnia
Zator	Wadowice	Zator
Zaturzyn	Podhajce	Zawałów
Zatwarnica	Lisko	Lutowiska
Zawada	Bochnia	Wiśnicz Nowy
Zawada	Limanowa	Limanowa
Zawada	Myślenice	Myślenice
Zawada	Nowy Sącz	Nowy Sącz
Zawada	Pilzno	Dębica
Zawada	Tarnów	Tarnów
Zawada Lanekorońska	Brzesko	Wojnicz
Zawada Uszewska	Brzesko	Brzesko
Zawadka	Kalusz	Kalusz
Zawadka	Limanowa	Limanowa

Zawadka	Lisko	Lisko
Zawadka	Myślenice	Myślenice
Zawadka	Nowy Sącz	Nowy Sącz
Zawadka	Wadowice	Wadowice
Zawadka ad Osiek	Jasło	Frysztak
Zawadka ad Buk	Sanok	Bukowsko
Zawadka Rymanów	Sanok	Rymanów
Zawadów	Jaworów	Jaworów
Zawadów	Lemberg	Zniesienie
Zawadów	Mościska	Mościska
Zawadów	Mościska	Sądowa Wisznia
Zawadów	Stryj	Stryj
Zawadówka	Podhajce	Zawałów
Zawale	Borszczów	Mielnica
Zawale	Śniatyn	Śniatyn
Zawałów	Podhajce	Zawałów
Zawatka	Ropczyce	Wielopole
Zawidcże	Brody	Szczurowice
Zawidowice	Gródek	Gródek
Zawierzbie	Dąbrowa	Dąbrowa
Zawisznia	Sokal	Sokal
Zawodzie	Brzesko	Wojnicz
Zawodzie	Tarnów	Tarnów
Zawoj	Kalusz	Kalusz
Zawoj	Lisko	Baligród
Zawoja	Myślenice	Maków
Zawoje	Sanok	Rymanów
Zawośnia	Sokal	Krystynopol
Zawóz	Lisko	Baligród
Zazameże	Dąbrowa	Dąbrowa
Zazdrość	Trembowla	Strusów
Zazule	Złoczów	Złoczów
Zbadyń	Jaworów	Jaworów
Zbaraż	Zbaraz	Zbaraz
Zbek	Nowy Sącz	Nowy Sącz
Żbik	Chrzanów	Trzebina
Żbikowice	Nowy Sącz	Nowy Sącz
Zbłudza	Limanowa	Limanowa
Zboiska	Krosno	Dukla
Zboiska	Lemberg	Zniesienie
Zboiska	Sanok	Bukowsko

Zboiska	Sokal	Tartaków
Zbora	Kalusz	Kalusz
Zborczyce	Wieliczka	Klasno
Zborów	Złoczów	Zborów
Zborowek	Wieliczka	Klasno
Zborowice	Grybów	Bobowa
Zbrzyź	Borszczów	Skała
Zbydniów	Bochnia	Wiśnicz nowy
Zbydniów	Tarnobrzeg	Rozwadów
Zbydniowice	Wieliczka	Podgórze
Zbyszyce	Nowy Sącz	Nowy Sącz
Zbytkowska Góra	Tarnów	Tarnów
Zdarzec	Brzesko	Radłów
Zdonia	Brzesko	Czchów
Zdroheć	Brzesko	Radłów
Zdzianna	Staremiasto	Staremiasto
Ździary	Nisko	Ulanów
Ździary	Ropczyce	Ropczyce
Żebranówka	Śniatyn	Zabłotów
Żędowice	Przemyślany	Przemyślany
Żegartowice	Wieliczka	Klasno
Żegestów	Nowy Sącz	Muszyna
Żeglce	Krosno	Dukla
Żełdec	Żółkiew	Żółkiew
Żelechów Mały	Kam. Strumiłowa	Kam. Strumiłowa
Żelechów Wielki	Kam. Strumiłowa	Kam. Strumiłowa
Żeleźnikowa	Nowy Sącz	Piwniczna
Żembrzyce	Wadowice	Wadowice
Żeniów	Przemyślany	Gliniany
Żeraków	Pilzno	Dębica
Żerdenka	Lisko	Baligród
Żerebki Krolewskie	Skałat	Skałat
Żerebki Szlacheckie	Skałat	Skałat
Żerków	Brzesko	Brzesko
Żernica Niżna	Lisko	Baligród
Żernica Wyżna	Lisko	Baligród
Żerosławice	Wieliczka	Klasno
Zgłobice	Tarnów	Tarnów
Zgłobień	Rzeszów	Czudec
Zieleńce	Borszczów	Borszczów
Zielensko	Sanok	Bukowsko

Zielona	Borszczów	Mielnica
Zielona	Buczacz	Buczacz
Zielona	Husiatyn	Husiatyn
Zielona	Kam. Strumiłowa	Radziechów
Zielona	Skałat	Grzymałów
Zielonka	Kolbuszowa	Sokołów
Zielów	Lemberg	Zniesienie
Ziempniów	Mielec	Radomyśl Wiel.
Zimna Woda	Jasło	Jasło
Zimna Woda	Lemberg	Zniesienie
Zimno Wódka	Grybów	Bobowa
Zimno Wódka	Lemberg	Zniesienie
Ziniatyn	Sokal	Bełż
Złockie	Nowy Sącz	Muszyna
Złoczów	Złoczów	Złoczów
Złoczówka	Brzeżany	Kozowa
Złota	Brzesko	Czchów
Złotkowice	Mościska	Hussaków
Złotne	Nowy Sącz	Łabowa
Złotniki	Mielec	Mielec
Złotniki	Podhajce	Złotniki
Złucisko	Nisko	Rudnik
Zmiąca	Limanowa	Limanowa
Zmiennica	Brzozów	Brzozów
Żmigród	Krosno	Zmigród
Żmigród Nowy	Krosno	Zmigród
Żmigród Stary	Krosno	Zmigród
Żmijowiska	Jaworów	Wielkie Oczy
Zmysłówka	Łańcut	Żolynia
Zmysłówka	Sanok	Rymanów
Znamirowice	Nowy Sącz	Nowy Sącz
Zneżyce	Sokal	Tartaków
Żnibrody	Buczacz	Jazłowice
Zniesienie	Lemberg	Zniesienie
Zniesienie	Lemberg	Zniesienie
Zohatyń	Bircza	Bircza
Zolczów	Rohatyń	Rohatyń
Zolibory	Rohatyń	Bursztyn
Żólkiew	Żólkiew	Żólkiew
Żołków	Jasło	Jasło
Żołnówka	Brzeżany	Brzeżany

Żołobek	Lisko	Ustrzyki Dolne
Zołtańce	Żółkiew	Kulików
Żołynia	Łańcut	Żołynia
Żornska	Lemberg	Zniesienie
Zręcin	Krosno	Dukla
Zręczyce	Wieliczka	Klasno
Zródła	Chrzanów	Chrzanów
Zrotowice	Mościska	Hussaków
Zrotowice	Przemyśl	Niżankowice
Zrzyce	Jasło	Jasło
Zubarmosty	Żółkiew	Gross-Mosty
Zubków	Sokal	Tartaków
Zubów	Trembowla	Strusów
Zubów	Złoczów	Gologory
Zubracze	Lisko	Wola Michowa
Zubrzec	Buczacz	Barysz
Zubrzyk	Nowy Sącz	Muszyna
Zubsuche	Nowy Targ	Nowy Targ
Zuchorzyce	Lemberg	Jaryczów
Żuklin	Łańcut	Kańczuga
Żukocin	Kołomea	Kołomea
Żuków	Brzeżany	Brzeżany
Żuków	Cieszanów	Cieszanów
Żuków	Kołomea	Kołomea
Żukowce	Złoczów	Zborów
Żulice	Złoczów	Białykamień
Żulin	Stryj	Stryj
Żupanie	Stryj	Skole
Żupawa	Tarnobrzeg	Tarnobrzeg
Żuraki	Borhodczany	Sołotwina
Żuratyn	Kam. Strumiłowa	Busk
Żurawica	Przemyśl	Przemyśl
Żurawiczki	Jarosław	Jarosław
Żurawienko	Rohatyń	Bursztyn
Żurawin	Lisko	Lutowiska
Żurawińce	Buczacz	Buczacz
Żurawków	Żydaczów	Żydaczów
Żurawniki	Lemberg	Jaryczów
Żurawno	Żydaczów	Żurawno
Żurów	Rohatyń	Rohatyń
Żurowa	Jasło	Olpiny

Żuszyce	Gródek	Janów
Żużel	Sokal	Bełż
Zwertów	Żółkiew	Kulików
Zwiahel	Borszczów	Borszczów
Zwiary	Tarnów	Tarnów
Zwieczyca	Rzeszów	Rzeszów
Zwiernik	Pilzno	Pilzno
Zwierzeń	Lisko	Lisko
Zwierzyce	Ropczyce	Sędziszów
Zwiniacz	Czortków	Budzanów
Zwór	Sambor	Sambor
Zwyżeń	Brody	Podkamień
Żydaczów	Żydaczów	Żydaczów
Żydatycze	Lemberg	Zniesienie
Żydnia	Gorlice	Gorlice
Żydowskie	Krosno	Dukla
Żygodowice	Wadowice	Zator
Zyndranowa	Krosno	Dukla
Żyrawa	Bóbrka	Chodorów
Żyrawa	Żydaczów	Żurawno
Żyrawka	Lemberg	Nawarya
Żyrawka	Zaleszczyki	Zaleszczyki
Żyrnów	Rzeszów	Strzyżów
Żywaczów	Horodenka	Obertyn
Żywiec	Żywiec	Zabłocie
Żywiec Stary	Żywiec	Zabłocie
Żyznomierz	Buczacz	Buczacz

PHOTO & MAP LIST & CREDITS

Map 1: Partitions of Poland, 1772, 1773, 1785   xiii
History of Europe: From the Reformation
to the Present Day.
Harcourt, Brace and Co., 1925

Map 2: Galicia   5
Attribution unknown

Photo 1: Jews fleeing across the railroad bridge   11
across the San River in Przemysl in WWI
Private collection of David Semmel

Photo 2: Postcard of Jewish street in Krakow   13
Private collection of author

Photo 3: Gemeinde members in Strzyzow   29
Jewish History Research Center, Rzeszow

Photo 4: Old synagogue in Przemysl   32
Private collection of Blossom Glaser

Photo 5: Market Day in Stryj   42
Miriam Weiner Archives

Table 1: Population of the Jews of Galicia   58
Chart compiled from multiple sources

Photo 6: Typical house in rural Galicia, 1986   60
Private collection of author

Photo 7: Tarnopol street scene   66
Private postcard collection of author

Map 3: 1878 Index Map to Austro-Hungary   69
Series (G6480 S75 .A8 Edition).
Geography & Map Division, United
States Library of Congress

www.ingramcontent.com/pod-product-compliance
Lightning Source LLC
Chambersburg PA
CBHW071155300426
44113CB00009B/1212